本书系国家社会科学基金项目"中国广播百年发展史研究"（项目编号：20BXW036）的阶段性成果

北京联合大学文理青年学术文库（二）

移动互联网时代中国广播经营创新研究

Research on Chinese Broadcasting Management Innovation in Mobile Internet Era

王春美　著

中国社会科学出版社

图书在版编目（CIP）数据

移动互联网时代中国广播经营创新研究／王春美著 . —北京：中国社会科学出版社，2022.5

（北京联合大学文理青年学术文库）

ISBN 978-7-5227-0206-3

Ⅰ.①移… Ⅱ.①王… Ⅲ.①广播事业—经营管理—研究—中国 Ⅳ.①G229.2

中国版本图书馆 CIP 数据核字（2022）第 079482 号

出 版 人	赵剑英
责任编辑	郝玉明
责任校对	谢　静
责任印制	王　超

出　　版	中国社会科学出版社
社　　址	北京鼓楼西大街甲 158 号
邮　　编	100720
网　　址	http://www.csspw.cn
发 行 部	010-84083685
门 市 部	010-84029450
经　　销	新华书店及其他书店

印　　刷	北京明恒达印务有限公司
装　　订	廊坊市广阳区广增装订厂
版　　次	2022 年 5 月第 1 版
印　　次	2022 年 5 月第 1 次印刷

开　　本	710×1000　1/16
印　　张	14
插　　页	2
字　　数	201 千字
定　　价	78.00 元

凡购买中国社会科学出版社图书，如有质量问题请与本社营销中心联系调换
电话：010-84083683
版权所有　侵权必究

目　　录

绪论 ………………………………………………………………（1）
　　第一节　研究背景 ……………………………………………（1）
　　第二节　研究综述 ……………………………………………（8）
　　第三节　研究思路与研究路径 ………………………………（16）

第一章　广播媒体的经营历程与现实问题分析 ………………（22）
　　第一节　广播广告的发展演变 ………………………………（22）
　　第二节　广播媒体涉足多元化经营业态轨迹 ………………（30）
　　第三节　影响广播经营的主要因素分析 ……………………（36）
　　第四节　广播经营的现实问题与发展矛盾 …………………（40）

第二章　音频传播新生态的构建与内在竞争 …………………（45）
　　第一节　互联网音频的发展演变 ……………………………（45）
　　第二节　音频内容生产的内在变革 …………………………（47）
　　第三节　音频传播新局面与不同市场主体的竞合博弈 ……（50）
　　第四节　移动音频平台的商业模式创新 ……………………（55）

第三章　平台建设：巩固传统广播，开辟网络阵地 …………（74）
　　第一节　推进频率建设，打造全新广播品牌 ………………（74）
　　第二节　建设互联网音频平台，增强用户连接能力 ………（87）
　　第三节　利用成熟的外部平台，搭建全媒体发布渠道 ……（94）

1

第四节　提高平台运营能力，建设用户数据中心…………（102）

第四章　内容生产：面向多场景需求，提供优质音频节目……（110）
第一节　立足收听需求，推进音频内容供给侧改革………（110）
第二节　发挥声音特质，推进节目创新……………………（114）
第三节　面向多平台，生产优质音频内容…………………（119）
第四节　多途径聚拢社会资源，协力开发声音产品………（124）

第五章　广告营销：固本开源，拓展盈利空间………………（129）
第一节　研判市场需求，优化客户来源……………………（129）
第二节　优化资源配置，探求动态效益……………………（136）
第三节　挖掘经营潜能，转变营销模式……………………（143）
第四节　创新广告产品，提升销售收益……………………（150）

第六章　产业拓展：调整经营结构，探索新型业态…………（159）
第一节　音频内容的有偿提供与转化………………………（159）
第二节　基于品牌的价值开发与经营………………………（168）
第三节　以服务为核心的垂直类业务拓展…………………（177）
第四节　以资本为纽带发展新型产业………………………（184）

第七章　机制构建：调整生产关系，激发活力………………（191）
第一节　顶层设计：处理好几组关系………………………（191）
第二节　组织结构：构筑统合营销平台……………………（196）
第三节　机制创新：激发经营活力…………………………（202）

结语……………………………………………………………（210）

参考文献………………………………………………………（216）

后记……………………………………………………………（220）

绪　　论

在相当长一段时间里，广播媒体凭借其天然的伴随性、移动性、地域性等优势，在竞争激烈的传媒市场中保持着稳健的发展势头。广播机构及广播从业者锲而不舍的改革多次推动这一媒体在面临困境之时转危为安，诸多广播节目的创新、广播经营的突破、广播机制的改革曾被传媒业界津津乐道。即便在移动互联网快速发展的初期，当报业、电视纷纷遭受冲击、受众有所分流的情况下，广播媒体也曾连续几年保持"岿然不动"的平稳姿态，各项业务数据稳中有增。转折点出现在移动互联网向纵深发展的阶段，当"音频"成为数亿网民经常接触的媒介内容，当"收听"成为不少人的生活习惯，各地广播却相继出现收听增长乏力、经营创收不增反降的普遍状况。广播，这个一度以柔韧性见长的传统媒体，能否在移动互联网时代的全新竞争中，通过理念、机制等方面的调整，再次寻找到一条符合自身特性、兼具社会效益和经济效益的转型发展之路，是值得深入思考并予以解答的现实问题。

第一节　研究背景

近年来，我国移动互联网发展驶入快车道，它深刻嵌入社会生活，改变了人们接触信息的渠道和方式，由此也改变着媒体的生存格局和运行逻辑。在声音传播领域，出现了音频消费增长与广播收听下沉、音频市场扩容与广播创收缩窄的并存现象，长久以来免费为受众提供空中信息和娱乐服务的电波媒体，如何处理好生存与发展的关系，考验着从业者和管理者的智慧。

一　音频消费的增长与广播收听的下沉

一百年前，无线电广播的发明将人类带入了电子传播时代，只要有一个小小的接收装置，人们就可以通过空中电波收听到音乐、新闻、文艺等各种类型的节目，极大地丰富了人们的业余生活，开阔了人们认识世界的视野。作为一种媒体，设备的配置、信息的采集、节目的制作等需要资金、技术、人力、时间等生产要素的投入，同其他商品一样，免费的"空中节目"凝结着无差别的人类劳动，应遵循价值规律和市场规律。为了解决广播运营成本的问题，多个国家的广播机构曾尝试多种资金来源方式，如面向公众收费、依靠社会捐款、争取政府支持等，最终"广告"在运营实践中脱颖而出，成为行之有效的解决广播收入问题的便捷路径。在广告收入的支撑下，欧美国家的广播集团迅速崛起，成为改变报业时代传媒格局的新兴力量，由此也奠定了这一媒体的"二次售卖"式的盈利模式，即面向社会大众提供免费的节目和服务，进而将受众的"注意力"售卖给广告商。这种经营模式的前提是节目有一定的传播力和影响力，能够保持足够稳定的收听人群。

近年来，音频收听的增长已成为不争的事实，但与此同时，基于传统 FM、AM 等渠道的收听量出现下滑的趋势。根据 Edison Research 发布的《2021 年数字报告》，在线音频收听量创下历史新高，美国 12 岁及以上的人群中有 62.00% 的人有每周收听在线音频的习惯，其中 12—34 岁的人群比例最高，覆盖范围的增加还伴随着每周收听时间的增长，美国在线音频的每周收听时间从 2008 年的 6 小时 13 分提升到 2021 年的 16 时 14 分，呈现逐年增长的态势，拥有智能音箱等音频设备的人口比例不断提升，是 2017 年的近 5 倍。[①] 在我国，网络音

[①] 参见 Edison Research，*The-Infinite-Dial-2021*，https：//www.edisonresearch.com/the-infinite-dial-2021-2/，2021 年 7 月 10 日。

频已成为人们在碎片化时间获取信息的重要渠道。第46次《中国互联网络发展状况统计报告》显示，我国网民的人均每周上网时长为28个小时，在手机网民经常使用的各类互联网应用中，网络音频的使用时长位列第三，仅次于即时通信和网络视频，为10.90%。[①]《2021中国网络视听发展研究报告》提到，网络音频深度用户占比最高，38.20%的用户每天都会听网络音频，14.20%的用户每天使用3个小时以上，六成用户睡前收听音频节目。[②]

与在线音频消费增长呈现鲜明对比的是，传统广播收听人数与收听时长的逐年下滑。赛立信媒介有限公司调查显示，2020年我国广播接触率同比下滑1.8个百分点，全国广播听众规模较2019年减少2000万，人均收听时长较2019年缩短了8分钟，移动智能收听的便捷性一定程度上取代了传统收听终端的使用，传统收听呈明显下滑之势，尤其是2020年受到疫情出行限制、居家娱乐选择增多等因素的影响，传统终端的收听占比跌破20.00%。[③] CSM媒介研究2020年18个连续调查城市数据显示，广播整体收听率下降，人均日收听量较2019年减少，其中车上收听率下滑，从21分钟减少到17分钟为近6年最低，随着私家车拥有率的日益饱和，车上收听率趋于平稳，在家收听率也难于大幅度增长，音频受众对广播媒介的消费时间正在向非传统的音频媒介转移。[④]

国内外调查机构的研究均显示，听众有了更多音频收听途径的选择，更多的时间流向智能音频设备和新兴音频平台。以北京市场为例，传统广播收听人数呈现逐年萎缩的态势。2019年北京全年累计广播收听人数比2018年减少11.8万人，其中日均收听人数的萎缩幅

[①] 参见中国互联网络信息中心：第46次《中国互联网络发展状况统计报告》，http://www.cnnic.net.cn/hlwfzyj/hlwxzbg/hlwtjbg/202009/t20200929_71257.htm，2021年8月18日。
[②] 参见中国网络视听节目服务协会《2021中国网络视听发展研究报告》，https://www.ciavc.com/News/ndetails/id/200.html，2021年7月13日。
[③] 参见梁毓琳《2020年中国广播收听市场盘点》，《中国广播》2021年第4期。
[④] 参见王平《内容绽放、价值坚守——2020年广播收听市场观察》，https://mp.weixin.qq.com/s/Nm_zo6aRq0_gRgp6QSAptQ，2021年7月13日。

度大于全年收听人数的萎缩幅度,留存收听人群的日常活跃度在降低。① 2020年北京累计收听广播人数同比降幅又近9.00%,日均收听人数降幅超6.00%。② 自2017年以来,北京广播整体市场和本地每家电台的日均收听人数均呈现出缓慢下降的趋势,在受众群体缓慢萎缩的大趋势下,虽然收听时长有波动式攀升,但是北京广播市场面临受众流失速度远大于受众流入速度的严峻挑战。通过渠道优势向受众推送内容的大门在徐徐关闭,而通过内容直接吸引受众的机制又未能建立,传统广播或因此面临困局③,传统盈利模式受到冲击。

二 音频市场的扩容与广播创收的收窄

随着网络音频的收听规模不断扩大,其市场价值不断抬升。2021年5月,IAB发布的《美国播客广告收入调查》显示,美国播客广告收入从2019年的7.08亿美元增长至2020年的8.42亿美元,其中第四季度增长了37.00%。④ 尽管受到疫情影响,美国最大的商业广播公司——艾哈特传媒集团(简称iHeartMedia)通过流媒体订阅、展示广告、播客运营等形式,仍然创造了29.48亿美元的收入,拥有大约5万个客户,其中来自数字平台的收入为4.74亿美元。⑤ 2020年,英国数字广告收入总额为165亿英镑,其中数字音频市场广告收入约1.04亿英镑,同比增长17.00%。⑥ 我国网络音频产业也呈现快速发

---

① 参见张婷《数说2019——北京广播市场的挑战与突围(思考篇)》,https://mp.weixin.qq.com/s/A_80Y1_Q8bFM95_j8SToZg,2021年7月10日。

② 参见肖博文《数说2020——北京广播市场的突变与坚守(现状篇)》,https://mp.weixin.qq.com/s/dGDWt8xfCLf3osCiCyq6VA,2021年7月9日。

③ 参见张婷《数说2020——北京广播市场的突变与坚守(思考篇)》,https://mp.weixin.qq.com/s/8zQm1C5PiL1L74VtLUWPug,2021年7月9日。

④ 《IAB:2020年美国播客广告收入调查报告》,《新浪财经》,http://finance.sina.com.cn/tech/2021-05-27/doc-ikmxzfmm4879380.shtml,2021年7月11日。

⑤ 参见iHeartMedia, Inc., *Reports Results for 2021 First Quarter*, https://investors.iheartmedia.com/news/news-details/2021/iHeartMedia-Inc.-Reports-Results-for-2020-Fourth-Quarter-and-Full-Year/default.aspx, 2021年7月28日。

⑥ 参见周菁《美英数字广播和音频产业发展新特点新趋势》,https://mp.weixin.qq.com/s/ZmgNWt-cADUwVqRyscEllw,2021年8月4日。

绪 论

展的势头，2019年网络音频行业市场规模为175.80亿元，同比增长55.10%。① 音频业务的发展催生了越来越多的精品内容，用户付费意愿提升，形成了用户订阅、直播、教育服务、广告营销及硬件销售等多种盈利模式。以喜马拉雅为例，2020年其营收达到40.50亿元，其中用户订阅收入17.53亿元，同比增长41.32%，2021年一季度为5.16亿元，同比增长30.86%，自2018年以来，喜马拉雅用户的付费比率逐年提高，从2018年一季度的1.80%增长至2021年同期的13.30%。② 移动音频产品获得资本市场青睐，由是多家企业完成了数轮融资。2020年1月，荔枝FM在美国纳斯达克股票交易市场上市，成为"中国音频行业第一股"。2021年5月，喜马拉雅也正式对外公开招股书，启动上市准备工作。

与音频市场的扩容形成鲜明对照的是广播收入触顶天花板。改革开放以来，我国广播媒体相继走上自主经营的道路，广告收入成为支撑中国广播业深化改革、持续发展的不竭动力。从最初全国电台创收几千万起步，到2013年前后广播媒体的广告收入达到了140多亿③，其"体量小、利润高"的特点不断彰显，有市场研究机构曾指出，"在整个传统媒介发展相对低迷的情况下，电台反倒表现出众"④。但是，这一情形不久发生了变化，2014年之后广播广告收入打破了一路增长的态势，开始不断下滑，2015年同比下滑6.29%，2017年同比下滑20.83%，到2019年全国广播电台的广告收入从顶峰时期的

---

① 参见《2020年中国网络音频行业研究报告》，《艾瑞咨询》，https://www.sohu.com/a/395308637_445326，2021年6月20日。
② 参见《喜马拉雅：成为数亿用户生活的一部分，嵌入各种应用场景》，《财经杂货铺》，https://baijiahao.baidu.com/s? id=1699180869781831711&wfr=spider&for=pc，2021年6月20日。
③ 根据国家市场监督管理总局（原国家工商行政管理总局）2010至2020年每年发布的中国广告业统计数据整理，刊于《现代广告》杂志。
④ 赵梅：《传统媒体广告整体不振：广播独自偷笑》，http://www.aiweibang.com/yuedu/698950.html，2019年8月20日。

5

172.64亿元回落到128.82亿元①，在不少电台内部出现了广告收入相比顶峰时期折半的情况。CTR媒介智讯调查数据显示，受到多种因素影响，2020年企业在广播广告上的花费同比下降19.90%。② 国外的情况类似，相关研究指出，2020年美国无线电广播广告收入同比降低24.00%，英国无线广播收入同比降低1.90%。③ 广播媒体已经完全置身于激烈的音频媒介竞争中，渠道优势正在丧失，而基于用户付费或其他途径的盈利模式尚未建立，面临生存发展模式的抉择问题。

三 融合发展的深入与广播地位的弱化

与来自市场的挑战相伴随的还有机制改革带给广播发展的新命题。自从1983年我国实行中央、省、市、县"四级办广播、四级办电视、四级混合覆盖"的政策以来，各地依据行政规划相继建立起不同级别的广播电台、电视台。这一机制在一段时期内有力地促进了我国广播电视事业的繁荣，激发了广播电视的活力，不仅使中央方针政策能够有效传达到基层，也使人们有了更多的视听节目可供选择，满足了社会大众的精神文化需求。但是，随着社会发展和技术进步，"四级办台"带来的重复建设、重复播出、重复覆盖的问题也日益彰显，造成了资源浪费，不利于形成规模效益。进入21世纪，国家广电管理部门开始启动电台、电视台的媒体合并工作，从2004年起，以地（市）县两级文化与广电行政部门合并为契机，推进地（市）县广播电台、电视台的合并，党的十七大后，在省一级实行广播电视的管办分离，推动省一级广播电台与电视台的合并。④ 2009年以后，

---

① 参见《2019中国广告年度数据报告》，凤凰网，http://biz.ifeng.com/c/7v8CVm6AVBA，2020年12月20日。

② 参见《2020年中国广告刊例花费同比下滑11.6%》，《CTR媒介智讯》，https://mp.weixin.qq.com/s/L_DIoS5kDZ2Xi0zEGetq1A，2021年6月30日。

③ 参见周菁《美英数字广播和音频产业发展新特点新趋势》，https://mp.weixin.qq.com/s/ZmgNWt-cADUwVqRyscEllw，2021年8月4日。

④ 参见杨明品《我国广电媒体机构合并改革之观察》，《中国广播》2018年第6期。

绪　论

两台合并进入新的高潮，步伐加快。2014年8月，中央发布《关于推动传统媒体和新兴媒体融合发展的指导意见》，"媒体融合"上升为国家战略，"着力打造一批形态多样、手段先进、具有竞争力的新型主流媒体"成为要务。2016年，国家广电总局发布《关于进一步加快广播电视媒体与新兴媒体融合发展的意见》。一系列政策背后，广播电视与新兴媒体的融合推向纵深，与此同时广播与电视的内部资源整合也加快了进度。2018年3月，伴随着国家机构新一轮改革，中央三台合并实现了中央层面的广播、电视，国内、国外传播机构的融合，意味着我国广播电台和电视台的合并改革接力到了最后一棒。[1]

广播与电视的合并是我国顺应传媒发展规律、做强主流媒体的必然选择，是国家根据技术和社会发展需要，增强我国广播电视媒体整体竞争力的重要举措，有助于推进广播电视与新媒体，以及广播电视自身内部的深度融合，建设新型全媒体集团。但是，在与电视资源整合的进程中，广播媒体也面临着如何清晰定位、发挥自身属性、做大音频市场的全新命题。在广播电视机构改革的过程中，不同程度出现了广播功能被弱化的情况，新成立的集团或总台往往将重点放在电视业务上，广播业务的管理和发展被边缘化，在一些地方甚至存在着广播收入反哺电视、广播预算被削减的情况。如何彰显广播在融合发展框架中的战略地位，充分挖掘和发挥其独特价值，使其真正与其他业务形成发展合力，成为新时期各地广播电视需要考虑的问题。

另外，随着媒体和传播环境的变化，部分广播频率同质化运营、生产能力低下的问题逐渐暴露。为促进广播电视播出机构整合资源、优化结构，推动频率频道高质量发展，近年来国家广电总局多次强调精简频率频道数量，提升频率频道质量，2020年上半年批准撤销广播频率两个，优化调整专业广播频率14个[2]，例如上海广播电视台撤

---

[1] 参见杨明品《我国广电媒体机构合并改革之观察》，《中国广播》2018年第6期。
[2] 参见国家广播电视总局《广电总局传媒机构管理司积极推动播出机构高质量发展》，http://www.nrta.gov.cn/art/2020/7/15/art_114_52121.html，2021年7月25日。

销东广新闻资讯广播，东方都市广播调整为"长三角之声"等。2021年先后批准撤销湖北台楚天资讯广播和亲子广播、重庆台文艺广播、贵阳台都市女性广播、合肥台徽商广播和资讯广播、广西台旅游广播7个广播频率，同时批准调整优化了一大批专业频道频率[①]，如北京动听调频停办，原频段由北京新闻广播使用。如何顺应精简精办频率的政策趋向，促进广播高质量发展也是新时代广播电视机构面临的新问题。

着眼于新的媒体环境、市场环境和社会环境，研究观察我国广播如何在学习借鉴经验的基础上，发挥传统广播特性，探寻音频传播规律，在新的竞争中找到适合自己的生存模式，在保证社会效益的前提下，探求经济效益新的增长点，是破解当前矛盾和问题的一个切入点。

第二节　研究综述

近年来，有关广播及音频产业的研究逐渐成为学界和业界共同关注的热点话题，其中对于中国广播经营问题的探讨也有了一定的成果积累，主要集中在传统媒体的生存困境与商业模式探析、新媒体背景下的广播电视经营出路研究、移动互联网时代广播媒体的转型发展分析、我国广播经营历程与现状思考、国外主流广播机构的经营创新观察，以及网络音频媒体的盈利模式借鉴等几个方面，大致可以归为宏观层面的传媒经营思考和具体针对广播媒体经营的研究两个大的类别。

一　宏观层面的传媒经营思考

一是对传统主流媒体面临的困境进行思考。这类研究认为应运而

---

① 参见国家广播电视总局《广电总局积极推进广播电视频率频道精简精办》，http://www.nrta.gov.cn/art/2021/9/28/art_ 114_ 58047.html，2021年10月16日。

生的新兴媒体不仅改变了人们的行为模式和阅读习惯,同时也给传统媒体带来了前所未有的冲击和挑战[1],碎片化和圈层化传播打破并制衡了之前传统媒体单向传播时的媒体权力格局[2],而传统媒体面临的受众流失、广告下滑、传播力影响力下降、人才流失等滑坡表象,本质则是"传播渠道+节目制作+广告营销"闭环被打破,引发了连接能力、传播能力、变现模式等失效困境。[3] 面对这些困境,不能只关注现有受众与被证明了的市场,而必须尝试新的消费群体、新的消费需求、新的消费方式[4],树立用户思维,实现内容影响力和商业价值的双重提升[5]。这部分研究从较为宏观的层面关注传统媒体面临的挑战,将"传统媒体"作为一个整体与新媒体进行了一定层面的比较分析,其中商业模式的转型及如何开创市场空间成为不能回避的问题。

二是对互联网时代的传统媒体商业模式重构问题进行研究。这类研究认为移动互联网技术催生了众多社会化的自媒体和传播平台,传统媒体内容产品和广告渠道的可替代性陡然增加,持续多年的新闻内容拉动广告的变现模式陷入困境[6],一大批闯入者加入信息的生产和传播过程中,包括市场和非市场的,营利性和公益性的,组织和个人的,传统媒体赖以生存的商业模式几近崩溃[7],中国媒体面对的冲击

---

[1] 参见王铁军《全媒体时代新兴媒体与传统媒体的演进与融合》,《编辑学刊》2021年第1期。

[2] 参见郭丽娟《碎片化时代传统媒体的坚守和创新》,《中国广播电视学刊》2021年第5期。

[3] 参见唐征宇《连接能力——传统媒体平台化转型的核心竞争力》,《传媒》2020年第22期。

[4] 参见陆小华《传媒产业链变革:再专业化与再组织化》,《南方电视学刊》2014年第2期。

[5] 参见申玲玲《传统媒体的内容生产模式创新——以融媒体工作室为例》,《青年记者》2021年第2期。

[6] 参见范以锦、李丽贤《智媒时代内容生产对媒体商业模式构建研究》,《中国编辑》2020年第11期。

[7] 参见彭增军《谁来豢养看门狗:社交网络时代新闻媒体的商业模式》,《新闻记者》2017年第1期。

不仅是"流量—广告"的盈利模式被解构，媒体的商业价值被颠覆，更主要的是媒体的政治价值、社会价值和文化价值面临重构[1]，门户网站时期强调人与内容的连接，商业模式基于流量展开，社交媒体时代强调人与人的连接，商业模式基于关系展开，场景媒体时代，强调人与品牌的嵌入，商业模式基于大数据展开，明确互联网时代不同阶段的媒介形态与商业模式，将会为传统媒体的融合转型提供更为宽广的合作路径[2]，传统主流媒体需要遵循"与用户共同创造价值"的理念，主动连接用户，以用户的需求驱动内容的生产，以专业化、个性化的服务建构泛媒介化的价值链条，再造商业模式[3]。这部分研究着眼于技术发展带来的媒体形态变迁，探讨传统媒体如何扩展产业边际、重塑价值链结构，完成规则再造与价值创新，重在从理念层面思考传统媒体的商业模式创新。

三是对于新媒体背景下广播电视经营问题的整体研究。这类研究认为随着移动互联网的快速发展，广告营销逐渐向整合营销、精准营销转型，内容资产直接变现的通路和规模受到严重挤压[4]，广播电视媒体能够获取的广告花费持续分流，广电媒体的经营机制已经到了必须改革的时候，应走出路径依赖，突破以广告资源售卖为主的单一收入结构，以产业思维革新自身经营体制[5]，树立全媒体观念，把握当下媒体融合政策导向与时代浪潮，统合自身资源与经营，建立平台化、一体化的新媒体传播体系，向"聚用户""整资源"和"做服

---

[1] 参见叶蓁蓁《超越"商业模式"，叫响"价值模式"——中国媒体发展的价值逻辑》，《新闻与写作》2017年第8期。

[2] 参见罗昕《互联网时代的媒体形态变迁与商业模式重构》，《现代传播》2017年第10期。

[3] 参见罗静、江飞《在用户场景中重建价值创造的逻辑——传统主流媒体商业模式转型探析》，《青年记者》2020年第27期。

[4] 参见喻国明《中国报业已经到了生死存亡的最危急时刻》，http://www.sohu.com/a/102112911_163231，2021年10月10日。

[5] 参见吴生华《以产业思维推动广电媒体经营创新——论广播电视媒体经营机制改革的路径及风险防范》，《中国广播》2020年第7期。

务"方向转型,加快形成以用户和服务为中心的新型媒体经营模式①,借助直播带货、创建 MCN 平台等新经济业态,广播电视媒体或许能找到创收经营的"网络化"生存之道②,对自身的"体制传统"进行严格审视,把握市场动向,加强优势资源整合③,探索以活动为主体、平台为载体、资源为辅助,政府搭台、品牌借势的经营新思路④,这类研究往往将"广播电视"作为整体对象进行研究,没有就两种媒体在市场竞争中的经营模式选择问题进行区别探讨。

二 广播经营研究的视野与观点

一是对于互联网背景下广播媒体的发展与转型研究。这类研究关注广播生态系统的变化,认为新形势下的广播媒体呈现终端多元化、受众裂变化、收听碎片化的特点⑤,移动互联网时代的声音价值正被重新发现与挖掘,传统广播的覆盖方式、运行模式、声音属性不断重构,广播正在向新型音频媒介转型⑥,面对听众流失,听众老龄化、低龄化等问题,梳理和重构广播与受众之间的关系尤为必要而迫切⑦,电台主持人应借助不断发展的新技术和新平台,在广播节目内容中贯彻"参与、竞争、共享、被激励"等要素,围绕用户的需求,最大限度地尊重并体现"以人为中心的"需求⑧,站在媒体融合和人工智能交互发展的路口,场景化、交互化、智慧化是未来广播创新发展的可能性选择,依托优质的音频资源和声音体验,广播媒体能够凭借更

---

① 参见潘子钰、郭璇《传统广电媒体转型与其广告经营研究》,《青年记者》2021 年第 6 期。
② 参见易沪江、梅王兵《"直播带货":广电媒体经营创收的另一扇窗》,《声屏世界》2020 年第 20 期。
③ 参见张健《融媒体时代广电媒体经营策略——多元化平台布局 MCN 新模式》,《中国广播电视学刊》2020 年第 8 期。
④ 参见仝华《依托平台 孵化价值 求新求变 大道同行 宁夏广电活动营销闯出经营新思路》,《声屏世界·广告人》2019 年第 12 期。
⑤ 参见田园、宫承波《2014 年广播媒体生态概观》,《中国广播》2015 年第 2 期。
⑥ 参见陈俊《移动互联时代广播的嬗变与重构》,《传媒》2019 年第 3 期。
⑦ 参见付天喜《新媒体环境下广播与受众关系重构》,《传媒》2018 年第 15 期。
⑧ 参见孟伟等《2018 年广播媒体发展述评》,《中国广播电视学刊》2019 年第 2 期。

多的场景搭建、交互创新和智能方式变革,有望建立起新的生态系统①,广播媒体可以转换身份,做生活服务运营商,提高节目的"产品"意识②,在内容付费、直播带货、平台运营和短视频领域进行积极探索,今后的转型离不开重新定位与布局未来③,在媒介融合大潮中,广播媒体亟须增强服务意识,以受众需求为内容生产导向,主动培育新的节目收听场景④。广播媒体在新形势下的转型发展问题受到越来越多的关注,但这类研究的视角更多集中在媒介融合和发展战略层面。

二是对于我国广播经营历程与现状的整体研究。这类研究通过筛选影响广播发展的典型事件,勾勒广播事业的经营与发展图景,认为国内广播产业的发展主要经历了形成期、成长期及成熟期等阶段⑤,经历了从政治语境到市场语境、从有限经营到全面经营、从事业空间到产业空间、从单一媒体到融合媒体的深刻变革⑥,进入21世纪第二个十年,广播媒体的传统经营模式逐渐显现疲态⑦,从广播经营的整体布局来看,经营收入的主要来源依然是广告,存在着创收结构单一、经营理念落后、产业价值链延伸不足、经营模式陈旧等问题⑧,中国广播产业仍然不够大,也不够强,一些问题如不能得到很好的解决,中国广播的发展将会持续乏力,进而影响其在广播影视产业中的

---

① 参见梁刚建、许可《聚焦场景化、交互化与智慧化:未来广播创新的可能性选择》,《中国广播》2021年第1期。

② 参见钱卫民《新传播环境下传统广播整合改革路径的探索与思考》,《传媒》2018年第20期。

③ 参见王伟《深度融合背景下广播媒体创新及底层逻辑》,《中国广播》2021年第3期。

④ 参见艾红红、薛春燕《融合大潮中广播的场景转移与功能适配》,《中国广播》2021年第4期。

⑤ 参见李欣《国内广播产业发展存在的问题及路径探析》,《西部广播电视》2019年第3期。

⑥ 参见刘涛、卜彦芳《传媒生态位变迁视角下的中国广播80年经营历程》,《中国广播电视学刊》2020年第10期。

⑦ 参见崔海丰《直播带货、私域流量和MCN对广播媒体运营的启示》,《中国广播》2020年第11期。

⑧ 参见韩喜英《对广播经营现状的分析和思考》,《科学导报》2018年9月21日第2版。

绪　论

地位[1]，广播媒体需要以产品、数据、算法为核心，打造融媒体运营团队，以主动适应大数据环境下的媒体经营特性[2]，多屏时代下，广播媒体应不断顺应潮流开拓营销新模式[3]。这些研究从不同的层面回顾广播经营的历程，总结广播媒体开展产业经营的独特之处，同时重点关注当下广播产业发展面临的突出问题。

三是对广播广告经营业态的研究分析。这类研究认为，受多种因素的影响，广播广告市场份额正在萎缩，广播提高竞争力势在必行，在求变创新的时代，广播要在新媒体环境下找到自己的位置，拓宽商业变现手段[4]，应培育开发专业制作服务，提供企业全案策划、定制特色节目、合办创意活动、专题片制作等新业务，促进传统广告实现多元创收[5]，广告内容的塑造与节目内容的塑造同样需要高专业度、高水平、高质量[6]，电台对广播广告创作的重视程度较弱，制作播出的广告整体缺乏创意，表现手法单一，导致听众听到广告就想调换频率，这也是大多数客户不愿在广播投放广告的主要原因，广播广告创意技巧和表现手法也应受到重视[7]，广播广告营销人员应积极调整经营策略，变革思维，通过打造广播融媒共营网络体系、利用大数据构建精准的用户体系、延长广播商业价值链和探索付费收听及拓展线下市场等多种手段提高广播广告竞争力[8]。在这部分研究中，以某个电台、某个频率广告经营为对象的个案研究较多，例如以江苏电台为例，分析如何在新的媒体环境中主动研判广告市场、洞察行业趋势、

---

[1] 参见王春美《国内广播产业链的形成与发展》，《传媒观察》2019年第5期。
[2] 参见牛存有《大数据背景下广播经营模式创新》，《中国广播》2019年第3期。
[3] 参见梁毓琳《数据驱动广播多屏营销》，《中国广播》2021年第1期。
[4] 参见关晓红《试析新媒体环境下传统广播广告创收的突围方法》，《新闻研究导刊》2018年第15期。
[5] 参见闫硕、方姝《融合转型下对广播广告经营的思考》，《采写编》2020年第3期。
[6] 参见王静、吴江《内容为王　共情传播：广播广告的品牌经营之道——以〈其实武汉很动听〉广告节目为例》，《中国广播》2020年第11期。
[7] 参见孙钦敏《广播广告创意技巧和表现手法》，《西部广播电视》2021年第4期。
[8] 参见陈于思《融媒体环境下广播广告营销突围路径》，《中国广播》2019年第8期。

创新营销手段①，以黑龙江电台为例，分析其如何通过打造系列活动IP，开辟新媒体传播阵地、打造定制化营销专案、试水圈层营销与社群营销②，研究湖北音乐广播通过媒企共同策划，深耕原创内容，推出原创广告节目，提升传播效果③。这类研究往往侧重于对具体现象、具体实践的经验总结，缺乏系统化的理论归纳。

四是对国外广播机构的产业经营近况进行观察研究。这类研究特别关注国外广播公司在数字平台上的盈利模式与营销转型策略。认为基于用户定向的广告推送将成为趋势，比如，英国的 KISS 广播能够细分许多类型的子平台，方便广告主根据地理位置针对细分用户进行推广④，移动收听场景下广播盈利模式正加紧探索，英美国家的一些广播电台紧跟车联网和智能汽车的发展，通过与车企合作，开发对接车联网的新媒体产品⑤，美国的几家广播集团推出智能音频广告战略，为广告商建立详细的受众档案，并利用这些数据推广营销活动，开发自动化营销和程序化广告购买程序，提升广告策划和投放效果⑥，部分传统广播集团正在实施以音频为核心的发展策略，提升以播客为主的数字化音频生产能力，积极参与对数字化营销技术资源的争夺，通过收购、合作等方式，提升以数据驱动广告营销的能力⑦，还有一些主流广播媒体竞相成立商业实验室，探索如何与用户建立深层次的紧

---

① 参见李晓丹等《广播广告营销策略创新简析——以江苏广播整合营销为例》，《中国广播》2019 年第 3 期。

② 参见梁玉新《广播广告的智库营销时代——广播广告经营进化论》，《中国广播》2019 年第 3 期。

③ 参见王静、吴江《内容为王 共情传播：广播广告的品牌经营之道——以〈其实武汉很动听〉广告节目为例》，《中国广播》2020 年第 11 期。

④ 参见张晓菲《国外广播公司在数字平台上的营利模式分析——以美国潘多拉（Pandora）、英国 Absolute Radio 为例》，《中国广播》2013 年第 11 期。

⑤ 参见刘征等《借鉴他人的实践，探寻中国广播发展之路经——参访美国国家公共广播电台的感悟》，《中国广播》2018 年第 7 期。

⑥ 参见钟新、王岚岚《2017 年国外广播动向与趋势》，《中国广播》2018 年第 2 期。

⑦ 参见张晓菲《美国广播公司打造多平台音频产业的实践与发展趋势——以 iHeartMedia 公司破产重组及业务发展为例》，《中国广播》2019 年第 9 期。

密关系、开发新的收入来源和获取有价值的用户数据[1],以多样化的新媒体音频产品为依托,注重市场调查,研究消费者偏好[2]。

五是对网络音频的盈利模式及其借鉴思路进行研究。这类研究认为互联网音频业逐渐形成广告、打赏、智能硬件和有声出版四种盈利模式,好的声音内容不仅要适应受众的使用需求,更要适配经济模式的新需求,在音频的大生态体系中,在线支付、打赏方式、订阅方式等都需要场景化设计[3],付费增值服务是国内移动音频平台经常采用的方式,通过设立付费内容专区,取得了可观的收益[4],着眼于为内容创业者提供包含产品梳理、体系建立、发行、商业变现等一整套孵化体系,网络音频平台将优质内容精准分发到用户端,并培养长期稳定的付费习惯,从中探索音频生态圈的构建[5],基于强场景、窄人群、聚服务,通过嫁接多方资源,为广告转化提供更多样态与手段,挖掘融媒体增量空间,以推动形成具有互联网特征的商业变现模式[6],粉丝经济、内容订阅、广告定制和直播电商等商业模式,推动了"耳朵经济"的概念形成[7],音频产业还将在内容生产、情感陪伴和全场景体验当中拓宽上下游产业链[8]。这类研究围绕网络音频的经济价值和运营模式展开,关注各类网络音频平台的商业变现策略。

上述研究成果从历史、现况、问题、出路等不同角度对新形势下

---

[1] 参见张晓菲《美国波士顿公共广播电台商业实验室的项目试验流程初探》,《中国广播》2020年第1期。

[2] 参见印永清《中美广播比较及对国内广播发展的再认识》,《中国广播》2021年第3期。

[3] 参见宋青《声音链接一切——互联网音频的商业范式与传播属性》,《传媒评论》2017年第12期。

[4] 参见贾米娜《从喜马拉雅FM看中国移动音频平台的盈利模式》,《新闻研究导刊》2018年第1期。

[5] 参见黄杨、杜燕《媒介形态变化推动商业模式创新——专访喜马拉雅联合创始人兼CEO余建军》,《新闻与写作》2018年第12期。

[6] 参见唐瑞峰《专访阿基米德创始人王海滨:音频市场尚未开发,好内容具有超强的穿透性》,《电视指南》2019年第14期。

[7] 参见童云等《网络音频直播的特征与商业模式》,《现代视听》2019年第11期。

[8] 参见汤天甜、陈丹《智媒时代的音频产业:盈利模式与路径创新》,《现代视听》2019年第11期。

的广播媒体经营问题进行了分析和判断，为我们认识广播媒体的当下和未来提供了有益参考。现有研究不仅为我们掌握宏观层面的以广播电视为代表的传统媒体生存现状和商业模式重构问题开拓了思路，也为了解广播媒体近年来的转型发展探索和经营层面的具体实践提供了丰富素材，尤其是在历程研究、现况研究及个案研究层面，相关的成果较为细致和具体。但是目前的研究也存在几个有待改进和补充的方向。首先，当前成果对于历史和现况的研究多于对策和趋向的研究，虽然广播经营的历史和现状得到了较为全面、及时的梳理，包括较长时间周期的历时性归纳和以年度为单位的阶段性盘点，相关成果较为集中，但是对于广播媒体如何应对当下的生存危机，找到新的盈利增长点，相关的探讨还不十分充分，以碎片化的研究居多，还不够系统和深入。其次，目前的成果较多地着眼于具体问题分析，对某个区域、某家电台或某个年度的细微分析较多，跳脱于单一个体而立足行业发展的战略性、整体性研究还处在比较缺乏的状态，作为一个媒体行业，如何立足我国广播的整体情况，探讨长远的经营战略，显得较为迫切。最后，广播行业的弱势依然体现在当前研究成果的相对不足上，无论与新兴的网络视频、网络音频相比还是与传统的电视和报业相比，近年来对于广播媒体的研究从总量上看依然不够多，限制了相关研究的深度和广度，对思考广播这一百年媒体的商业模式创新有一定制约。

技术的发展、社会的进步推动着声音传播的巨大变革，广播媒体到底如何在激烈的市场竞争中寻求自身发展模式的转型，中国广播如何立足新的音频消费需求，顺应媒介融合的趋势，审视面向未来的内容生产、信息传播、经营创收，做出客观的判断和战略选择。本书顺应这一现实命题，在现有研究成果的基础上，查漏补缺，聚焦移动互联网时代中国广播的经营创新这一话题。

第三节　研究思路与研究路径

一　研究思路

本书围绕"移动互联网时代中国广播经营创新"这一主题，尝试在前人研究的基础上，探析中国广播的经营创新路径。创新是运用已知条件，在遵循事物发展规律的前提下，对事物的整体或某些部分进行变革，从而获得更新和发展的活动。它既是衡量一个媒体优劣强弱的主要标志，也是媒体获得竞争优势的重要保证。[1] 本书定位为对策研究，希望通过对广播经营现象的归纳、广播经营实践的调研、广播改革经验的总结，形成较为系统的策略建议。

要走出面向未来的路径，就要对当下所处的发展方位有清晰的认知。全书从对中国广播既往经营历程的梳理展开，简要回顾我国广播媒体开展的经营活动、实践成果和遇到的突出问题，进而放眼当前音频传播发生的新变化，观察总结音频内容生产的内在变革、不同市场主体间的竞合博弈、移动音频平台的商业模式，从中奠定整体研究的出发点。

认识到优势、不足及面临的机遇和挑战，有助于我们有的放矢地提出解决问题的思路和方向。构建音频传播的价值链，拓展新的利润增长点，首先需要有连接用户和市场的载体，传统广播的平台建设是改革的起点和经营的前提，频率建设、自有新媒体客户端、外部渠道及平台运营能力都是需要探讨的问题。其次，传媒产业本质上就是内容产业，特别是传统媒体的优势就在于内容生产[2]，故而接下来将进入对广播内容生产问题的研究，分析如何发挥广播媒体的优势开发高附加值的音频产品。广告依旧是全球各类媒体营收的重要来源，广播媒体如何在广告营销上有新的突破，是不能回避的研究重点，本书将从资源开发、产品设计、营销服务等方面展开分析。拓展领域、连接产业将是传统媒体的转型之路[3]，开拓多元经营途径是融合发展的题中之意，广播媒体如何利用自身优势资源，进行更多业态的探索，也

---

[1] 参见吴文平《以创新思维引领媒体创新发展之路》，http://media.people.com.cn/n/2013/0319/c359295-20841571.html，2021年8月1日。
[2] 参见本刊评论员《传统媒体创新发展之道》，《中国出版》2019年第3期。
[3] 参见范以锦《拓展领域、连接产业将是传统媒体的转型之路》，https://china.huanqiu.com/article/9CaKrnJYrKR，2021年8月4日。

是需要深入研究的问题。真正要实现生产要素的重新组合，产生新的生产力，离不开体制机制的支撑，本书的最后将对支撑经营改革的顶层设计、组织体系和相关制度进行一定的探讨。

二 主要内容

本书共分为七个章节，其中第三章到第七章为对策研究部分，是本书重点（见图0-1）。

一是广播媒体的经营历程与现实问题分析。结合不同阶段的时代背景和广播改革进程，从广告经营和多元化经营两个方面，对改革开放以来广播经营实践进行历时性梳理，简要分析影响广播经营的内外因素，并提出当前广播经营面临的现实问题和发展矛盾。

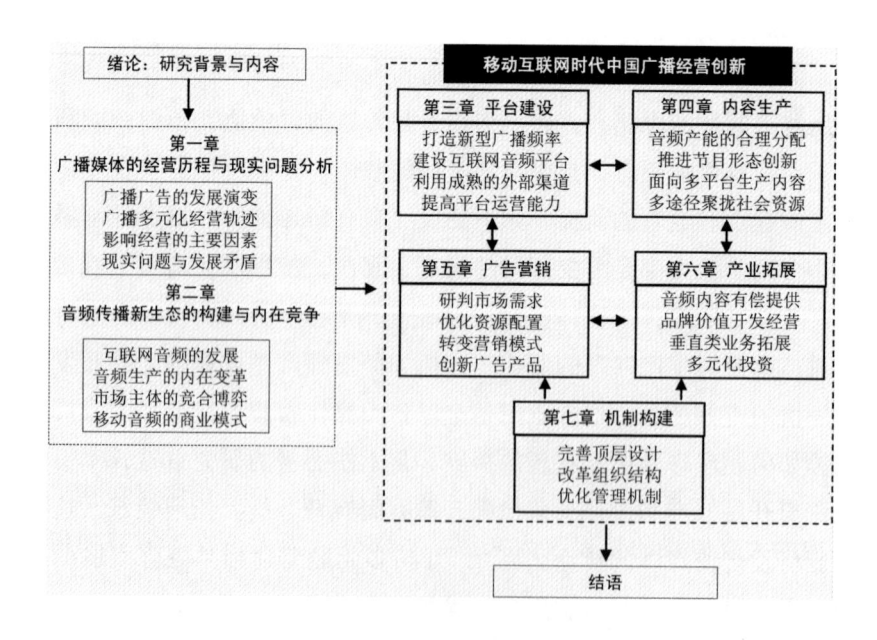

图0-1 本书研究框架图

二是音频传播新生态的构建与内在竞争研究。从互联网广播的发展演变入手，分析音频内容生产的内在变化、音频传播新格局的形成

绪　论

及不同市场主体间的竞争与合作，重点对移动音频平台的商业模式探索进行总结，从中观察音频产业的市场空间和盈利创新。

三是平台建设研究。传播平台是核心传播资源，如果不能构建有影响力的传播平台，占据不了传播生态链的源头和主导地位，生存发展的基础就无从保障。本部分提出"在巩固传统广播的同时，要加速打造具有一定影响力的移动音频平台"的观点，并从四个部分展开论述：第一，推进频率建设，打造全新广播品牌；第二，集中优势力量，建设自主可控的互联网音频平台，增强与用户的连接能力；第三，"借船出海"，善用成熟的外部平台和工具，搭建面向用户的全媒体传播渠道；第四，尤为重要的是，要提高平台运营能力，建设用户数据中心，这将是拓宽未来经营空间的基础和条件。

四是内容生产研究。内容传播力是经营的基础和前提，只有生产出高质量的内容获得市场认可，才具备经营的可能。改进节目品质，提升收听体验是改善经营的根本。本部分着眼于音频收听需求的变化，从理念和举措两个层面开展四个方面的分析：第一，精准把握音频消费需求，进行音频内容供给侧改革；第二，发挥专业优势，从内容、形式和传播手段等方面推进广播节目形态创新；第三，在巩固传统平台主流内容的基础上，提升面向多平台的新型音频内容的创作与生产能力；第四，学习互联网的用户聚集逻辑，调动用户的智慧和力量，多途径聚拢优质内容，并增强产品意识，将音频节目转化为具有变现、增值能力的音频产品。

五是广告营销研究。未来相当长一段时间，广告仍将是包括广播在内的大众传媒的重要收入来源，本部分认为无论媒体形势如何变化，都不应放弃广播媒体的沟通产销、塑造品牌、促进竞争的功能，以及基于此功能的广告传播价值。面向未来，可以从四个方面固本开源，挖掘广告盈利空间：第一，研判市场变化和营销需求，及时调整客户来源，不断开拓新的行业；第二，优化经营机制，调整经营主体和定位，权衡不同的经营方式，重构业务流程，提高经营效率；第三，在传播价值的挖掘上，要不断通过资源整合、剩余价值开发、品牌塑造等，创新营销策略；第四，还要根据客户需求的变化，在广告产品研发上不断推陈出新，以提升销售收益。

六是产业拓展研究，即基于广告业务之外的多元化经营业态研究。广播媒体应立足市场环境的变化，不断调整经营结构，挖掘可经营性资源，探索传统业务与新兴业态共存、实体经营与资本运作并举的多元产业格局。本部分主要从四个方面展开论述：第一，基于优质节目的音频内容提供，广播媒体应发挥自身专业优势和资源优势，面向用户和各类传播平台，探索内容付费的多种可能，从单一广播机构向面向多平台的音频内容提供商转型；第二，基于品牌的价值开发与经营，主要包括频率品牌价值的开发、基于资源优势的媒体零售业务开发、有形物产和服务经营等；第三，以服务为核心的垂直类业务拓展，依托节目深耕行业的优势，聚焦于一个个垂直领域，开发"信息+服务"的产业化拓展模式；第四，是适当借助资本市场化的力量进行产业多元化发展的尝试。

七是机制构建研究。机制改革和制度建设是保障媒体经营创新的先决条件。面向未来，广播媒体的商业模式构建离不开三个方面的支撑：顶层设计和经营理念、组织结构的完善、市场化的激励机制。本部分结合当前媒体融合和广电机构改革的背景，对上述问题进行逐一探析。

三 研究方法

本书主要采用文献研究、实证调研、个案研究、归纳与演绎，以及比较研究的方法，展开研究过程，得出研究结论。

文献研究法。置身于传媒改革、媒体融合的大背景，本书按照宏观到微观、历史与现状、问题与对策的线路展开论题研究，对近年来与广播经营相关的文献进行较为全面的检索、阅读和整理，主要包括相关政策文件、学术著作、期刊文章、网络文献、行业报告等。

实证研究法。对经营问题的分析需要从实践中来，到实践中去。为了尽可能完整、客观地研究我国广播媒体的经营全貌，笔者利用与全国各级电台多年积累的交流渠道，采用实地调研和深度访谈的方式，对全国多地广播电台的经营情况进行了调查研究，采访对象包括频率管理者、节目人员和经营人员等。

个案研究法。根据研究论题的需要，笔者甄选广播经营相关的典型案例，系统地收集数据和资料，展开对部分电台经营实践较为深入的研究，特别是国家级和省级电台，重点考察具有代表性、典型性、有一定推广应用价值的案例。

归纳与演绎相结合。归纳法和演绎法既是逻辑学的重要研究方法，也是科学研究中运用广泛的思维方法。归纳法是从特殊到一般的研究方法，能够通过观察、调查个别事实概括出一般规律，体现众多事物的共性。演绎法是从一般到特殊的推理方法，即用已知的一般原理考察某一特殊对象，推演出有关这个对象的结论。在本书中，会使用归纳和演绎相结合的方法，既总结各地电台的典型做法、典型经验，进行普遍性规律的总结，也会结合相关理论知识进行具体现象的阐释和解析。

比较研究法。将传统广播与互联网音频平台进行内容产品、市场定位、经营模式、发展方式等方面的横向比较，分析传统广播在互联网背景下如何改进经营策略。

第一章　广播媒体的经营历程与现实问题分析

自我国境内第一座广播电台出现至今，中国广播已经走过了将近百年的历程，然而，真正意义上的广播产业经营是在改革开放以后才逐渐起步的。以1979年上海人民广播电台恢复播出第一条广播广告为标志，我国各级广播电台相继走上了开展广告和商业活动，进行经营创收的道路。各地电台的经营探索是广播媒体不断"产业化"的进程，是我国广播顺应市场需求、政策动向和自身发展需要，由单一政治属性转向经济属性开发的过程。经过40余年的积累，我国广播广告实现从千万到百亿的跨越式发展，多元化经营从传统业务向新兴业态演变，广播经营的市场化程度不断提高，广播产业链初见雏形。但是，在相对闭合的广播市场中，由于条块分割的行政结构，来自市场的需求不足，产业体系不完整，某些链条不成熟，使得广播经营始终停留在割裂、零散的状态，限制了整体运作的水平和规模。[①]

第一节　广播广告的发展演变

改革开放以后，随着国民经济的调整和各项改革的深入，商品流通市场逐渐得到恢复。供需双方信息需求的释放为媒介经营活动的开展奠定了坚实基础。从1979年上海人民广播电台恢复播出广告算起，

---

① 参见王春美《国内广播产业链的形成与发展》，《传媒观察》2019年第5期。

中国广播广告的经营探索已有40多年的历程。20世纪80年代初叶，全国广播媒体的广告收入仅为一两千万元，进入21世纪，中国广播广告市场一度达到近173亿元的营收规模①，广播经营的市场化和社会化水平不断提升。

一　广播广告的全面复播与初期探索

1978年12月18日至22日，党的十一届三中全会在北京召开，做出了将党和国家的工作重心转移到经济建设上来的决定。会议闭幕不久，《文汇报》刊出《为广告正名》的文章，提出"对资本主义的生意经要一分为二，善于吸收它的有用部分，广告就是其中之一"，"在经济发达的国家里，专业广告公司林立，许多大专院校设有广告专业……广告可以用来促进产品质量，指导消费……"这篇文章发表前后，《天津日报》《人民日报》《解放日报》《文汇报》、上海电视台等媒体相继刊发商业广告。在商品经济复苏的大环境下，广告也重新回到了空中电波当中。

1979年年初，上海人民广播电台率先复播广播广告，并迅速调集人员成立了广告部门，对外承揽国内外广告业务，"王开照相馆""春蕾药性发乳"等成为改革开放之后第一批登上电波媒体的客户。继上海之后，广东、北京等地的电台也快速反应，适应市场对于商品供求信息的迫切需要，重新开启停办多年的广告业务。1979年11月，中共中央宣传部发出通知，允许各级报刊、广播、电视台刊登和播放国内产品广告，也可开展外国商品广告业务。在政策的支持和引导下，1980年1月1日，中央人民广播电台播出了建台以来第一条广告，各地电台纷纷跟进，广播广告业务迅速在全国范围内恢复。据统计，到1981年年底全国省级以上广播电台114座，全部承办广播广

---

① 1983年全国广播广告经营额为1806.90万元，2016年为172.64亿元。根据国家市场监督管理总局（原国家工商行政管理总局）历年发布的中国广告业统计数据整理。主要参考《中国广告30年全数据》（范鲁彬编著，中国市场出版社2009年版）和《现代广告》杂志（2009—2020）。

告业务，2600多家县级有线广播站也开办广播广告节目。[①] 广告人员走出办公室，深入企业，与陌生的经营者打交道，吸引他们到电台投放广告。到1984年6月，全国经营广告业务的广播电台达到170多座，从事广播宣传活动的人员达到5000多人。[②]

广播媒体开始由单一的宣传工具向着大众传播媒介和经济属性兼具的方向转变。为了增加广告创收，有的电台开始用创收有奖的办法，调动广告人员积极性，例如北京人民广播电台规定"如广告部收入翻一番，超番部分奖励4%，非广告人员介绍广告奖励2%"，后又对广告部主任实行招标制，"能将广告收入翻番"列为首要条件。[③] 随着各家电台广告业务开展，从其他部门抽调到广告部的人员逐渐增加，相关的广告经营办法陆续制定，明码标价的收费标准出台，还有的电台编印了广播广告宣传资料，广告经营的流程逐步完善。与此同时，广播广告一改最初的"插播"状态，有了固定的播出时间表，播出的频次和时长不断增加。以广东人民广播电台为例，1986年以后珠江经济台和广州一台每天播音19个小时，其中播放广告时间约160分钟，广东三条与广州台每天播出广告时间为30分钟到40分钟，采用固定的广告时间播放，广告创收逐年增加，1980年广东人民广播电台创收为35.70万元，1982年突破100万元，到1987年已经增加到328.80万元。[④]

从1979年到20世纪80年代末，"以经济建设为中心"的国策为广播经营提供了制度和需求的可能性，中国广播在自身发展和市场需求的激发下走上了经营之路。这一时期，中国广播经营的基础虽然脆弱，但却具有非同寻常的意义，特别是广播市场的初步开拓，经营意识的萌发，一批广告经营人才和信息经营人才的培养，思想观念的解放，为下一步的改革发展创造了条件。1983年广播广告的营业额仅

---

① 参见姚力《广播电视广告学》，吉林大学出版社2000年版，第278页。
② 参见姚力《广播电视广告学》，吉林大学出版社2000年版，第278页。
③ 陶祖嗣：《我所经历的北京电台经营创收改革》，载《岁月如歌——献给北京人民广播电台60周年》，中国广播电视出版社2009年版，第492—495页。
④ 参见白玲主编《广播的跨越——广东广播插图史》，暨南大学出版社2012年版，第97页。

为1806.90万元，到1988年营业额达到6383.70万元，广播广告经营单位达到442户。① 最开始，广告创收仅仅是弥补国家经费不足的一种补充，但到80年代中期以后，各项新技术的装备及办公设备都不同程度得到广告创收资金的支持，电台开始从单纯依靠财政拨款向财政拨款和自我积累相结合的方向转变。

二 以频率为单位的广告经营模式确立

20世纪90年代初，随着电视机的普及与电视节目的繁荣，广播听众出现了分流，广播媒体遇到了生存与发展的危机。为了应对市场竞争，我国广播走上了专业化改革的道路，由"综合台"向"系列台"的体制转变，即改变以往广播频率大而全、什么都播、什么都做，频率与频率之间区别不大、泛泛传播的现象，每一套频率尽可能地确立自己的办台方针和目标对象，满足不同听众不同方面的需要，使广播频率形成多层次、多功能的"系列"，让听众能够在同一时间里选择收听不同的广播节目。这一改革产生了广泛的影响，全国广播掀起了创办系列台的热潮，经济台、音乐台、教育台等一批崭新的广播频率陆续在全国各地诞生，广播媒体的播出内容和播出形式发生了巨大的变化，拉动了广播收听率的回升，同时也反馈到经营层面上。顺应广播运行机制的变化，各地开始调整广告经营模式，经营权被下放到一个个频率，基层经营的活力不断被释放。其中最有代表性的是北京人民广播电台，在充分借鉴经验和研判形势之后，其改变全台广告由广告部统一经营的局面，赋予刚刚成立的经济台、音乐台、交通台等系列台独立运营权，这些电台不仅负责本频率的节目制播，也负责广告资源的开发和经营。广东人民广播电台紧随其后，于1995年确立了"统一管理、分级经营"的模式，把经营任务分解到各个系列台，形成二级广告经营结构，除总台层面的经营部门以外，各个系列台也建立了自己的广告经营队伍。

---

① 参见范鲁彬编著《中国广告30年全数据》，中国市场出版社2009年版，第13—15页。

分频率经营强化了节目制作与广告营销的联系，使得各套频率在做好节目的同时，需要统筹考虑广告资源的开发、推广与销售方式。在获得经营自主权后，一部分广播频率通过社会招聘、内部分流等方式组建广告营销队伍，开展广告自主经营活动，也有一部分频率尝试采用广告代理制，委托专业的市场公司销售广告时段，拓展广告业务。以北京交通广播为例，经过独家代理、多家联合代理等多种方式的尝试，其广告收入从1994年的318万增长到1998年的1833万①，推动了广播广告市场空间的快速扩大。

这一时期，我国广播广告总投入呈现逐年增加的趋势，与大众生活密切相关的食品、医药、家用电器、化妆品等成为投放广播媒体比较多的行业。从广告形式来看，广播广告的类型不断细分，"常规广告"和"特殊广告"的概念出现。"常规广告"按广告时长加以定价，一般不超过60秒，以15秒和30秒最为常见，全天按播出时段的收听人数多寡划分出若干层级，确定不同的收费标准。"特殊广告"分为挂牌广告、报时广告、台标广告、现场直播、有奖竞猜、合办栏目等，价格通常按月计算。广播广告的"产品意识"和"市场意识"有所增加。

"综合台"向"系列台"的体制转变，为电台实现经济增长方式的转变和创造规模效益创造了条件。② 1997年，北京人民广播电台的广告创收达到1.1亿元③，成为全国第一个广告收入过亿的电台。1998年，广东人民广播电台的广告创收达到1.02亿元④，成为第二家广告创收过亿的电台。而放眼整个行业，1989年我国广播广告经

---

① 参见汪良《八千里路云和月——北京交通台广告经营实录》，中国广播电视出版社2002年版，第29页，第34页。

② 参见吕浩才《在加快"两个转变"中谋求发展》，《中国广播电视学刊》1996年第12期。

③ 参见北京人民广播电台编著《大音京华——纪念北京人民广播电台建台60周年》，中国广播电视出版社2009年版，第73页。

④ 参见丁俊杰、黄升民主编《中国广播产业报告——产业发展与经营管理创新》，中国传媒大学出版社2005年版，第213页。

营额为 7500 万，到 1998 年广播广告经营额达到 13.30 亿，短短十年间，广播广告经历了破亿、破十亿的增长，年均增长率为 36.80%，其中 1993 年广播广告经营额的增长率高达 75.42%。[①] 广播电视系统内的财政状况出现了"具有战略意义的历史性转折"，经营创收开始超过财政拨款，成为电台收入的重要来源。

三 专业化改革中广告创收的快速增长

"系列台"的建立仅仅是根据广播媒体所应具有的社会功能，对旗下频率进行了大致划分和功能定位，无论从节目设置还是具体运营来说，尚未做到真正的"分众传播"。世纪之交的中国经济由卖方市场转为买方市场，广播媒体赖以生存的市场环境发生了显著变化，粗放的经营方式已不适应市场的考验，研究收听市场、分析收听需求、针对听众的需要办广播成为共识，"专业化改革"在全国范围内展开。广播频率的定位越来越细致，节目与市场的对接越来越紧密，广告资源的整合与经营进入新的层次，广播广告创收提速，我国广播迎来了黄金发展期。

广告经营的机制出现了分化。以北京人民广播电台、天津人民广播电台为代表，率先实行"分散经营"的电台随着市场变化，遇到了系列频率之间恶性竞争造成的整体收益受损的情况，广播广告经营的秩序一定程度上遭到了破坏，基于此，这些电台适时调整经营战略，将下放给各频率的广告经营权有序收回，把广告资源集中起来，划归广告经营中心统一经营。还有一部分电台，处在"分散经营"的探索阶段，上海人民广播电台、中国国际广播电台、黑龙江人民广播电台相继在 21 世纪初叶推行广告的分频率经营，以广州电台为代表的市级电台也相继尝试。与上述两种情况不同，另外一部分电台经历了从统一经营到分散经营，再由分散经营回到统一经营的轮回选择。根据自身的实际情况，结合所处地域的市场，选择适合的广告经

---

① 参见范鲁彬编著《中国广告 30 年全数据》，中国市场出版社 2009 年版，第 16—25 页。

营模式成为广播行业的集体行为，由此带来广告经营方法和手段的灵活多样。这种情况同样出现在"自营"和"代理制"的选择上，经过数年尝试，广告代理制在广播行业得以广泛应用，并发展出分行业代理、项目代理等多种样态，也有一些电台，为了规避广告代理制的风险，坚持广告自营。

进入 21 世纪，企业品牌传播意识不断增强，市场对有效广告的需求越来越高，企业在进行广告投放时越来越注重广告效果的测量。广播因价格优势赢得了广告主的青睐，特别是商业服务、娱乐休闲、食品行业在广播媒体的广告投放出现了较大增长。道路交通的完善和汽车的普及推动交通广播的崛起，随着车上收听规模的显著增长，金融、电信、房地产、家居建材等行业成为交通广播的重要客户。"广告产品"概念正式登台，广播电台的常规广告产品增多，除了按照"A—F"等段位来划分，广告的时长种类也向两端扩大，5秒、10秒及45秒等也作为投放选择，广告的播出点位增多，除了以往常见的整点和半点以外，出现了"25分"和"55分"等分散时点作为广告播口，而且出现了单一频率内组合和不同频率间组合的套播广告，广告价格呈现稳步上升的趋势，低价段位向高价段位移动，使得同样的广告时间含金量增加。特殊广告的品类同样不断增加，以知识性内容介绍为主，企业冠名的3分钟、5分钟"小专题"开始大量出现。

经过20多年的积累和探索，中国广播在改革开放后的第三个10年迎来了自己的辉煌期。自 2000 年到 2005 年，我国广播广告经营额连续 6 年保持 20.00% 左右的增长，2006 年的增幅甚至达到 41.17%。[①] 鉴于广播的快速发展势头，2003 年被国家广电管理部门确立为"广播发展年"。到 2008 年，我国广播广告经营额达到 68.30 亿元[②]，完成了"五年翻一番"的预期目标。具体到单个电台，各地

---

① 参见范鲁彬编著《中国广告30年全数据》，中国市场出版社2009年版，第26—33页。
② 参见国家工商行政管理总局《2008年中国广告业统计数据分析》，《现代广告》2009年第4期。

电台均迎来了广告创收的高峰,以江苏人民广播电台为例,1999年全台5个频率的广告创收仅为1956万元,2000年达创收达3200万元,增幅63.00%;2001年,广告收入猛增到4256万元,比2000年又增长了33.00%;2002年,广告经营实际完成6236万元,比2001年增长47.00%,2003年广告创收增至8160万元,增幅31.00%;2004年广告收入超亿元。[①] 2002—2008年,北京人民广播电台广告收入经历了从2.10亿到6.20亿元的增长[②],创造了广播发展的奇迹。

四 媒体融合进程中的广告经营转型

随着网民规模的不断扩大,网络信息消费急剧增长,越来越多的传统媒体意识到网络的巨大影响力,纷纷走上与网络互通共融的道路。2009年前后,全国各级广播电台几乎都创建了自己的网站,之后又开拓微博、微信等发布平台,有的电台还开发了专有的音频客户端。网络资源的开发扩大了传统广播的传输渠道,由此带来内外部多种变革,不仅生产传播流程发生了变化,广播节目的形态也走向多元。更为重要的是,在数字化转型过程中,传统广播的营销理念和经营方式发生着潜移默化的改变。

多数电台意识到资源整合的重要性,开始走做大做强的集中经营路线。在实行分散经营7年后,2009年上海广播电视台对12个广播频率的广告经营进行统筹管理,实行"统一经营"。广东人民广播电台同样做出调整广告经营模式的决定,将各频率分散经营聚拢为统一集中经营,组建了统一的经营管理中心。中央人民广播电台也是从2009年起开始对广告资源重新进行盘点,于2010年12月成立广告经营中心,统筹经营全台的广告业务。北京人民广播电台2009年以来继续沿用全台统一经营的思路。也有一些电台在经历从分散经营到统一经营的尝试后,重新允许部分广告业务分散经营,实行统分结合的

---

① 参见丁俊杰、黄升民主编《中国广播产业报告——产业发展与经营管理创新》,中国传媒大学出版社2005年版,第195页。

② 参见汪良《广播改革三十年》,中国广播电视出版社2013年版,第8、201页。

经营模式，比如江苏人民广播电台、湖南人民广播电台和黑龙江人民广播电台。

这一时期，中国广播基本结束了以数量增长、规模扩大为特征的粗放式经营发展阶段，步入以资源重组、融合改革为核心的转型发展期。集中经营的现象有所增多，广播的客户结构出现变化，借助媒体融合和广电一体化的契机，各地电台开始进行广告营销策略、广告产品研发上的创新。从数据表现来看，广播广告结束上一个阶段的高速增长，进入结构调整期。2009—2019年，广播广告经营额实现了由71.90亿到172.60亿的间距增长，但是增长起落出现极大的不稳定性，2014年、2015年先后出现5.90%和6.30%的同比下滑，2016年则突增38.70%，达到172.60亿元，2017年则又出现20.80%的下滑，回落到136.70亿元，2018年和2019年我国广播广告经营额分别为136.66亿元和128.82亿元，下降幅度分别为2.00%和6.00%。[①]

第二节 广播媒体涉足多元化经营业态轨迹

多元化经营不仅是广播改革的重要组成部分，也源源不断地为广播改革提供动力。历经时段资源开发、受众价值挖掘、品牌资源经营以至于资本运作的渐进式改革，广播多元化业态随着技术、环境的变化不断演进迭代，其中有的业务形态延续多年，有的则在短暂尝试后被淘汰，勾勒出一幅生动的媒体产业运营路线图。

一 有偿信息服务开展

1983年，我国第十一次全国广播电视工作会议提出了"放开搞活，广开财源"的口号，要求广电媒体由过去单纯依靠国家投资，改

---

① 根据国家市场监督管理总局（原国家工商行政管理总局）2010年至2020年每年发布的中国广告业统计数据整理，刊于《现代广告》杂志。

为多渠道筹措资金。1985年，国家在统计分类上又第一次把广播电视列入第三产业。有条件的电台开始寻找机会，探索"广开门路，多种经营"的可行路径。

改革开放之后，顺应经济政策和商品流通需要，广播电台改变过去以政治新闻为主的内容样态，将大量的市场信息和经济新闻引入节目中来。以北京人民广播电台为例，1984年开设《信息服务》节目，为听众提供科技、图书、旅游、影视等方面的信息导引服务。最开始这些信息服务基本都是无偿的，随着形势发展，市场需求增多，电台开展信息工作需要耗费大量的人力、物力和财力，信息服务面临运营经费从哪里来的问题。基于实践需要，各地电台纷纷提出开展有偿信息服务的主张，开始了信息经营的探索性实践。1986年，广东人民广播电台旗下的珠江经济台开播后，创建了近60人的信息部，在广播界首创了"整点信息"栏目，两年时间里为社会上500多个单位牵线搭桥，促成技术转让、推广、商品物资交易等成交额达2000多万元，电台从中获得信息经营纯收入近100万元。[1] 中央人民广播电台以原经济信息部为基础，成立了以发展综合信息经营为任务的信息中心。在湖北省，一个县级电台每年发布的信息服务稿件都在千条以上，1988年全省仅县级电台的信息服务有偿收入就达到120万元。[2] 有的电台还以经济信息节目为依托，办起了名优产品服务部、产品经销门市部，将信息宣传与产品销售结合起来。从1985年到1988年，各地电台的信息经营活跃，成为广播界开展经营创收的代表性尝试。[3]

合办栏目是信息经营的典型方式。20世纪80年代中期开始，各个地方的政府机关、企事业单位、相关社会组织等纷纷与广播联办、赞助、特约播出节目、栏目，并支付一定费用，由合办单位出资的有奖征文、征答、知识竞赛等活动不断增多。例如，湖北人民广播电台

---

[1] 参见白玲主编《广播的跨域——广东广播插图史》，暨南大学出版社2012年版，第114页。
[2] 参见金志敏《开发信息资源 加强传播服务》，《中国广播电视学刊》1989年第6期。
[3] 参见余统浩、朱砚《试论广播电台的信息经营》，《中国广播电视学刊》1989年第2期。

开办《市场短波》节目，采用多种体裁发布信息，还与康佳集团、海尔集团、中国银行等单位举办知识问答有奖收听活动及征文活动。江苏人民广播电台与省级有关部门共同举办《经济法律法规广播教学》节目，仅用很少一点人力，却获得了可观的经济效益。1988年起，北京人民广播电台的自主创收已经超过财政拨款，成为电台收入的主要来源，而自主营收的主要构成就是合办栏目和广告收入两部分，其中合办栏目收入大于广告收入。由于内部政策刺激，北京人民广播电台的合办栏目收入从1992年的280多万猛增到1993年的800多万，足足3倍还多。①"一切费用依靠政府财政拨款的日子，从此宣告结束，电台从此进入新的发展阶段"②，我国广播开始由单纯的"事业单位"向一定的产业性质转变。

二 第三产业兴办

1992年，广播电视被列入需要加快发展的"第三产业"行列，国家对媒介提出了"事业单位、企业化管理"，"社会效益和经济效益并重"的指导政策。随着社会主义市场经济体制的建立，广播媒体掀起了兴办第三产业的热潮，全国多地电台陆续开办了培训学校、广告公司、技术公司、书店、出版社等各种各样的"三产"公司。

在江苏地区，广播电视部门通过单独出资或合资的形式创办一批公司或企业，例如物资公司、材料公司、贸易公司、公关服务公司乃至于房地产公司、旅游服务中心。③ 以南京人民广播电台为例，1992年5月成立技术服务中心，对外开展家电维修业务，并协助其他电台购买专用的广播电视设备并提供售后服务。同时，南京人民广播电台与一家印刷厂以各出资一半的形式共同成立了南京特种印刷股份有限

---

① 参见北京人民广播电台主编《北京人民广播电台志1949—1993》，1999年版，第177页。
② 北京人民广播电台编著：《大音京华——纪念北京人民广播电台建台60周年》，中国广播电视出版社2009年版，第61—62页。
③ 参见李向阳《抓住机遇，发挥优势，加速广播电视事业的产业化进程——在全省广播电视系统经营创收工作座谈会上的讲话》，《视听界》1993年第S2期。

公司，这家公司是南京首批股份制企业之一，一年创造的产值达到2000万元。① 继此之后，南京人民广播电台又成立了雷迪欧房地产公司，从事房地产交易服务，还拨出一笔启动资金，动员几名编制内人员组建起雷迪欧广告公司，不仅代理本台的广告业务，也代理户外广告、电视广告等其他媒体的广告业务，收入可观。此外，镇江经济电台开办了一档名为《货比三家》的节目，专门播报全市各个品类的最低价商品，为听众提供商品导购服务，并在此基础上创办《镇江产业信息报》，开办镇江房产交易信息咨询中心。② 湖北人民广播电台依托广播创办了一个BP机传呼台，向公众提供新闻快讯、气象消息、车船航空时刻、股市行情、商品信息、电视电影节目预告等日常信息的传呼业务，仅用两年的时间用户就达到1万多家，年创收200万，不仅收回投资，还形成约300万元的固定资产。③

在北京，1993年3月北京广播发展总公司正式开业，它由北京人民广播电台投资成立，主营广播电视器材、经济信息咨询服务、调频立体声副讯道的技术开发及广告设计制作、广播器材维修等业务，注册资金150万元。④ 1993年各系列台成立后也相继开办了自己的"三产公司"，如北京音乐广播开办太阳文化传播公司，经营高级音响器材、录音带和高级汽车音响安装等业务；1993年北京交通台成立后，开办了一所汽车驾驶学校。⑤ 北京人民广播电台还与一家社会公司合作，共同出资创办了"中国华美国际广告（有限）公司"，面向社会开展广告代理业务。中央人民广播电台也出资成立了中广达广播发展总公司，开展经营活动。

---

① 参见蔡革文《发展中的南京电台经济实体》，《视听界》1992年第2期。
② 参见李向阳《抓住机遇，发挥优势，加速广播电视事业的产业化进程——在全省广播电视系统经营创收工作座谈会上的讲话》，《视听界》1993年第S2期。
③ 参见张发龙《拓展广播功能，兴办信息产业——访湖北人民广播电台"中广新闻传呼台台长康壮志"》，《中国广播电视学刊》1995年第7期。
④ 参见北京人民广播电台主编《北京人民广播电台志1949—1993》，1999年版，第200页。
⑤ 参见吕浩才《广播经营创收之我见》，《广播电视信息》1996年第5期。

这一时期，广播系统内部对经营创收的认识达到新的层次，意识到"走产业化、社会化的道路，才能适应当今广播电视系统改革与发展的基本潮流"，在电台内部，宣传、事业、经营创收一起抓的观念得到普遍的认同。

三 声讯业务开发与节目市场培育

媒体的发展离不开社会的进步。跨入 21 世纪，我国电信产业发展迅速，固定电话和手机的普及率逐年攀升，声讯市场的巨大潜力受到媒体关注，广播电台开始通过栏目和节目的创新，展开移动运营商的合作，相继开发了热线电话、短信彩铃、手机广播、IVR 语音互动等不同的应用项目，开辟了新的收入来源。2003 年前后我国电台相继建设短信平台，大量节目借助"短信"这一形式展开与听众的互动，短信资费很快成为电台收入的一个来源。2003 年，北京人民广播电台旗下的文艺广播和中央人民广播电台旗下的都市之声频率相继推出《短信江湖》《拇指英雄》等节目，每日参与短信互动的人次高达数十万。沈阳人民广播电台积极开发房产、征婚、二手物品、求职类节目，带来可观的短信收入。从 2004 年开始，上海一家新闻广播开始同上海热线合作开发短信业务，用户可以通过短信订阅新闻，所得收入双方各取一半。短信经营是深圳音乐广播的重要业务，其短信收入主要有两种来源：一是点歌互动；二是听友会社区，听友会社区有 6 万名虚拟会员，可以参加明星见面会，互相交友。有家社会公司还购买了深圳音乐广播的部分时段，做成《同城同乡会》小专题，时长 1 分钟—2 分钟，使用短信与听众进行互动。

随着市场发展，广播媒体逐渐意识到广播节目也有市场化的空间。"广播即产品"的理念逐渐诞生，一些电台开始将节目拿出来售卖，也从市场上购买自己想要的节目，广播节目交易市场出现。2001年，首届全国广播节目交易会举办，包括中央人民广播电台、黑龙江人民广播电台和上海人民广播电台等在内的多家达成交易或节目交换意向。2003 年 12 月由国家广电总局主办的"广播产业发展高层论坛暨全国广播节目展销会"在广州举行,来自全国多地的广播电台、广播节目制作公司、广播设备经销商等参加了现场展销,参展交易节目共454套,现场节目交易量达到2.50万小时,交易金额约101.50万元,内容包括小说、广播剧、评书、音乐等各种类型,除广播节目外,参展公司还带来了广播技术设备、音源设备及收听率调查软件、广播广告管理软件等产品。[1]

广播媒体逐渐认识到节目生产社会化的价值,通过扶持内部人员成立工作室,优化节目生产机制,尝试将节目推向社会和市场。2000年天津人民广播电台成立了刘杰工作室,专门从事广播节目的市场化运作,管理上隶属于电台,经营上自负盈亏,该工作室当年制作的节目卖给了六家电台。2003年山东人民广播电台成立八个品牌工作室,分布在五个专业频率,大都依托节目或主持人命名。辽宁人民广播电台旗下的生活娱乐频率推出的《娱乐双响炮》在广播节目市场颇有名气,每年制作市场化节目数百小时。北京人民广播电台也成立了六个主持人工作室,用以扶植优秀主持人,面向台内外生产和提供优质节目。

四 跨地区、跨媒体、跨行业经营探索

为了开拓更为广阔的广播产业空间,寻求更为多元的收入来源,一些有条件的广播媒体开始进行跨地域经营、跨媒体发展和跨行业探索的尝试,"三跨"概念被提出并应用到广播经营实践中。

跨地区经营主要表现为承包或合资的形式进行地方广播节目制作或广告运营,通常以支付定额承包费或利润分成的方式开展。2002年前后,已有一些电台和公司通过与外地电台以承包、代理的形式开展跨地域广播运营,如山东人民广播电台与北京展鹏公司达成合办音乐台协议,江苏电台承办盐城地区一套音乐节目,苏州电台承包下属

---

[1] 参见丁志文、张燕梅《如何有效经营广播产业——2003年"广播产业发展高层论坛"》,《中国广播电视学刊》2004年第1期。

区县一套广告节目，北京环球七福广告公司承包四川人民广播电台的音乐频率、中央人民广播电台的音乐之声等，台湾远传公司在江浙等地代理了十余家电台的广告，广播市场异常活跃。2005年1月北京人民广播电台与凤凰卫视共同出资组建了北京同步广告传播有限公司，该公司在四年时间里先后成立了贵阳、海南、青岛、潍坊、武汉、珠江六家分公司，以合资和承包经营的形式开展跨地域节目制作和广告经营，营业收入可观。

在跨媒体经营方面，广播媒体先后涉足报刊、电视等多个领域，以投资或合作的形式创办报纸、杂志或开展电视节目的制作与数字电视频道的运营业务。例如北京人民广播电台曾经投资《北京娱乐信报》《百姓TAXI》《百姓AUTO》等报刊，并依托音乐频率创办《音乐娱乐周刊》。中央人民广播电台曾成立电视节目制作中心，开展电视节目制作和音像制品的出版发行工作。黑龙江人民广播电台亦成立龙脉影艺公司，除广播剧、广播节目制作外，还从事电视剧制作、动漫后期影音制作等业务。跨行业运营通常指的是广播媒体通过一定方式进入其他行业领域开展经营尝试，比如有的电台利用自身闲置的物业资源开办茶座式广播书场，有的电台则进入旅游业，以品牌形象入股游轮产业经营等。

多元化经营是广播产业资源开发不断深入的过程，最先是从时段资源的开发入手，随后依托技术资源、信息资源、听众资源创办相关的实体产业。随着市场发展，广播媒体开发了一定范围内的声讯业务，并基于节目的市场价值进行了同行间的交易探索，而跨越媒体界限、跨出地域限制的异业跨界经营则是对资本、人才和经验资源的挖掘和运营。

第三节　影响广播经营的主要因素分析[①]

广播经营活动的开展，有赖于国家工作重心的调整，得益于市

---

① 参见王春美《中国广播经营变迁：起源、演进、规律与趋向》，中国传媒大学出版社2019年版，第138—146页。

场经济的促动，媒介管理政策的调整为其创造了基础和条件，而媒体竞争的加剧又激发了广播媒体的潜能，使其在一次次危机中不断发掘自身的特性。与此同时，经营活动的多元化更是广播媒体不断顺应市场，激活自身经济功能的过程，它是广播运行体系中的重要一环，与节目生产、内容传播、广告经营、组织变革紧密相连。

一　经济环境

经济环境是影响我国广播经营的长期因素，是我国广播经营不断发展的基础和土壤。作为媒体行业的分支，广播经营的起伏变化与我国经济发展的跌宕沉浮密切相关。改革开放伊始，商品经济复苏，媒体广告业复兴，广播广告就此复播，1983—1990年我国广播广告在低基数水平上以较高的速度增长，年度增长率保持在30.00%上下。1992年，邓小平"南方谈话"掀起了我国经济体制改革和对外开放的新高潮，为媒体经营创造了条件，广播媒体在这样的大环境中开始了经营层面的开疆破土，不仅在广告经营上进行了很多开创性的尝试，也掀起了兴办第三产业的热潮，1992—1995年广播广告市场进入急速增长时期，年增长率保持在40.00%以上，1993年甚至达到了75.40%，有研究者认为这是"过去欠发展表现出的一种补偿性增长"[1]。21世纪头十年，随着加入世界贸易组织，我国经济发展再次步入"快车道"，消费市场日益繁荣，伴随国际广告集团的进入，我国媒体广告市场不断升温，广播经营在这一时期迎来了发展高峰，确立了很多新的经营业态和经营模式。2013年起中国经济开始结构性减速，市场风险点增多，各行各样的投资趋于谨慎，媒体广告业进入缓慢增长期，广播经营随之趋于冷静，在较高基点上进入缓慢增长期。

---

[1] 丁俊杰、黄升民主编：《中国广播产业报告——产业发展与经营管理创新》，中国传媒大学出版社2005年版，第143页。

二 媒介竞争

新媒体的出现不是否定了广播的存在和价值,而是确定了它应有的范围。任何媒介在面临新的媒介冲击时都会或早或晚地找到新的生存方式,以新的模式重塑价值[①],媒介竞争的加剧导致生存压力加大是引发广播经营提速的重要原因。媒介竞争主要有两个层面,一是广播与其他类型媒体的竞争,二是广播媒体之间的竞争。20世纪80年代中后期电视的崛起使广播进入边缘境地,艰难之际选择进行专业化改革,新的传播方式和组织结构的确立为广播经营的改革创新创造了条件。2000年之后,随着都市报和晚报的发展,互联网的兴起,各地媒介市场竞争日趋激烈,而各电台的新频率不断开播,同质竞争也趋于白热化,媒介资源由稀缺转为富裕。在内外交困的情况下,广播电台选择了再次改革,直接表现在经营机制和经营模式的调整上。2009年之后,互联网和移动互联网的发展使广播的生存环境发生了重大变化,适应新的竞争需要,广播与网络的融合不断深入,内容形态、表现形式随着传播通道的拓展不断发生改变,广播经营的业态和策略继而调整。

三 传媒政策

广播经营四十多年的发展,历经了数次重大的政策安排。国家政策的松动,给了广播媒体扩充资源、扩大领地的发展良机和政策保障,同时推动广播媒体从过去单纯依靠国家投资到增强面向市场创造效益的能力,服务功能不断释放,经营步伐加快。1983年3月召开的第11次全国广播电视工作会议,是广播发展史上一次极其重要的会议。在这次会议上,确定了"四级办广播"的发展目标,以及广播电视要"多种经营,广开财源"的发展思路,同时决定将调频广播作为今后广播覆盖的主要手段。这三个决定对日后中国广播的蓬勃

---

① 参见陈国权《报业转型新战略》,新华出版社2014年版,第166—167页。

发展具有划时代的历史意义。1992年6月,国务院发布《关于加快发展第三产业的决定》,把广播电视列入需要加快发展的第三产业行列,这使广播不仅具有了上层建筑新闻宣传的"事业属性",也拥有了经济基础的"产业属性"。2002年12月国家召开全国广播工作座谈会,这是改革开放以来第一次召开的专门研究广播工作的全国性会议,此后不久全国广播影视工作会议确立2003年为"广播发展年",提出加快广播发展的一系列要求和建议,直接推动了广播专业化改革在全国范围内的纵深推进。2008年之后,文化体制改革向纵深推进,"事业和产业分开""宣传和经营分离"的制度开始在广播电视、新闻出版领域不断推行,与此同时,国家先后出台多项政策,推动传统媒体与新媒体的融合,要求"有条件的电台、电视台都要大力发展网络广播电视,加快发展新媒体、新业态,推进传统媒体与新媒体、传统产业与新兴产业的融合发展"[1],广播媒体遂加快与新媒体融合的步伐,积极探索新的内容样态。

四 内部因素

前文已述,经营不是独立存在的,它是广播运行体系中的重要一环,与节目生产、内容传播、广告经营、组织变革紧密相连。一家电台的经营理念和经营水平直接决定其业务布局和经营行为,而高质量的内容制作、灵活的内部机制是开展经营的先决条件,经营改革需要人事、财务、节目等一系列改革作为保障。

广告经营的深化与广播专业化改革一脉相承,专业化布局的早晚直接影响到经营模式的调整。实践表明,广播媒体的内容传播、广告经营、多元化经营是环环相扣、互相影响的。内容传播力和影响力是开展经营的基础和条件,历次改革实践表明,进入以建立系列台为龙头的全方位改革阶段后,广播的社会效益带动和促进了经济效益,产

---

[1] 广电总局:《电台电视台要大力发展网络广播电视》,http://news.xinhuanet.com/politics/2010-01/14/content_12809470.htm,2017年11月1日。

业功能得到了更好的发挥。每当广播节目引发了强烈的社会反响，产生了良好的社会效应，拉动了广播收听率的提升，反馈到广播经营上，就是广播的传播价值开始受到越来越多的关注，广告投放不断增多，其他多元化经营业态也不断涌现。某种程度上，广告经营与多元化经营存在一定的交叉，比如在广播广告高速发展的年代，很多电台成立了广告公司代理自家广告业务，也成立了活动营销公司从事广播品牌活动策划和执行，信息经营最初与广告经营是分开的，后来逐渐并入广告经营。

第四节 广播经营的现实问题与发展矛盾

虽然中国广播产业经过四十多年的成长发展，已成为广播影视产业中不容忽视的一个分支，但这些成绩背后也隐藏着很多问题，突出表现在市场空间收窄，多元化经营利润低，尚未形成稳固的产业链条和经营体系等。中国广播产业仍然不够大，也不够强，一些问题如不能得到很好的解决，就会缺乏可持续发展的动力，进而影响其在广播影视产业中的地位。

一 市场总量狭小

1979年以来，中国广播广告在较低的基点上平稳起步，经历了探索、积累、高速发展的过程。1983年我国广播广告经营额为1807万元，1993年达到3.49亿，2003年达到25.56亿，2013年达到141亿，30年净增140多亿。[1] 在传统产业增长乏力而新的市场开发缓慢的情况下，传统广播广告高速增长的势头难以持续，广告收入呈现触顶"天花板"的迹象（见图1-1）。以2019年为例，中国广告业总

---

[1] 根据国家市场监督管理总局（原国家工商行政管理总局）历年发布的中国广告业统计数据整理，主要参考《中国广告30年全数据》（范鲁彬编著，中国市场出版社2009年版）和《现代广告》杂志（2009—2020）。

营业额为 8674.28 亿元，广播广告经营额为 128.82 亿元[1]，仅占整体市场的 1.49%。2016 年之前，广播广告占我国广告营业额的比例维持在 2.00%—4.00%，2017 年之后下滑到 2.00% 以下，且呈现逐年下降的趋势。与发达国家相比，我国广播广告占总体广告市场的比例偏低。

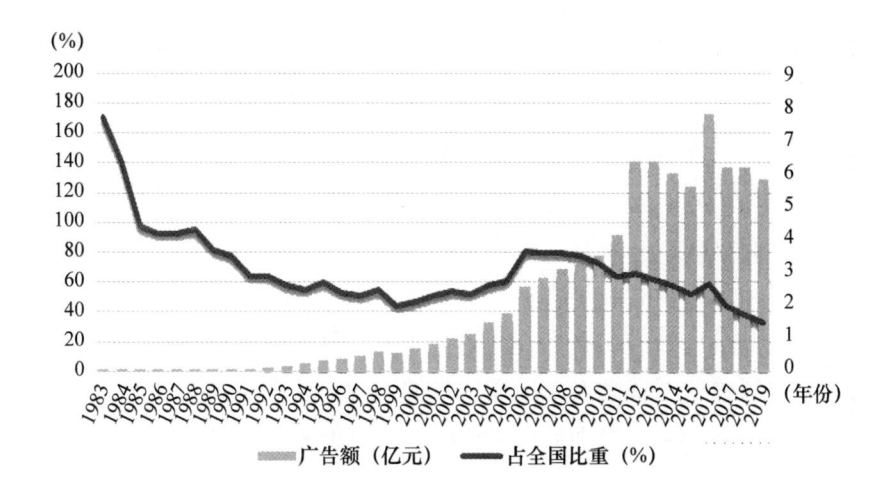

图 1-1 1983—2019 年中国广播广告经营额及其占全国广告营业额比重情况图[2]

二 收入模式单一

尽管广播媒体一直在探索多元化经营，进行过产业运营的种种尝试，但更大程度上只是业态拓展的探索，收入结构还没有出现根本性的变化。在绝大多数电台内部，90.00% 以上的收入来源仍然是广告，多元化业态虽已布局，但并没有形成强有力的创收支撑。中国广播媒

---

[1] 参见《2019 中国广告年度数据报告》，凤凰网，http://biz.ifeng.com/c/7v8CVm6AVBA，2020 年 12 月 20 日。
[2] 根据国家市场监督管理总局（原国家工商行政管理总局）历年发布的中国广告业统计数据整理，主要参考《中国广告 30 年全数据》（范鲁彬编著，中国市场出版社 2009 年版）和《现代广告》杂志（2009—2020）。

介只是开发了广告经营这一部分，其他经营方式比如节目交易、节目素材交易和延伸市场的开发力度还远远不够。

"二八法则"大量存在，广播发展的不均衡现象突出，这不仅表现在不同的地域之间、台与台之间存在创收的较大差距，即便在同一电台内部的不同频率之间、同一频率内不同时段之间也存在着显著的不均衡现象，主要的广告类型过于集中，创收结构不够合理，风险系数偏高。从地域分布来看，北京、上海、广东、天津等地区广播广告的创收额度较大，全国广告创收排名前十的电台创收占到全国广播广告创收的1/3以上，行业内集中显现明显，80.00%的收入集中在20.00%的大台，呈现二八效应。① 从频率创收分布来看，往往优势频率能够占据全台广告收入的半壁江山甚至更多。而从单一频率的广告创收时段分布来看，早晚高峰仍旧是广播广告含金量最高的时点，午间、夜间是广播的创收低谷，经营活力一直无法有效激活，有大量的剩余时段价值有待开发。广播广告的不均衡还表现在同城电台的市场份额分布上，不同级别的电台之间经营资源和市场开发能力存在较大差异。

三 经营体制冲突

产业化、市场化是推动中国广播四十余年快速发展的直接动因，与此同时，我们还应该正视一个问题："经营体制出现了严重的老化疲劳，对外缺少经营规模和经营合力，对内缺少弹性和激励机制。"② 这种状况使得产业化进程中的广播面临多重矛盾，以致下一步发展比较艰难。

我国广播媒体并不具备真正的"市场主体"身份，其经营活动强调社会效益优先。在缺乏"企业"身份的前提下，广播媒体自然也无法完全参与市场竞争，特别是一些产业项目的融资受到很多政策的

---

① 参见王春美《国内广播产业链的形成与发展》，《传媒观察》2019年第5期。
② 黄升民：《"媒介产业化"十年考》，《现代传播》2007年第1期。

限制，无法真正市场化。受规模和资金的制约，广播产业在平台拓展、内容整合、新技术升级、品牌推广、吸纳资金、市场合作和竞争方面均显薄弱。

"事业"和"产业"双重属性下的混合体制和二元运作机制，导致广播在发展进程中出现了明显的双重取向。产业实体虽然形式上建立了，但是离具备真正意义上的现代企业制度还有很长的距离。很多产业公司虽然设立了董事会、监事会，但是实际执行却离现代化的公司治理差距不小，在制度、运行层面，团队建设和人才激励的效度明显不足，无法真正将个人利益与集体利益捆绑，从而影响基层主动性的发挥。

四 市场化程度不够

作为信息产业的一部分，广播产业链上最为薄弱的一环就是节目市场。对于绝大多数电台而言，节目生产基本处于自给自足的状态，需求拉动不足，节目也就难以成为产生效益的子市场。广播节目普遍"低价、低利"，也就谈不上科学的价格体系和强劲的竞争势头。市场上从事广播节目制作的社会化公司不多，节目交易量也很小。这一方面导致了大多数节目由台内制作，成本高；另一方面，行业发展的动力仅仅来自电台这一层面，必然导致行业发展势头不猛。

广告代理制的引入曾助推了广播广告市场的开发和拓展，提升了行业的市场化和社会化水平。但是长期推行代理制以后，一些问题逐渐浮出水面，其中最为显著的是一些全面实行代理制的电台，内部营销队伍基本退出一线市场开发，大量工作以流程化的业务管理为主，很难及时全面地了解和掌握营销需求与动向，"广播的事业单位身份和老牌媒体资历，多年来形成了许多广告经营的舒适区……经营部门往往背负着较大的增长压力，经营活动也变得相对短视和保守"[①]。跨地域经营方面，受到社会化公司竞争、地方电台合作变更等多种因

---

① 方乐：《业态剧变下广播广告经营问题及转型探讨》，《中国广播》2015年第9期。

素的影响，曾经一度进展良好的外地电台承包或代理业务遇到障碍，以北京人民广播电台旗下的跨地域运营公司为例，其自2005年成立，经历过业务迅速拓展的辉煌时期，到2015年所有外地业务全面萎缩，不得不进行业务转型。资本运筹方面，社会资本的介入有限，市场化程度不高，难以做大做强，仅仅依靠自有积累从无到有地发展产业，距离建设具有相当竞争力的产业平台目标较远。

第二章 音频传播新生态的构建与内在竞争

过去十几年间，基于互联网的音频产品和有声内容大量涌现，成为网民获取声音资讯、娱乐、服务的重要渠道，其中既有以综合性内容集成为主的音频应用，也有以用户生产内容为主的社交类音频产品，不仅头部企业发展势头向好，基于垂直类服务的语音直播、有声读物等也颇受市场青睐。收听场景越来越多，音频需求不断释放，一个全新的音频生态圈正在形成。在全新的音频传播格局中，传统广播、新兴电台及各类网络音频服务提供商之间形成了错综复杂的竞合关系，它们既共生共荣，也彼此竞争。从音频内容的专业化生产到声音爱好者的全民参与，从车载为主的收听阵地到无以计数的移动场景，音频内容的生产主体、制作方式、传播机制和营销模式发生了巨大的变化，传统广播被卷进跨行、跨界、跨资源的多重竞争中。面对技术进步带来的音频产业纵深化趋势，广播媒体需要分析、研判音频传播的新局面，研究、把握音频盈利的新途径，从中思考可供努力的方向和空间。

第一节 互联网音频的发展演变

互联网音频是广播与互联网融合发展的新鲜事物，是通过互联网面向大众传播音频内容的传播形态，早期被称为"网络电台""网络广播"，后期多以"移动电台""移动音频"代称。其源起可追溯至

20世纪90年代中期，随着国内外广播媒体陆续提供在线直播和点播服务，互联网上相继出现了一批音频播客、网络电台、音频论坛、音乐流媒体等互联网广播平台，一些音频播放工具也相继推出内容随选服务。

一 网络电台的崛起与沉寂

国内第一波网络电台集中出现在2005年前后，以北京人民广播电台、中央人民广播电台和中国国际广播电台为首，传统广播相继建立了各自的网络电台，为网民提供音频节目。一些互联网机构和传媒公司纷纷涉足，创建了"QQ之声""萤火虫""猫扑"等个性化网络电台，编排了丰富的直播节目。也有一些社会团体和组织出于兴趣和爱好凭借少数人的力量组建起架构相对完整的网上广播电台或播客，一些地方城市的信息服务网和部分成熟的社区论坛也推出过播客板块，还出现过不同机构联合创办网络广播的情况。这一波网络广播热潮在2008年前后达到高峰，当时在搜索引擎中能够快速检索到数以百计的网络电台和播客，有的以独立网站形式出现，有的以网站板块存在。一些网络电台建立了完整的制播流程，召集了大量的NJ（网络主持人），推出聊天室、QQ群等即时互动方式，甚至发起了网络广告、线下活动、形象代言等运营尝试，红极一时。也是在当时，不少传统广播还没有实现节目的在线直播和点播，有的电台还没有自己的网站，网络收听市场还不是特别繁荣。2010年，国家治理网络视听市场，通过颁发牌照实行市场准入制度，商业公司和个体机构创办的网络电台相继关停。

二 音频应用的诞生与发展

经过两年左右的沉寂，网络广播再度崛起。2012年以来，特色音频应用和移动电台如雨后春笋般涌现，电台聚合类应用蜂拥上线，专注音频流的音乐类产品也争相加入点播类播客，原本专注于社交的移动应用亦开始进军音频广播。与此同时，《罗辑思维》《段子来了》

等播客节目开始在各类点播平台走红，甚至部分微信公众账号也开始推送音频内容，如壹读、虎嗅网等。林林总总的个性客户端和自媒体加剧了市场细分，而技术方面的语音产品也层出不穷，语音识别、语音游戏、语音表情等不断应用，语音社交在年轻群体中有一定影响力，音频直播社区也受到欢迎。近年来，音频产品向着细分化、垂直化的方向发展，针对特定受众群体的儿童故事、有声阅读、在线课程等相继出现，主打广播剧、有声小说、播客等续集的"长音频"概念诞生。2020年中国网络音频娱乐市场用户总数达到8.17亿，同比增长率超过网络视频，为7.22%。[①] 网络音频用户持续增加，"蜻蜓FM""喜马拉雅FM""荔枝FM"等逐渐成为大众耳熟能详的名字，诸多产品受到市场青睐，相继完成多轮融资。与门户网站时代的播客和网络电台有所不同，基于移动互联网的音频应用品类更加丰富，更加强调用户体验，倡导"听我想听""听我不同"，能够通过算法推荐、大数据等技术向用户定向推送内容。

第二节　音频内容生产的内在变革

相当长一段时间，音频节目由专业的广播机构生产并提供给大众。技术的发展改变了音频内容的生产方式，市场主体的构成更加多元，内容创作者的身份更加多样，内容样态也更为丰富。

一　市场主体的构成：从广播电台到网络音频

与"音频"相关的网络应用大致可以分出三类。一是音乐类应用，如QQ音乐、百度音乐、酷狗音乐等。此类应用与音乐产业的关联度最高，大都以提供各类音乐为主。近年来网络音乐产品出现了"泛音频化"趋向，纷纷开设"电台"频道，增加语言类节目，有的

---

① 参见中国互联网协会《中国互联网发展报告》（2021），https://mp.weixin.qq.com/s/H-Zl9avqjJp_zYBcwwuvEQ，2021年7月20日。

音乐产品还专门推出播客内容，如酷狗音乐推出了"酷狗电台"，QQ音乐开辟了"听书"板块，酷我音乐推出了长音频产品"酷我畅听"，网易云音乐上线了"声之剧场"。二是听书类应用，如咪咕听书、懒人听书等。此类应用与出版产业的关联度较高，多是传统出版图书的有声转化及经典的评书作品等，近年来听书类音频应用竞争越来越激烈。三是电台类应用，如蜻蜓FM、喜马拉雅FM等。① 此类应用与广播产业的关联度较高，主打各类音频内容，定位较为宽泛。随着移动互联网的快速发展，音频市场成为资本市场关注的焦点，行业巨头与创业公司纷纷涌向该领域，百度曾推出电台产品"乐播"，也曾推出知识付费产品"百度小课"，腾讯推出了"企鹅FM"，2020年以来以字节跳动和快手为代表的互联网后起之秀又纷纷布局音频业务，前者推出了侧重有声书的"番茄畅听"，后者推出了播客应用"皮艇"。

网络音频市场逐渐开始分化，产品间的区别越来越大。按照运营者的不同，目前网络音频主要由以下几种市场主体构成：一是专注于音频领域的商业传媒公司，如麦克风文化传媒公司、喜马拉雅科技有限公司；二是对音频有所涉足的互联网头部企业，如腾讯、字节跳动；三是电信运营商，如中国移动、中国电信，二者都曾推出听书和有声阅读产品；四是传统广播电台，如"阿基米德FM"是上海人民广播电台旗下产品、听听FM是北京人民广播电台的音频客户端等；五是以自媒体为代表的声音创业者，如罗振宇、青音、王凯等，他们纷纷以音频客户端或公众号为载体，进行音频内容的生产和创作。此外，还有其他新媒体企业加入音频传播阵营，如果壳网、知乎、即刻等。

音频内容的提供分成了广播电台和网络音频两大阵营。就传统广播而言，当前依然按照属地原则，形成了国家、省级、市级、县级的四层传播结构。以北京、上海、杭州、济南等地为例，很多城市的上

---

① 注："喜马拉雅FM"后期更名为"喜马拉雅"，不再突出"FM"。

空平均分布有 20 套在线播出频率，每一套播出频率都是参与市场竞争的一个主体单位。

二 音频内容的生产：从内部闭合到全民参与

传统广播时代的音频内容生产多为内部闭合机制，节目通过程序化的有机组织，由电台内部的采编播团队制作而成，是标准的专业化制作。移动互联网时代的音频内容生产经过几年积累，形成了包括 PGC（专业生产内容）、UGC（用户创造内容）、PUGC（专业用户生产内容）在内的多元机制，其典型特征是最大限度地挖掘用户和社会力量，通过平台的聚合，将音频内容的生产推向市场化、规模化。参与音频内容的生产与创作主体既有专业机构、专业主播，也有草根播主、普通用户。在专业机构方面，除了广播电台以外，以《读者》、《三联生活周刊》、*China Daily* 为代表的纸质媒体均在音频平台上开设栏目，36 氪、知乎等互联网垂直媒体也通过各种方式推出音频内容，一些专业的音频制作公司和配音机构亦是网络音频内容的重要提供者，还有一些企业和品牌通过各种方式入驻音频平台，制作内容。专业主播包括广播电视台的主播、主持人及配音演员、声优等，平台扶持的"IP"包括各个领域的专家学者、流量明星、网红大 V、行业意见领袖等。[①] 各大音频平台通过设立孵化基金、创建工作室、举办播主大赛、组织训练营等方式，扶持音频创作者，壮大平台内容的生产力量。以播客为例，据全球播客搜索引擎 Listen Notes 的数据，中国大陆在 2020 年年底新增播客达到 6500 档，是过去五六年的总和，呈现了井喷式增长。[②]

三 音频内容的样态：从窄众传播到精准细分

始于 20 世纪 90 年代的广播专业化改革，使广播媒体走出了泛

---

① IP 是 "intellectual property" 的缩写，意为"知识产权"，引申为具有独特价值的内容、产品或主体等。
② 参见章睿《音频播客：国内"耳朵经济"的市场有多大》，《上海企业》2021 年第 5 期。

泛的"大众传播",进入了有着各自定位和目标人群的"窄众传播",每一套频率都有差异化的市场策略和内容设置。但是受限于频率资源,广播媒体很难做到真正意义上的精准传播,节目的开办也只能在一套频率相对固定的传播体系架构之下进行设计。网络音频的出现打破了这一局面,在互联网平台上,音频内容出现了极大程度的细分和垂直,可以依据声音需求、人群、行业、地域等指标进行多维度交叉的规划和分类。以儿童市场为例,既有面向低幼儿童的睡前故事,也有针对学龄儿童的学习课程,还有适合课外拓展的经典读物。在内容样态上,既有以有声读物、小说、相声等为主的半小时以上的长音频,也有十几分钟的中长音频节目,还有一分钟以内的短音频资讯、娱乐或播报。2018 年年底,蜻蜓 FM 公布了全新的九大内容矩阵,整个体系包括文化名家、女性、新青年、财经、儿童成长、原创自制、超级广播剧、影视 IP 等,在既有 1200 万小时有声内容聚合的基础上[1],继续推动内容的专业化和多元化。

第三节　音频传播新局面与不同市场主体的竞合博弈

经过几年的市场培育,音频用户规模不断增长,音频收听行为发生显著改变,大众收听习惯逐步养成,音频传播向着垂直化和纵深化的方向发展。在内容深耕、用户积累的基础上,音频传播价值有了新的变现可能,从免费到付费标志着声音内容迎来新的市场空间。在这其中,网络音频与传统广播之间、不同的网络音频平台之间、音频链条的不同环节之间形成了错综复杂的竞合关系,优质版权和内容、渠道分发、用户存留是角逐的重点和焦点。

---

[1] 参见《蜻蜓 FM 发布九大内容矩阵　将花 10 亿扶持主播》,《界面新闻》, https://baijia-hao.baidu.com/s?id=1616344651078519139&wfr=spider&for=pc, 2021 年 6 月 1 日。

一 收听覆盖：从有限的场所到无限的场景

受限于接收终端、传输方式，大众对于广播电台的收听往往集中在居家、车载和户外等场所，受到信号覆盖的约束，有些空间的收听不够便利。近年来的收听数据显示，坚挺的车载收听是广播收听和广告收益的重要基石，居家传统收听有所下滑，传统收音机为主的终端式微，手机、车载收音系统等新的收听方式见涨。与此同时，随着基础环境的完善、网络资费的下调，网络音频平台展开对用户生活全场景的捕捉，力争构建时间维度、物理空间、生活场景无所不入的声音收听格局。为了满足用户的碎片化收听需求，网络音频平台在不同场景、不同渠道布局，例如针对家庭场景布局智能家居的音频入口、针对路途场景接入车载系统、在学习娱乐和休闲活动场所置入可穿戴设备，在其他碎片化场景，最大限度地发挥智能手机的音频功能。近年来，喜马拉雅通过研发随车听、故事机、小雅智能音箱等系列硬件产品，实现用户与音频内容的多场景触达。蜻蜓FM通过与汽车前装市场、后装市场、智能冰箱、智能家居、车联网为代表的物联网生态方深度合作提高音频内容的渗透率。

二 收听行为：从免费接收到付费养成

在传统广播市场，听众作为连接媒体与广告主的中枢，一直享受着免费的节目和服务，从来没有哪一位听众需要为喜欢的广播节目支付费用，广播节目从生产到播出，中间既没有相应的收费机制，也没有可付费的条件，因而也就缺乏"消费"这一环节。而在移动互联网飞速发展的今天，高品质的音频节目、课程、作品凝结着创作人员的智慧和付出，在移动音频平台的运作下，许多音频像商品一样，收听者需要付出费用才能购得，而这一现况随着人们生活水平的提高、版权意识的增强、自我需求的提升、移动支付的便利而变得司空见惯。越来越多的人因为觉得某个音频平台的内容优质，能够满足自己某方面的需要，对自己的生活或工作有很大的帮助，而自愿充值成为会员，也有更多的人因为某个主播的节目有"干货"、某部作品很好听，对自己或身边的人有价值，收听便捷且收获大，而愿意付费购买并期待其不断地更新。多种因素汇集，使得音频逐渐成为像音乐、视频一样用户愿意为之付费的内容类别。艾媒咨询发布的《2019—2020年中国在线音频专题研究报告》显示，在线音频的用户中有六成愿意为感兴趣、有价值的音频付费。[①] 2021年第一季度，喜马拉雅移动端的平均月活跃付费用户达到1390万，付费率为13.30%[②]，超过很多在线音乐产品的付费率。用户付费意愿的增强和付费比例的提高凸显了特色音频内容的传播价值，同时也能反过来激励更多优质内容的生产，激发音频市场的内生动力。

三　网络音频与广播电台的竞争与合作

互联网音频的出现拓展了"广播"的内涵和外延，在推动音频内容生产社会化和规模化的同时，极大地拓展了声音传播的市场空间和想象空间。由于资金、技术、机制等方面的差异，互联网商业音频平台具有多方面的优势，对传统广播形成了一定的冲击，其不断增长的动辄数亿的用户规模也令以地域传播为主的传统电台难以望其项背。但是，从时代发展的角度看待问题，没有传统广播的存在，很难会有网络音频这一新生事物，直至今日，传统电台节目仍是诸多音频平台海量内容的重要构成，缺少传统电台内容的存在，平台中的专业内容将缺少支撑。音频用户中的很大一部分在使用网络音频平台收听传统广播节目，这从各商业音频平台定期发布的收听排行榜数据中可以得到印证。在这背后，一些商业音频平台通过签订宣传合作协议、重大报道联合传播、内容推荐、反向输出等方式，与部分电台建立了合作

[①] 参见《2019—2020年中国在线音频专题研究报告》，艾媒网，https://www.iimedia.cn/c400/67192.html，2021年8月10日。

[②] 参见《喜马拉雅3年净亏20亿 "音频带货"是门好生意吗？》，《新浪财经》，https://baijiahao.baidu.com/s?id=1698613401768050594&wfr=spider&for=pc，2021年8月7日。

关系，但也有一些并未取得正式的授权。为了开拓传播渠道，传统广播着力建设自有音频平台，目前主要精力放在在播和存量节目资源的互联网化呈现上，部分电台开始专门的网络音频内容制作和运营。

辩证来看，商业网络音频的迅速发展反过来对于广播业态的改革也有借鉴意义。回顾网络音频的发展可以看出，第一代网络电台更多是对传统广播的模仿和复制，从频道设置到内容编排及播出形态基本都沿用传统广播的形式，节目样态与传统广播极为相似，大都采用主持人加大板块的直播，播出时间都有固定的节目表。但是，第二波移动音频应用则改变了既往音频传播的固定模式，在内容设置和呈现形式上有了巨大改观，比如不再有节目时间表的概念，不再突出频道概念，以账号体系为内容聚合逻辑，用户一旦进入即可自主选择内容，并且可以评论和转发。移动音频平台所创建的主播扶持体系、渠道分发布局、产品互动功能等均值得参考和借鉴。以往，广播媒体面临的更多是同城同质媒体之间的单一内容竞争，在全新的音频传播格局中，广播面临着音频产业链上游、中游及下游的市场争夺战[1]，面临的是资金、技术、内容、人才、机制、战略等全方位的竞争。如何再塑内容生产流程、提高主流传播效率、优化用户触达是迫切需要解决的问题。

四 网络音频产品之间的市场角逐

任何行业和产品都有自身的生命周期，网络音频经过多年的发展，经历了萌芽期的酝酿，各类主体纷纷涌入进行试水之后，逐渐进入平稳发展期，形成了梯队，市场出现细分。在此过程中，有些产品由于各种原因已经退出，有一些新生产品不断进入，还有相当多的产品随着音频市场的变化不断调整自身的定位。近年来行业整合的力度不断增大，例如视频网站 Bilibili 全资收购二次元音频社区猫耳 FM，

---

[1] 参见王春美、黄升民《我国广播多元化经营的演进轨迹与内在逻辑》，《编辑之友》2019 年第 1 期。

在精品广播剧、有声漫画制作领域颇具亮点，腾讯音乐集团以27亿元全资收购懒人听书之后①，又进一步推动旗下"酷我畅听"与"懒人听书"的合并升级，推出全新的长音频品牌"懒人畅听"。当前，网络音频的产品形态除了各类移动音频应用外，还有相当多的音频产品以微信公众号的形式出现，其创办者既有自媒体创业者，也有文化传媒公司。近年来，以"分答"为代表的付费语音问答产品、以"豆瓣时间"为代表的付费专栏出现，语音互动与分享社区、付费专栏、在线课程等成为新的音频产品形态，其创办者多为互联网领域的垂直类企业。此外，包括"人民日报""央视新闻"等在内的诸多图文微信公众号增加了音频播报内容，拥有超十亿用户的微信于2020年年底也上线了"微信听书"②，以微信读书为基础，推送免费的有声小说、书籍和各类音频节目等服务。音频产品的样态越来越多，基于声音的内容市场向着垂直方向不断迭代。不同的电台应用、语音社区、直播平台、音频公众号、有声阅读产品之间面临着内容生产、渠道分发及商业模式之间的激烈竞争。

市场的扩容引发了对优质版权和内容的激烈争夺，市场上稀有、知名的音频版权价格急速攀升。为了争取更多的音频内容，各大音频平台纷纷加强与版权提供商的合作，蜻蜓FM曾与正版音频版权提供商鸿达以太达成战略合作，喜马拉雅曾与阅文集团达成排他性合作。但是内容与渠道资源的置换，让版权提供方和平台运营方的竞合加剧，2018年年底阅文集团自建有声阅读平台"阅文听书"，加剧了音频版权的稀缺性。为了差异化竞争，各大平台加速自制内容和自制节目，主播挖掘和扶持力度不断加大。

5G时代的到来改变了信息传播的速度、效率与模式，在万物互

---

① 参见《喜马拉雅IPO、三年巨亏22亿，"长音频"市场迎来"对垒"时代?》,《娱乐独角兽》, https://baijiahao.baidu.com/s? id = 1699296627351548428&wfr = spider&for = pc, 2021年9月15日。

② 腾讯2020年财报显示，微信及WeChat的合并月活跃账户数达到12.25亿。参见《腾讯2020年收入增长28%至4820.64亿元 微信用户破12.25亿》,《上海证券报》, https://www.sohu.com/a/457115417_120988576, 2021年9月15日。

联的各式终端上，语音成为重要的交互方式。从上游的技术应用、版权开发，到中游的内容制播、产品分发，再到下游的产业开拓、多元经营，网络音频的产业链条渐趋成熟，同时内部的竞合博弈也将转向更深层次。

第四节 移动音频平台的商业模式创新

经过十余年的市场开发与积累，移动音频市场不仅沉淀了品类丰富的音频内容，也聚集了年龄跨度广、特征差异大的用户群体，为商业变现奠定了重要基础。一批较为成熟的网络音频企业在内容生产、渠道分发和用户数据等方面深挖商业价值，基本形成了以广告营销、用户付费、衍生品开发及商业服务为核心的商业模式，初步探索出一套音频内容从生产到消费的变现路径，构建起"耳朵经济"的可见图景，验证了"声音"这一传播元素所具备的市场潜力。

一 广告资源拓新与运营

在互联网产品中，将虚拟的流量转化为真实的收入，是一种基础的盈利模式。同传统广播一样，广告也是移动音频的重要收入来源。不同的是，广播广告资源是有物理限制的，只能在有限频段的24小时之内加以开发，如果想要提高盈利，就只能增加广告时长或提升广告"刊例价"，对移动音频而言，由于平台和节目资源的无限性，广告的投放空间被强力拓展。由于能够整合用户的基本信息和行为数据，移动音频平台可以实现广告的定向推送和个性化推荐。也因为平台页面和内容样态的丰富性，音频广告的形态发生了巨大的变化，不仅能够最大化挖掘常规广告的潜力，也开发出内容营销、互动营销等新的广告形式。移动音频广告基于连接各方的"平台"和数字可见的"流量"而展开，其广告资源的开发、广告产品的设计、广告活动的运营都与传统广播有着根本不同。

从广告资源开发来看，移动音频平台充分挖掘平台空间和时间价值，利用海量的节目资源，充分挖掘专家、名人、明星等主播资源，发挥不同主播的声音特性，利用互动专区和功能，调动用户的参与，利用大数据和智能算法，使平台、节目、主播、用户等资源聚集，产生广告价值。喜马拉雅创始人曾经提到"我们不生产内容，我们只是内容的搬运工"，喜马拉雅致力于"为内容创业者提供包含产品梳理、体系建立、发行、商业变现等一整套孵化体系"[①]，基于此，作为平台的搭建者和服务提供者，移动音频平台的客户资源开发不仅仅局限于普通的商业企业，内容创业者、主播、播客、媒体等有意向推广自身内容的机构和个人都成为平台积极开发的客户资源。

移动音频平台采取自营与代理相结合的方式开展数字营销，在全国多个区域发展代理商，并开放教育、金融、游戏、电商等行业实行行业区隔代理，另外还根据企业营销需求，专门发展效果广告代理商。在广告产品的设计上，从时间、空间、位置、样态等几个方面展开，表现为三种形式。

一是普通展示类广告，例如不同层级页面的横幅、焦点图、通栏、浮层等。此类广告是随着音频平台用户规模的不断扩大逐渐完善起来的，是基于音频业务的平台类广告产品，常常以静态图文、动态图文、全屏视频等形式呈现，一般采取包段形式，在特定时间段内利用不同的平台位置进行广告信息展示。根据广告主预算多少，广告信息可以某一个页面呈现或在不同页面之间切换。页面被划分出开机、首页、播放页、评论区等，一个页面还可以划分出不同区域，容纳不同的广告形式。值得关注的是，伴随音频平台营销价值的凸显，近年来开屏广告逐渐成为投放热点。开屏广告是在打开应用、进入首页之前的一种展示广告，一般时长为3秒至5秒，是移动端尺寸最大的广告样式，通常有普通海报类和动态全景类两种形式，既能大画幅全面展示产品形象，又能直接链接品牌销售页面，能够在客户端打开的瞬

---

① 黄杨、杜燕：《媒介形态变化推动商业模式创新——专访喜马拉雅联合创始人兼CEO余建军》，《新闻与写作》2018年第12期。

第二章　音频传播新生态的构建与内在竞争

间起到强势曝光的效果，具有一定的资源稀缺性。早期，移动音频平台的开屏广告多为自身活动或周边产品宣传，近年来成为电商、化妆品、汽车等多类行业品牌客户的投放首选。

二是音贴广告，即音频贴片广告，堪称常规广播广告在音频客户端的延伸应用，是在音频的开始和结束时自动加载的一种广告形式，起初主要包括标题、音频、图片三种元素，后来也增加了视频贴片、弹幕、泡泡条、撒花等形式，即在收听音频的过程中，页面呈现不同尺寸的图文、动态效果或直接载入视频广告，可以点击链接图文或视频直接进入商家页面，与电商推广有趋于相似的态势。这类广告时长通常为 10 秒到 15 秒，有无声贴片和有声贴片两种形式，插入点多，广告效益可观。以喜马拉雅为例，截至 2021 年 3 月 31 日，平台上已经积累了 100 个品类的 2.80 亿条音频内容[1]，如果每条音频播出前后都搭载有音贴广告，将产生 5.60 亿个广告播口，这还不包括在音频播出过程中用户重新切入屏幕时出现的各类无声贴片。音贴广告是移动音频平台逐渐探索出来的新型广告形式，由于其具有信息独占性、覆盖率广泛、达到率较高等特点，因此得到较为广泛的应用。当然，这类广告也成为衔接音频平台其他盈利模式的一个端口，如果用户想免除此类广告打扰，可以通过购买会员或观看一定长度的页面视频来回避。

三是信息流广告。信息流广告是互联网产品中应用较广的广告形式，是在用户接收的信息当中以较为自然的形式呈现的一种广告，最大特点是能够依据用户的喜好和特点进行智能推广。移动音频平台结合自身的业务特点，开发出了音频内容中的信息流广告，比如在用户浏览内容的过程中以大图、橱窗等形式展示广告信息，还可以隐藏在主页内容后面，以"背景板"的形式呈现，在用户滑动页面时逐渐展现广告信息，更为隐蔽的是，一些信息流原生广告完全融入内容之

---

[1] 参见《喜马拉雅：成为数亿用户生活的一部分，嵌入各种应用场景》，《财经杂货铺》，https://baijiahao.baidu.com/s?id=1699180869781831711&wfr=spider&for=pc，2021 年 6 月 20 日。

中，特别是"猜你喜欢"的首页和列表、分类热词、专辑页相关推荐、声音页相关推荐等，广告主以有声内容营销机构、自媒体为主。信息流广告经常出现在主页、评论区、刷新过程中，音频平台基于自身业务架构和大数据算法不断对信息流广告资源进行开发，今后还会有更多新的形式出现。

相对于以上几种常规广告，移动音频平台深入挖掘自身内容资源，开展内容营销，从冠名、口播、软性植入到内容定制、品牌电台等，由低阶向高阶不断深化。

音频平台的"冠名"广告有口播冠名、皮肤套餐、专辑文字描述等多种形式，既可以冠名节目，也可以冠名专辑和频道，客户通常会选择具有一定影响力的"音频IP"进行冠名合作。"音频IP"往往是指在移动音频平台上具有相当规模的收听群体、有一定影响力的节目或主播，特别是收听排名靠前的头部内容，一般都具有自身鲜明的特性和稳定的粉丝群，譬如亲子类、商业财经类、娱乐类、人文类节目都有各自的头部内容，企业搭载头部音频内容可充分发挥音频IP的粉丝效应，音频平台则可通过品牌的冠名和赞助向粉丝发放一些福利。2021年3月，由慕思寝具冠名的喜马拉雅助眠频道升级上线，该品牌同时绑定《寂静的夜》与《夜的颜色》两大助眠专辑，将品牌特性与音频内容予以融合关联，使得品牌在高度契合的频道和音频中持续露出，一个月内展示上亿次[1]，较好地触到了睡眠人群，促进了营销目标的达成。"奇莫"是一家儿童纸尿裤品牌，通过冠名《胡可睡前百科故事》，将品牌名称和特点有机融入热门节目，起到了良好的传播效果。

与冠名相比，软性植入的形式更为丰富。移动音频平台能够根据品牌信息、特性及需求与音频内容进行深度融合，例如将直播背景设定为客户品牌，在互动公屏上发布相关产品信息，在有声书的制作

---

[1] 参见喜马拉雅营销中心《2021上半年喜马拉雅音频营销案例大赏》，https：//mp.weixin.qq.com/s/6gxjnYnSjrXoIWy_ YP7Zyg，2021年9月1日。

中，由主播演绎或客串小剧场，剧中人物走出小说以幽默形式进行回顾式花絮录制，还可以由主播在对情节点评等题外话中植入品牌。广播剧的广告植入空间更多，比如片头片尾报幕、内容改编深度植入、品牌专属中插剧场、特色片尾曲等。除了内容植入，还可以发挥主播特别是人气主播的粉丝效应，把品牌、产品、服务信息策略性地融入音频作品之中，通过音频内容的定制，对产品卖点进行间接描述，潜移默化地影响目标人群。譬如"999感冒灵"曾与喜马拉雅亲子节目《多多读书》第二季进行合作，通过虚拟产品代言人"999小萌宝"与黄磊"隔空对话"，延续节目故事，创作主剧外的续集，生动地传播了产品卖点和使用情境。

二 内容定制与互动营销

以上都是内容营销的初级形式，近年来音频平台发挥优质资源聚合优势，推出了高阶性内容定制服务，即根据企业的营销需求，搭建专门的音频节目，使之成为企业营销的"窗口"，塑造故事化、人格化的"品牌电台"。其具体的形式是：结合企业的营销需求，通过分析品牌特性，挖掘目标人群需求，筛选优质主播进行相关内容的量身定制，进而利用平台的宣发优势，对"品牌电台"进行宣传推广，并利用大数据算法，实现与目标人群的智能匹配，达到精准投放。其目的在于通过高品质的原创内容，搭建品牌与用户持续沟通的桥梁，与品牌的官方微博、微信公众号一样，进行持久、深度的传播，形成对目标人群的逐渐渗透。

内容定制一般筛选成熟的主播，如行业精英、意见领袖、专业的知识分享者，他们拥有大量粉丝和受众，且粉丝忠诚度非常高，品牌借助这些主播的自身流量可以实现大量曝光，同时这些主播拥有较好的内容创作能力，能够将品牌卖点以更具创意、更原生化的形式传递给粉丝和受众。蜻蜓FM曾与璇玑智投公司联合推出专属品牌电台《璇玑财智》，结合热点理财话题制作十多期节目，将璇玑品牌塑造成理财知识方面的专家，逐步提高用户的认知和认可度。欧珀莱的品牌电台名称为《时光雕琢素颜美》，邀请了4位人气主播，以"十年前的自己"为主题，用温婉的故事、甜美的声音讲述生活感悟、分享人声哲理，每期节目12分钟到18分钟，持续更新节目3个月，专辑总播放量达619万。①更有代表性的是2021年4月联想在喜马拉雅平台推出的《大国算力》节目，该节目定位于科技播客，采取人物访谈的形式，每期邀请不同行业的资深人士展开话题讨论，比如请奥运会冠军讲述冰雪赛场上的变幻莫测的天气，由此引出竞技运动背后的"算力"保障。该播客借助音频介质的知识化传导能力，辐射微博、微信、抖音、B站等平台，让联想"算力"突破行业边界进行广泛传播，是一次全新的内容营销探索。短短两个月，《大国算力》总播放量超1375万，单期平均播放量达330万，跻身喜马拉雅科技新品榜前列。②

喜马拉雅还曾联合播客自媒体"日谈公园"，为高尔夫汽车建立品牌电台，推出定位于汽车行业的《无限游园会》节目，通过内容共建、跨平台播出、联合宣发，使得节目曝光量达到2亿多次，有142万用户参与互动，收集销售线索2900多条③，是汽车音频营销的一次突破。舍得酒业与喜马拉雅联合推出脱口秀节目《舍得智慧讲堂》，该节目面向高端人士和社会精英，以广阔视角讲述时代变迁，用独特方式阐释中国智慧，共制作43期个人脱口秀、5期名家访谈、4期线下直播，专辑总播放量突破12亿，平均每期播放量在2300万左右，单期最高播放量达5701万④，展示了音频内容营销的巨大潜力。

---

① 参见《移动音频广告合作形式，总有一款适合你》，《卫视资源速递》，https://www.sohu.com/a/322967925_750267，2021年8月20日。
② 参见喜马拉雅营销中心《捷报！喜马拉雅荣获第九届TopDigital创新营销奖三项大奖》，https://mp.weixin.qq.com/s/_rbHlWHRvXvAxHw1HPtO9w，2021年9月30日。
③ 参见喜马拉雅营销中心《音频，快速成长的数字营销新模式》，https://mp.weixin.qq.com/s/WpgcyrioAkkp0rUY2Nx-yw，2021年9月18日。
④ 参见《移动音频广告合作形式，总有一款适合你》，《卫视资源速递》，https://www.sohu.com/a/322967925_750267，2021年8月20日。

除了内容定制，移动音频平台在互动营销上也颇具亮点。最典型的是"品牌请客"，即由品牌企业为用户买单付费节目。广告主挑选移动音频平台上与自身品牌特点较为契合的付费专辑，购买一定数量的听课券或优惠券，由平台在高曝光、高点击的流量入口展示品牌请"课"活动，用户通过"积赞"等方式分享、传播，获得券后即可免费听取。这类营销以平台作为中介，付费专辑作为"礼品"，通过运筹谋划，实现品牌与用户的连接，可为品牌带来多次传播，互动性强。例如郭德纲的音频脱口秀节目《郭论》在春节前夕推出了与年俗有关的音频内容，与"天猫"年货节的活动主题恰好契合，"天猫"于是购买了 2000 份价值 200 元的《郭论》节目兑换码，以 H5 互动的形式推送给用户①，平台通过站内硬广投放，吸引用户参与 H5 互动赢取《郭论》的兑换券进行免费听取，取得了良好的引流效果。

移动音频平台推出的"趣配音"也是一款别具特色的互动营销产品，平台提供融入品牌创意或产品信息的视频素材，通过发起活动邀请用户进行创意配音，用户跟随角色字幕模仿或创意配音，既能有效传播品牌，也能形成互动热点，是音频平台基于自身业务特色和技术特长开发的营销产品。雪佛兰汽车旗下的"科鲁泽"车型定位于年轻用户，在新车上市之际在音频平台上发起了方言配音挑战赛，在中小主播的示范下，吸引用户参与到 17 支传递该汽车产品态度和理念的片段配音中，收集到配音数 5084 条，配音播放量超过 28 万，总曝光量 2.30 亿次②，实现了用户转发分享、官微推荐、平台热线的多次营销。

音频直播平台的互动营销方式非常灵活，能够根据客户需求定制用户互动，可以为品牌打造话题问答类音频互动产品，发起"微话题"，直播间发红包可以是品牌提供的赞助或优惠抵扣券等。目前，

---

① 参见《移动音频广告合作形式，总有一款适合你》，《卫视资源速递》，https://www.sohu.com/a/322967925_750267，2021 年 7 月 20 日。

② 参见声量《雪佛兰配音挑战赛活动》，https://yingxiao.ximalaya.com/case/10005/4/1916，2021 年 10 月 16 日。

移动音频平台的互动营销有向线下延伸的趋势，例如喜马拉雅在全国多个城市建设"朗读亭"，邀请用户进行书籍朗读、声音录制，"朗读亭"提供简单的背景音乐编辑和上传功能，起到了推广品牌和反哺线上的作用。喜马拉雅还在多地探索"声音图书馆"项目，在线下搭建小型展馆，精选喜马拉雅优质内容生成二维码墙，邀请线下用户扫码收听，以此吸引客流。

挖掘声音资源，开展创意营销、活动营销，使之与内容营销结合，也是移动音频平台着力探索的形式。例如为客户定制音频互动活动，用户可以按照要求上传音频作品、投票分享，甚至共建节目。荔枝 FM 曾经与互联网内容品牌"新世相"合作推出"晚安故事博物馆"项目，将"声音"与"陌生人的善意"元素结合，通过用户之间的晚安故事交换，共同完成了《晚安故事博物馆》的创建，活动期间有 12 万多人参加。①

常规广告、内容营销、互动营销、活动营销等多种产品的开发，使得移动音频的广告市场不断开拓。为了提高广告运营的效率，喜马拉雅还开发了名为"声量"的广告营销平台，推出 AdSounds、声播、蜜声、品牌电台等不同的投放工具，分别协助商业企业效果广告的自主投放、有声内容创作者的竞价推广、音频主播的商业变现、品牌的音频内容营销，还通过积极参加各类行业峰会、参加各类业界评奖、召开营销峰会、推介优秀案例等方式，加强与业界、代理商、广告主及音频创作机构的交流沟通。2018 年喜马拉雅的广告收入仅有 4.19 亿元，2020 年达到 10.72 亿，在总收入中占比 26.50%。②

三 会员、用户订阅及粉丝打赏

着眼于"听"的需求而诞生的移动音频媒体，与传统广播的生存

---

① 参见《移动音频广告合作形式，总有一款适合你》，《卫视资源速递》，https：//www.sohu.com/a/322967925_750267，2021 年 7 月 20 日。

② 参见《喜马拉雅三个隐忧何解？余建军的佛性与狼性》，《首条财经》，https：//baijiahao.baidu.com/s？id=1706399800000964828&wfr=spider&for=pc，2021 年 9 月 30 日。

逻辑不同，其所营销的不再单单是受众的注意力，而是实实在在的音频"产品"，优质独特的音频内容、平台功能及相关服务，都可以成为面向用户推销的"产品"。随着内容体系和收听功能的不断优化，移动音频平台逐步探索出向用户收费的一条营收路径，且用户付费收入在总收入中的占比有不断上升的趋势。易观发布的《2021 中国在线音频市场年度洞察》显示，2020 年我国在线音频市场规模达到 275.20 亿元，预计到 2021 年达到近 395 亿元，其中广告收入及用户付费为平台盈利的主要来源。① 喜马拉雅招股书显示，2020 年其营收为 40.50 亿元，其中付费收入达到 17 亿元，占比超过了 40.00%。② "用户付费"是用户为了获取音频平台的相关内容和服务而支付费用的行为，目前主要包括会员制、内容订阅和粉丝打赏三种主要样态。

（一）会员制

"会员"最早指的是一种"圈内人"制度，是某一群体和组织享有特定权益的成员，是一种身份的象征。"会员制"被广泛应用于商业领域后，特指人与组织之间进行沟通的一种制度，由某个组织发起并管理运作，客户自愿加入并从中获得较高感知价值的权益，在不断的实践探索中，会员出现了不同的等级，不同等级对应不同的服务。欧美国家的商业媒体率先推行过会员制度，媒体依靠会员提供的费用获得一定收入，会员从媒体获得一定的权益，会员可以是机构，也可以是个人。国内最先应用会员制的媒体当数腾讯，早在 20 世纪 90 年代末 QQ 推出不久，会员制就被应用到产品运营中，QQ 会员分成若干等级，享有不同的权益，颇受年轻用户的欢迎。视频网站兴起后，随着运营成本抬高，会员制被广泛应用，近年来网络视听业务的会员制已是常态。

---

① 参见《2021 中国在线音频市场年度洞察》，《易观分析》，https：//www.sohu.com/a/465547416_120610664，2021 年 9 月 1 日。
② 参见何西窗《喜马拉雅 ipo、三年巨亏 22 亿，"长音频"市场迎来"对垒"时代？》，https：//baijiahao.baidu.com/s? id = 1699296627351548428&wfr = spider&for = pc，2021 年 9 月 10 日。

移动音频平台提供的会员权益包括内容特权、功能特权、福利特权等。在内容特权方面，会员可以免费收听带有"VIP"标识的付费精品专辑，可以提前收听连载中的免费专辑最新内容，在购买一些付费书课时享受折扣优惠，平台还会提供一些仅供会员收听的非售卖节目，以示会员身份的不同。功能特权是指会员能够享有一些平台特别功能，尤其是能够免除部分广告打扰，相较于普通用户，会员还可享有诸如超高音质、炫彩弹幕、助眠解压等小众化功能。福利特权是指会员能够享受到的平台提供的一些福利，特别是与衣食住行有关的生活福利，比如购物折扣、优惠券等，为了激励会员留存，有的音频平台会提供每月优惠券领取、会员日抽奖、签到双倍积分等活动。值得注意的是，大部分用户购买会员是为了避免广告，但是音频平台目前能够免除的是页面的图片广告、节目前的声音广告，部分广播电台内置广告、主播口播广告及播放页面外的图片、视频广告并不在免除范围内，这是音频平台平衡广告收益和用户付费收益的一种结果。

移动音频平台的会员售卖以时间和权益作为参考条件，常见的有一个月、三个月、半年、一年、连续包月、连续包季、连续包年等。为了吸引长期会员，一般会推出连续购买给予折扣的方式，近年来还推出了多人年卡等新的形式，时间越长、人数越多享受的优惠越多。如果以单月购买计算，会员的常见价格是18元/月，相当于每月付出18元，会员将会享受上述提到的相关权益。不同的音频平台基于自身业务链条，提供的会员服务存在一定差别，比如喜马拉雅付费会员在购买部分付费精品时会享有一定折扣，在生活服务的提供方面比较丰富；蜻蜓FM提供电子书畅读、电台回听等权益，并将会员分为五个等级，用户续费或完成任务会获得"会员成长值"，增加会员升级机会。致力于音频直播的荔枝FM，结合自身音频娱乐业务探索出粉丝会员模式，以寻找个人喜爱的主播为前提，加入某个主播的粉丝会员，即可获得入场动效、免费打赏等特权。

目前，音频平台的会员售卖模式朝着多样化方向发展，主要表现为与其他机构推出联合会员：一是与网络视频平台发展联合会员，实现两方移动流量的互通，如喜马拉雅分别与优酷视频、咪咕视频推出198元的联合年卡和19元的联合月卡，蜻蜓FM与芒果TV联合推出18元的联合月卡[①]；二是与办公软件、电子商务等其他互联网产品合作，如蜻蜓FM与WPS稻壳、快看漫画、伴鱼绘本、唯品会、网易严选，喜马拉雅与WPS、财新通、京东等，分别以联合月卡、季卡、年卡的形式出售会员；三是与生活服务相关的互联网产品捆绑，如蜻蜓FM与平安好医生、作业帮、哈罗单车，喜马拉雅与叮咚买菜等推出联合会员；四是将会员与硬件联合发展，如喜马拉雅与小雅Nano智能音箱、小雅AI无线耳机推出联合会员，购买会员可以获得音箱或耳机，并成为喜马拉雅会员，通过音箱和耳机可以直接收听精品音频内容，例如热门小说、口碑好课、精品好书等，这一举措不但有助于促进衍生智能硬件的销售，也是对终端产品用户市场的抢占。除了联合会员外，还有异业合作、福利合作和会员采购等商务合作形式，为音频平台增加会员费收入提供了多元渠道。为了留存和吸引会员，音频平台学习互联网产品的先进经验，不但具有签到、积分、打折、抽奖等激励措施，还推出学生会员、赠送好友会员等举措，以扩大业务范围。

会员费能够成为移动音频平台的收入来源，一方面得益于平台能够提供独特优质的音频内容，另一方面是用户希望获得免除广告等更好的收听体验，庞大的用户基数、合适的价格及移动支付的普及也是其重要的前提条件。

（二）内容订阅

成为付费会员，并非意味着可以免费收听移动音频平台上的所有内容。随着音频内容的专业化、垂直化发展，基于精品音频的内容订阅制应运而生。国内音频内容的订阅制最初起源于"知识付费"概念。"知识付费"是指内容创作者将自身知识积累、专业素养与理论知识等相结合，通过系统化的梳理形成标准化的付费产品，借助知识付费平

[①] 根据喜马拉雅平台的公开资料整理，统计日期：2021年9月1日。

台搭建的付费机制与业务模式传递给用户,以满足用户自身认知提升、阶级归属、丰富谈资等需求的新型产业形态。① 尽管互联网上免费知识随处可见,但用户却难以在有限时间内做出高效选择,因而会以支付费用的方式,向自己信任的专家、学者等知识服务者购买知识付费产品,降低筛选信息的时间成本,获取具有针对性的知识。知识付费是以市场化的方式,将各个领域的高知人才的"认知盈余"货币化。②

2016 年,网络音频平台相继推出知识付费业务,喜马拉雅率先上线马东的《好好说话》节目,一天内销售额突破 500 万③,此后蜻蜓 FM 推出了以《金庸武侠全集》为代表的精品有声书,接着推出了《蒋勋细说红楼梦》等系列独家付费音频内容,有的音频节目上线首月付费订阅用户就突破了 10 万。④ 同年年底,喜马拉雅推出首届"123 知识狂欢节",销售额达 5088 万。2017 年第二届"123 知识狂欢节"内容消费总额 1.96 亿元,是上一年销售数字的近 4 倍。⑤ 2018 年年底第三届"123 知识狂欢节"期间,8000 多位声音创作者参与内容付费产品创作,包含 9 大类 328 小类,超过 138 万条,内容消费总额 4.35 亿元,是上一届的两倍多。⑥ 2019 年和 2020 年分别推出的第四届、第五届"123 狂欢节"相继创造了 8.28 亿元⑦和 10.80 亿元⑧的内容消费总额,由此可见内容付费的潜力。

---

① 参见易观《中国知识付费行业发展白皮书2017》,https://www.analysys.cn/article/detail/1001061,2021 年 5 月 6 日。
② 参见陈昌凤《知识付费的多重属性与本质特征》,《人民论坛》2019 年第 23 期。
③ 参见 36 氪《马东团队推出的〈好好说话〉付费语音课程首日销售额过 500 万元》,https://36kr.com/newsflashes/19343,2019 年 7 月 23 日。
④ 参见《蜻蜓 FM 斩获艾媒咨询 2018 "年度创新知识付费平台"》,北国网,http://science.china.com.cn/2019-01/16/content_40645317.htm,2021 年 8 月 17 日。
⑤ 参见王春美《音频传播新生态的构建与内在竞争》,《现代视听》2019 年第 11 期。
⑥ 参见《2018 年中国移动音频产业发展盘点》,《易观智库》,https://www.useit.com.cn/thread-22479-1-1,2019 年 7 月 25 日。
⑦ 参见金融界《喜马拉雅 123 狂欢节内容消费总额超 8.28 亿》,https://baijiahao.baidu.com/s?id=1652138459666400214&wfr=spider&for=pc,2021 年 10 月 9 日。
⑧ 参见喜马拉雅营销中心《2020 年 123 狂欢节内容消费总额 10.8 亿》,https://mp.weixin.qq.com/s/KcUqYO5b-MbSDszTvMTqhQ,2021 年 10 月 8 日。

在这其中，逐渐形成了两种付费的形式：一是订阅专辑，用户根据自己的兴趣或需要订阅内容创作者产出的一系列音频，以专辑订阅的方式付费；二是单次付费，即用户对某一次或某几次的音频进行付费收听。同时，移动音频平台开始扩展付费内容的范围，使之不再局限于知识本身，而是扩展到更宽泛的领域，其转变背后不仅是付费类别的增加，更是对用户多样需求的满足，"知识"不再是付费内容的专属[1]，有声书、音频课、广播剧、有声漫画等也成为用户竞相订阅的对象。发展至今，音频平台各个频道、各个类型的音频几乎都有付费内容。

移动音频平台在有声书市场的发展路线基本相似，以大力发展PGC、收购海量版权为重点，同时加大招募主播、签约机构的力度，形成"出版"和"原创"两种有声书内容。有声书的付费形式有章节付费、整本付费、订阅付费、会员模式等。有声书付费产品一般具有以下特点：第一，作品内容本身是热门题材或IP，如《鬼吹灯》系列盗墓题材的知名度高，其在蜻蜓FM上的播放频次也居高不下；第二，依赖音频主播的粉丝效应，如知名主播"有声的紫襟"播讲的有声书常年在喜马拉雅上位居前列；第三，热播影视剧的原著在音频平台的有声转化颇受欢迎，如影视剧《清平乐》的热播带动了其原著《孤城闭》在懒人听书的收听排名。

移动音频平台开拓音频课大致经历了三个阶段：首先，通过提供资金、分发流量和提供创业孵化服务来培养有潜质的讲师；其次，平台从外部签约细分领域的"知识网红"，为其提供系统化的内容策划、包装和分发服务，采用团队运作的方式支持精品栏目的创作；最后，在形成整个音频课程的运作流程之后，有实力的平台开始针对用户需求自主研发音频课程和知识节目。目前，付费音频课程涵盖职业技能、人际沟通、心理调节、家庭教育、高效管理等多个领域，授课

---

[1] 参见汤天甜、陈丹《智媒时代的音频产业：盈利模式与路径创新》，《现代视听》2019年第11期。

讲师多为来自各个领域的专家、学者、名人、培训师等。在"新知榜"统计的2021年知识付费排行榜中,《蔡康永的201堂情商课》《耶鲁大学陈志武教授的金融课》《薛兆丰的北大经济学课》《余秋雨·中国文化必修课》位列前茅。① 2017年2月20日,《薛兆丰的北大经济学课》在"得到"上线,短短半年订阅人数已经达到17万人,收费超过3000万。② 截至2021年10月16日,该节目订阅人数已接近55万③,如果按照每份199元的价格计算(实际已提升至249元),这门课程创造的收入已经过亿。

精品广播剧也是近年来用户付费的热点内容。网络广播剧自2000年左右萌芽,早期不以营利为目的,大都为声音爱好者自建剧组把喜欢的文学作品制作成广播剧。2016年年底,懒人听书播出了第一部付费网络广播剧《偶像猎手》,标志着声音的价值开始焕发商业活力。④ 2017年9月,由国内知名配音工作室"729声工场"出品的大型古风精品广播剧《杀破狼》在猫耳FM上线,付费网络广播剧进一步走入大众的视野。同年6月,猫耳FM推出的网络广播剧《魔道祖师》第一季广播剧开播,该剧由热门小说IP改编,再加上优良的后期制作,一经播出便获得了良好的市场表现,仅一个月付费用户就超过了53万,付费金额超1300万元,该剧作为网络广播剧付费探索的现象级作品,直接推动了网络广播剧转向付费模式的商业化变革。⑤ 近年来,猫耳FM、喜马拉雅、蜻蜓FM等音频平台相继加快付费广播剧的出品。喜马拉雅的广播剧以网络小说改编为主,辅以文学作品改编,如《三体》《红楼梦》《重案实录》。蜻蜓FM与纵横文学城合作,选用网络文学IP作品,

---

① 数据来自"新知榜"官网,https://www.xinzhibang.net/xinzhibang.html,查询日期:2021年9月30日。

② 参见《"网红教授"薛兆丰从北大离职背后:得到专栏订阅量超25万》,《经济观察报》,https://baijiahao.baidu.com/s?id=1594811316706701720&wfr=spider&for=pc,2021年10月16日。

③ 来自"得到"平台的公开数据,检索日期:2021年10月16日15:30。

④ 参见卜彦芳、邵雪颖《网络广播剧付费路径探析》,《中国广播》2019年第4期。

⑤ 参见王慧妍《二次元化网络广播剧商业化转型的SWOT分析——以猫耳FM为例》,《戏剧之家》2020年第2期。

侧重发展悬疑恐怖这一覆盖年龄层多、能够发挥声音魅力的题材。猫耳FM与各大文学城合作，特别是取得大量晋江文学城的作品版权，二次元亚文化属性显著。2019年，《魔道祖师》第二季广播剧播出，同年年底《魔道祖师》改编成的电视剧《陈情令》在网络上声名鹊起，给《魔道祖师》这个IP带来了巨大流量，到2021年年初《魔道祖师》第三季已经达到上亿的播放量，位列猫耳FM广播剧排行榜第一，成为"现象级"的广播剧。网络文学多年来沉淀的大量热门作品不仅为影视剧改编提供了素材，也为广播剧的创作提供了丰富资源。观察猫耳FM的精品付费广播剧，可以发现从播放量第一的《魔道祖师》第三季到播放量第五十的《SCI谜案集》第一季[1]，全部由网络小说改编，因每部剧的质量、团队、热度等因素，价格会有所不同，一部的价格约在159钻石—399钻石（15.90元—39.90元）。[2]

目前已有的付费广播剧，几乎都由国内顶级的配音工作室完成配音，如光合积木、729声工场、北斗企鹅等。鉴于精良的制作、高质量的声音感受、生动的人物刻画、精彩的剧情改变，付费广播剧受到越来越多用户的喜爱、订阅和分享，有从年轻群体向各年龄层次拓展的趋势。目前看来，广播剧的剧本多数来源于知名文学城中的热门作品，但声音工作室的原创作品也在逐渐增多，随着用户付费意愿的提升，广播剧的市场空间可观。

（三）粉丝打赏

粉丝打赏是另一种用户付费的重要形式，特别是对音频直播平台而言，90.00%以上的收入来自虚拟礼物和红包打赏。以荔枝FM为例，其2020年的收入为15亿元[3]，其中98.67%来源于粉丝打赏[4]，

---

[1] 播放量排名根据猫耳FM的公开数据，调研日期：2021年4月30日。
[2] 根据猫耳FM的公开资料整理，调研日期：2021年4月30日
[3] 参见《"长音频"市场迎来"对垒"时代？》，《娱乐独角兽》，https：//baijiahao.baidu.com/s？id=1699296627351548428&wfr=spider&for=pc，2021年10月10日。
[4] 参见《喜马拉雅3年亏20亿，余建军持续"烧钱"值不值？》，《娱乐资本论》，https：//baijiahao.baidu.com/s？id=1698805141624333078&wfr=spider&for=pc，2021年10月10日。

2021年第一季度月均付费用户达47.5万人①。粉丝打赏背后的运作机理是"粉丝经济"和"社群运营"，音频主播通过音频直播，提供才艺展示、话题分享、情感咨询等陪伴式产品，与用户建立崇拜、熟悉、信任等情感的连接，使用户自愿进行打赏，主播在获得打赏后通常会对打赏人进行点名感谢，使用户得到回馈，从而进一步维系情感，培养其打赏习惯。②荔枝FM之所以能够在激烈的音频市场竞争中，形成音频社区和音频娱乐主业，获得较高的用户打赏收入，一方面得益于其对主播队伍的培育和孵化，通过多种方式支持内容创业者；另一方面在于其通过多样化的活动和运营策略，增强社区内用户与主播、用户与用户之间的连接和互动，将音频直播和娱乐、情感、陪伴等因素融合，持续提升用户的关注度和参与度。截至2021年3月月底，荔枝FM累计音频内容数达2.73亿，移动端的活跃用户数以10.00%的同比增速达到了5970万，月均总互动次数达33亿次。③

四 衍生品开发与商业服务

除了围绕平台资源和内容资源开拓盈利空间外，移动音频企业也在积极进行终端布局，通过硬件产品的开发争取进入全场景的产业机会，使周边产品、衍生品和创意产品逐渐形成系列，充分利用平台聚集的声音资源，积极开展直播服务、教育培训、商业配音等业务，通过商业服务的提供获取收益。

（一）硬件销售

车载设备、智能家居、可穿戴设备等蕴含着音频收听的空间和商机。部分音频企业通过布局智能硬件延长产品线，加强对用户生活场景的渗透力度，满足不同消费者的不同细分需求，同时尝试差异化竞

---

① 参见《喜马拉雅这下该急了》，《壹娱观察》，https://www.sohu.com/a/477343038_477902，2021年10月10日。
② 参见刘芹、张雅晴《"耳朵经济"时代移动电台发展及多维度变现路径创新研究》，《辽宁工业大学学报》（社会科学版）2018年第12期。
③ 参见《荔枝Q1：播客人均每日播放时长约80分钟，显露变现潜力》，《东西文娱》，https://www.sohu.com/a/470391840_100180909，2021年9月20日。

争，突破传统的商业模式。多听 FM、考拉 FM 曾分别推出终端产品"车听宝""考拉宝"，受到业界关注。早在 2015 年，喜马拉雅就针对车主、儿童、上班族和学生等目标人群，分别推出随车听、故事机、听书宝等产品，并在自有平台或其他购物平台上进行产品售卖。2017 年又先后推出智能音箱小雅 Nano 和 AI 无线耳机，其中智能音箱小雅 Nano 在开售后 40 小时内就售出了 10 万台。[1] 目前喜马拉雅官方商城以捆绑年度会员的形式售卖智能音箱、无线耳机产品，这些硬件产品不仅可以收听音频内容，还具备闹钟、翻译、景点查询、单位换算等一系列常用功能，购买产品还可获得平台会员权益，能够实时同步收听和显示订阅历史，实现优质内容与智能硬件的结合，因此具备一定的吸引力。专注于儿童故事产品的垂直类平台"凯叔讲故事"结合自身受众群和内容特色，推出了国学启蒙早教机、AI 点读笔、故事机等硬件产品。智能硬件终端带来新的流量入口，音频内容的传播渠道也得到拓展，对于平台来说，这无疑增强了其与用户之间的联系，对于抢占用户时间、激发用户需求有积极作用。

（二）衍生品开发

近年来，移动音频平台通过自主研发或跨界合作的形式加大了衍生品开发力度，结合平台特色和内容资源推出了一批创意产品、周边产品，产生了一定的经济收益。主要的形式有以下几种：一是音频 IP 的创意产品开发，利用平台上热门主播或节目开发周边产品，例如基于《谦道》节目开发的创意折扇，基于头部主播"有声的紫襟"开发的帆布包、T 恤、马克杯、鼠标垫，基于有声主播"牛大宝"开发的手伴玩偶，基于《三体》广播剧开发的个性化邮票礼盒等；二是平台基于自身特性开发的周边产品，例如声音眼罩、两用颈枕、手伴等；三是特色定制产品，诸如带有平台特性的手机壳、手机支架、潮流 T 恤等，喜马拉雅选取平台上的热播声音

---

[1] 参见《40 小时 10 万台售罄，喜马拉雅小雅 Nano 为何出现一货难求现象?》，《新芒 X》，https：//www.sohu.com/a/284510633_99905315，2021 年 9 月 10 日。

资源，用漫画形式描摹主播形象或节目形象，提供定制马克杯，如"德云CP"系列、"生活捧哏"系列、"嘻哈文人"系列、"喜马主播"系列等，用户均可下单定制；四是"众筹"产品，集合用户力量进行创意产品的资金筹集和研发，例如喜马拉雅发动用户共同出资，完成以《谦道》节目命名的"玩儿呗"系列单肩包、《唐风宋雅》有声字帖、《米小圈上学记》笔袋、诗词耳环等产品的生产和上线。"凯叔讲故事"是衍生品开发的典型，它以"只为孩子做的优选"为理念，与众多母婴品牌达成合作，推出儿童适用的图书、玩具、文体用品、生活用品等系列产品，如凯叔LED学习护眼台灯、学习桌、"括括猫"智能矫姿用具等，既是对自身品牌的推广，也是对实体产品的开发。

（三）商业服务

依托资源优势，一些音频平台不断拓展商业服务的范围，通过为企业或个人提供直播带货、电商服务等拓宽盈利渠道。一是探索音频的电商服务能力，在平台内容或平台上增设商城入口，通过导流使用户进入商城进行产品消费，例如在一些音频平台的直播间内，有显示相关产品购买内容的圆形按钮，用户点击按钮即可直接跳转到购买页面，这是电商服务的初步尝试。2020年，喜马拉雅与淘宝联盟达成合作，由喜马拉雅招募筛选平台内部具有带货属性的机构达人或主播，并提供电商变现培训，由淘宝联盟提供货品供给和相关指导，双方于"双十一"期间发动音频主播参与到促销活动中，实现了297.90万总交易额[①]，成为音频带货的一次积极尝试。双方还根据消费者偏好，针对带货内容、项目流程等进行优化打磨，全年持续开展各类电商活动，探索多种联运模式。二是提供面向机构或个人的教育培训服务。教育培训目前已经成为音频平台拓展收入来源的重要方式，以喜马拉雅为例，其教育业务的收入从2019年的1200多万增长

---

① 参见《音频带货即将入场，能撬动今天的电商么》，搜狐网，https://www.sohu.com/a/465551897_100190630，2021年9月28日。

到 2020 年的 2.28 亿①,成为当年营收的亮点。依托平台的内容资源和主播资源,喜马拉雅开发出面向机构和个人的多种类型的教育培训课程和项目。就其"教育培训"内容而言,涵括了学历考试、职业考试、金融财经、职场管理、个人提升等内容,还推出了原创主播训练营、有声书主播训练营、新晋主播集训营等付费课程。项目运作方面,推出了面向企业的培训品牌"轻学堂"和面向主播的培训品牌"喜马大学"。"轻学堂"通过提供课程资源、学习工具、效果评估等,搭建"员工听课,企业买单"的学习平台,已为 3 万多家企业提供服务②,培训资源涵盖高效管理、人际沟通、职业技能和商业资讯等多个方面,企业可以独立管理后台,进行自建课程、培训考试和数据分析等操作,员工则可进行团队学习和讨论互动。三是商业配音服务的提供。作为音频内容提供平台,掌握数量众多且声音多样的主播资源,基于市场对于优质声音的需求,有些平台成为主播商业合作的中间商,高效撮合主播与品牌合作,提供一站式配音等服务。以喜马拉雅为例,它利用自身丰富的声音资源,打通企业、主播及其他音视频平台的合作通道,向机构或个人提供"用声音服务美好生活"的万物声商务合作项目和"为你的创意找到最好的声音"的配音服务,不仅进行剪辑、修音和特效制作,还可承办后期的宣传推广,探索"声音"变现的多元路径。

---

① 参见《喜马拉雅 3 年亏 20 亿,余建军持续"烧钱"值不值?》,《娱乐资本论》,https://baijiahao.baidu.com/s? id = 1698805141624333078&wfr = spider&for = pc,2021 年 9 月 25 日。
② 参见喜马拉雅营销中心《轻学堂三大维度全面铺开,助力员工创新思维培养》,https://mp.weixin.qq.com/s/4jOhwXKJLrr_ TtCH6x4XUw,2021 年 8 月 5 日。

第三章　平台建设：巩固传统广播，开辟网络阵地

平台连接需求与供给，如果不能构建有影响力的传播平台，不仅占据不了传播生态链的源头和主导地位，生存发展的基础也无从保障。面向未来的媒体发展主流模式应该建立在与互联网逻辑相吻合的平台型媒体基础上。当前，新媒体飞速发展，传播格局急剧演变，传统广播延续多年的内容生产方式、信息传播模式、组织运营机制面临巨大挑战，用户正在以不可逆转的趋势流向新媒体平台。技术创新趋势和用户市场变化决定了传统广播必须将媒介融合推向纵深，加快组织变革和发展转型，在充分发挥电波媒体特有优势、巩固传统广播根基、壮大主流传播阵地的基础上，集中优势力量，加强技术研发，打造移动化、社交化、智能化的新型音频平台，并积极利用社会资源，探索多元合作方式，搭建基于多平台的内容发布通道，建立适应新形势、新环境的内容生产、播出、分发的融媒体传播体系。在创建平台的基础上，还应该提高平台运营能力，以建设用户数据中心为制高点，以打通底层技术平台为支撑，将获取用户、连接用户、服务用户作为融合转型的核心目标，努力实现传播平台和载体的拓展，扩大用户规模、增强用户黏性，为内容生产和商业模式转型奠定基础。

第一节　推进频率建设，打造全新广播品牌

发轫于20世纪80年代中后期的专业化改革推动传统广播走上了

第三章　平台建设：巩固传统广播，开辟网络阵地

市场细分、充分竞争的道路，各地电台逐渐摆脱大而全的模式，根据不同受众群体进行频率划分和内容制作，并在传播形式上不断创新。通过持续改革，广播事业得以快速发展。但是，随着媒体环境的变化，既有的专业化办台思路和方法在新的市场环境下出现了众多的不适应、不协调之处，一些问题相继浮出，成为广播进一步发展的桎梏。在新的媒介格局中，重新认识广播的特质，以打造媒体品牌为目标，深化频率建设，提升主流传播阵地的影响力，是可持续发展的必要选择。

一　加强广播覆盖，巩固收听根基

从世界范围来看，无论媒体形势怎么发展，技术如何演进，传统的无线电开路广播仍是传播信息的重要通道，特别是广播的灵活性、快捷性和便携性，使其成为灾害中的第一应急媒体[1]，广播在时政采访、政策解读、权威发布方面保有一定的体制优势，其广域覆盖、轻便传播为应急报道带来了很大便利，能在突发公共事件中第一时间发布民众所需的应急信息，广播节目设置、内容制作等方面更加彰显为民服务的情怀，为国家的建设与发展，为提高大众的科学文化水平，发挥了重要的积极作用。[2] 广播媒体在舒缓群众心理方面的作用不可替代，其作为传统媒体的公信力依然值得信赖[3]，新冠肺炎疫情防控期间，我国广播在疫情报道、信息公开、逆行事迹、分享感动、辟谣止谣、防疫科普、心理抚慰等方面的有力传播，凝聚起共克时艰的强大正能量，让世界听见广播里的"中国力量"，驱动了受众注意力向广播媒体的回归[4]。作为传统通信手段的无线电广播，因其抗毁能力强、通信距离远、安装方便、反应迅速、运行成本低等特点，是国家

---

[1] 参见许波《重大突发事件中广播的独特价值》，《视听纵横》2014年第3期。
[2] 参见涂有权《刍议新时代广播主流舆论阵地建设的途径》，《中国广播》2019年第12期。
[3] 参见王凯山《突发公共事件中广播媒体的作用不可替代——以国家应急广播为例》，《中国广播》2013年第8期。
[4] 参见牛存有《广播融合发力助战疫情防控的思考》，https://mp.weixin.qq.com/s/ceZzBufyqISU-XhIhR6oIw，2021年3月1日。

应急体制中的重要组成部分。我们需要进一步解放思想,把声音放到一个更高的战略层面去认识,让声音真正形成广播的"专业特质",形成不可替代的优势。①广播无线覆盖这一形式在当前及未来很长的一段时期内依然是声音节目向受众传播的重要渠道,是广播事业发展的核心资源。在媒体融合传播过程中,广播FM依然有着其独特的市场价值和用户价值。②

巩固传统广播的收听阵地,需要保证良好的收听效果。近年来,由于城乡一体化发展、城市建设进程的加快,山势地形和高层建筑对信号传输的遮挡和阻碍作用显著增强,智能手机、平板电脑等移动终端设备的增多一定程度上也提高了城市电磁环境的复杂性。在很多电台,许多发射功率低的小调频、中波频率面临着收听效果不佳、听众不断流失的问题。通过加强技术支持,保证主流频率的收听效果、提升弱势频率的收听质量,从根源上优化频率基础资源,是全国各地广播电视机构尤其是省级以上广播电视机构仍需重视的问题。

近年来,中央人民广播电台持续推进在全国的调频覆盖工作,在全国数十个城市推进了近百个频率的覆盖。北京人民广播电台考虑到京津冀一体化发展及北京城市建设规划,为解决东部地区覆盖薄弱的问题,通过持续不断的努力,申请了三套小功率调频,使故事广播、外语广播、爱家广播采用双频播出的形式,彻底改善中波节目"优质节目、劣质收听"的状况,到2020年其旗下频率全部实现了调频播出。在条件允许的情况下,各地广播电视机构仍需持续优化频率资源,加大调频覆盖,通过增加发射点、提高发射频率、卫星传输等措施,为广播收听提供有力保障。调频广播覆盖时,必须要充分考虑到地理环境和电磁环境的影响,提高发射台及天线设计的质量,从而最大限度地降低环境因素对信号覆盖的干扰。

---

① 参见蔡万麟《新型广播需要新型产品〈致我们正在消逝的文化印记〉之样本意义》,《中国广播》2016年第5期。
② 参见牛存有《广播FM:融合发展中的独特价值》,https://mp.weixin.qq.com/s/kgoTByefNcyjVc7lpmhWeQ,2021年7月10日。

二 研判收听需求，优化频率定位

"专业化"既是世界广播的潮流和趋势，也是中国广播发展的必经之路，从单一节目的改革到广东珠江经济台的创建，从全国范围内广播系列台的布局到后来的专业化改革深入以至于媒体融合中的转型探索，内容的一次次细分、互动功能的一次次升级让广播媒体找到了发挥自身特性的发展之路。[①]但是随着社会经济发展、技术手段革新、市场环境变化，我国广播再次遭遇收听人数减少、市场不够精分、难以满足收听需求的问题，这其中虽然有技术带来的音频收听终端发生转移的原因，但与传统的广播频率难以跟上收听需求的变化、难以及时做出适当的调整也有密切联系，广播的"专业化"改革仍需继续推进，特别是应着眼于当前不断释放的收听需求，重新审视广播频率的科学定位。

根据国家广播电视总局发布的数据，截至2021年3月我国地级以上广播电视机构共有1166套广播频率，县级广播电视播出机构设有1890套广播频率，两者相加共有3056套。[②]这3000多套广播频率，县级均为综合办台，地市级以上的广播频率大致可以分出新闻、音乐、交通、经济、都市、文艺、乡村、故事、体育、女性等十几个种类，其中新闻、音乐、交通是各地电台中最为常见的频率类型。而这些有着相对专业化定位的频率很多都始于20世纪90年代，大都是以宽泛的内容资源或收听人群作为频率定位的标准。观察移动互联网产品，其与传统媒体产品相比，最大的特征就是更细分，这种细分不再是泛泛地基于哪一类人群或某一类内容，而是"重新感受什么是需求，重新感受人对自由与社群关系的新要求，重新理解人性中曾经被

---

① 参见王春美《中国广播经营变迁：起源、演进、规律与趋势》，中国传媒大学出版社2019年版，第180页。

② 参见国家广播电视总局《地级以上广播电视播出机构及频道频率名录（截至2021年3月）及县级广播电视播出机构名录（截至2021年3月）》，http：//www.nrta.gov.cn/art/2021/4/8/art_113_55713.html，2021年4月30日。

掩藏的部分，重新感受人群的行为方式"[1]，因此以需求和行为替代人群定位是一种行之有效的方法[2]。这种需求和行为建立在人的现实生活基础之上，价值观、生活方式、消费行为及消费资讯获取上的趋同性，让不同个体聚合，形成爱好相似、品牌共识及三观相合的社群，并在其表达欲望、品牌情感和情怀归属的驱动下，凝聚成旺盛的"长尾"，譬如"凯叔讲故事"这一音频产品就是聚焦孩子在生活、学习、情感陪伴方面的需求，致力于成为"孩子的故事大全，父母的育儿宝典"，由哄睡故事逐渐向儿童教育领域拓展，成为儿童教育这一细分领域的知名内容品牌。移动音频产品将"场景"这一概念进行了充分的挖掘，诸如通勤、休息、助眠、烹饪、赖床、健身、照顾孩子等，不同的场景可以一键式选择对应的内容，这其实也是对需求和行为的洞察和满足。

定位的细化并不是指字面意义上的"广"播变"窄"播，"窄播"之窄，不是指目标人群的"窄"，而是行为和需求的"窄"，有这类行为和需求的仍是相当广泛的人群。[3] 受到多种因素的影响，在过往的广播实践中，各地电台习惯了盯着已被实践成功的频率类型互相效仿、重复建设，而不愿尝试新型的专业化分类方式。当下技术的发展已经让内容提供与信息消费之间产生了关系变化，跳出既往的市场定位思路，紧紧把握需求及需求变化的趋势，以敏锐的嗅觉去规划每一套广播频率的发展方位，是固本开源的必然之举。

三 整合内部资源，完善频率布局

"系列台"的概念最早由广东人民广播电台于 1985 年提出，其主要思想是经过 5 年或者更多一点时间逐步将旗下频率办成多层次、多

---

[1] 陆小华：《再专业化：移动新媒体正构建的新生存逻辑》，《中国广播影视》2014 年第 2 期。

[2] 参见张琳《广播专业化的未来：细分是一个好办法吗?》，https：//mp.weixin.qq.com/s/RkP4I1w1QcdWREmJAv8Hjg，2019 年 8 月 30 日。

[3] 参见张琳《广播专业化的未来：细分是一个好办法吗?》，https：//mp.weixin.qq.com/s/RkP4I1w1QcdWREmJAv8Hjg，2020 年 8 月 1 日。

第三章 平台建设：巩固传统广播，开辟网络阵地

功能的系列电台，满足不同类型的听众多方面的需要，使听众在同一时间里可以选择收听不同内容的广播。在广东人民广播电台的带领下，全国各地掀起了创办"系列台"的改革热潮。以北京、上海、浙江等地的中央及省级广播媒体为代表，大部分省级以上广播频率均拥有10个左右的"专业台"，形成了频率系列。以2021年的北京广播市场为例，参与收听竞争的广播频率共有22套（见表3-1），其中中央广播电视总台有12套，整合了原来分属中央人民广播电台的9套频率和中国国际广播电台的3套频率，北京广播电视台旗下频率有10套，来自原隶属于北京人民广播电台的所有频率。在广电一体化发展的背景下，各级广播电视机构不断优化频率资源的使用，争取让优质资源得到充分的利用，发挥更大的传播价值。

表3-1　　　　　2021年北京广播市场主要频率资源分布表[①]

所属机构及频率数量	频率名称	播出频率
中央广播电视总台（12套）	中央人民广播电台中国之声	FM106.1
	中央人民广播电台经济之声	FM96.6
	中央人民广播电台音乐之声	FM90.0
	中央人民广播电台经典音乐广播	FM101.8
	中央人民广播电台文艺之声	FM106.6
	中央人民广播电台阅读之声	AM747
	中央人民广播电台老年之声	FM105.3
	中央人民广播电台中国交通广播	FM99.6
	中央人民广播电台乡村之声	AM720
	中央广播电视总台劲曲调频（CRI HIT FM）	FM88.7
	中央广播电视总台环球资讯广播	FM90.5/AM900
	中央广播电视总台轻松调频（CRI EASY FM）	FM91.5

① 根据对北京广播频率的收听监测统计，统计日期：2021年9月10日。

续表

所属机构及频率数量	频率名称	播出频率
北京广播电视台 （10套）	北京交通广播	FM103.9
	北京文艺广播	FM87.6
	北京音乐广播	FM97.4
	北京新闻广播	FM94.5/AM828
	北京体育广播·双奥之声	FM102.5
	北京城市广播副中心之声	FM107.3/AM1026
	北京故事广播	FM95.4/AM603
	北京外语广播	FM92.3
	京津冀之声	FM100.6
	北京青年广播	FM98.2/AM927

从表面上看，这些频率的定位各不相同，在一定意义上形成了内部的"区隔"和"矩阵"，具有"系列"的成分。但是，广播的专业化频率布局仍然比较粗放，多数频率的定位从20世纪90年代初到如今已经持续了30多年，无论从收听还是收入表现来看，电台内部存在着资源分布不平衡、频率发展不协调、整体竞争力有待提升的情况，主要表现在三个方面。

首先，综合性的频率高，类型化的频率少，内部存在争抢资源却对自身特色开发不足、手段不够的情况。多数频率的定位仍然聚焦在"新闻""音乐""文艺""交通"等这样的主流大类上，以"都市""城市"为标签的频率由于资源受限大多面临目标受众不清、运营缺乏特色的情况，以"老年""健康""儿童"等以特定人群为目标的频率则由于受众面较窄，收听居于同城广播较为低位的层面。多数频率在长期运营过程中，逐渐淡忘"红绿灯"原则，开设较多的通用性内容，导致综合性的趋势越来越强，以单一内容、轮盘播出为特色的类型化频率难成气候。

其次，频率资源发展不均衡，在全国叫得响的品牌不多，优势频率一家独大,马太效应明显。在绝大多数电台内部,交通广播往往占据一半甚至更多的收入份额,并吸纳越来越多的人才、广告等优势资源,交通广播在给电台创造较大收听和收入贡献的同时,这样的格局也存在一定隐患。隐患之一是电台整体应对风险的能力降低,一旦由于技术革新、政策变动等因素导致交通频率的发展放缓,电台将面临十分被动的局面;隐患之二是由于绝对的优势地位,造成了单向的"围墙"效应,外面的人想进来,里面的人不想出去,不利于人才和资源的流动。

最后,"台中台"的机构设置造就了一个个"五脏俱全"的独立机体,并在久而久之的运转中形成了天然的部门壁垒。频率无论大小,都是全班人马一应俱全,一个创收不抵支出的频率也设一个"台"的建制,开设公关部、行政部、节目部等多个部门,日常需要投入大量的节目制作费和机构运行费用,造成了一定的人、财、物的浪费。

要改变这种局面,需要借助融合转型的时机,在对市场进行充分调研、充分审视自身资源、把握传播环境的基础上,进行科学的顶层设计,本着动态、前瞻、可持续发展的原则,整合内部资源,重构频率格局,建立适应时代发展、满足市场需要、契合转型发展战略的频率架构,探索专业化、类型化多元发展的全新频率布局。

第一,根据不同的频率条件,进行差异化分类管理。例如成立大调频事业部、小调频事业部、中波事业部,整合频率资源,确立不同的发展目标和功能定位,交通频率作为支柱频率,可以独立作为一个事业部,或者制定指标,收听和创收达到一定标准的台可以独立作为一个事业部,达不到一定标准的频率本着资源协同、节约成本、提高效率的原则加以整合。2016年中央人民广播电台通过了《关于全台广播频率资源整合的意见》,推动全台17套广播频率资源的重组。整合的指导思想是主流频率做大做强、专业频率做专做精、对象频率做出特色,一些投入产出不匹配、影响力小的频率撤并或转型,重播优质内容。近年来,中央人民广播电台内部的频率结构不断优化,划分出"大类"和"小类","大类"主要指时政、经济、综艺、音乐等覆盖面比较广的频率,"小类"指的是中国香港、中国台湾、民族、高速公路、农业和老年等覆盖面较小的频率①,针对"小类"做出国家电台的特色,发挥特有的传播功能。

第二,集中精力办好优势频率,使优势频率成为优秀项目的展示地。优势频率往往代表着专业化办台的最高水平,是优质节目、优势人才、优质资源的集中地,正如互联网企业的"入口"一样,是跟用户产生重度连接、高频连接的产品,譬如微信之于腾讯、网页搜索之于百度、淘宝之于阿里巴巴,都堪称入口级的产品,优势频率对于广播也一样。一旦某个频率成为资源较为集中的优势平台,便不可避免地产生积累优势,带有示范和引领的功能,在内部可以通过适当的竞争机制使优势频率成为优质节目和优势人才的实力比拼基地。湖南广电、浙江广电已有此类尝试,在这些广电集团内部,面向全国市场的"卫视"是最大的平台资源,其节目和人才先在地面频道进行试验和演练,获得成功的节目便可进入卫视播出,地面频道成为卫视的"试验田","卫视"成为全台优秀项目的"展示地"。② 广播媒体可以借鉴这种做法,通过运行机制的调适,将人员与频率解绑,以内容创作能力的优劣作为评价标准,做得好可进入优势频率,如果做不好应退出优势频率,最大限度地发挥优势频率作为平台的价值,让创新资源流动起来。当前,广播与电视的整合亟须一批新型的优势频率出现,借助资源整合的契机,使其成为融合发展、改革转型的标杆,带动其他频率和项目的发展。

第三,弱小频率要研究怎样更进一步地去转型,降低运营成本,提高投入产出比。对前景不明、市场乏力的频率应积极进行改革,可以通过整合资源或低成本运作的方式,进行机制调适和灵活运作。对于区域市场相对弱势的频率,应顺应当地城乡建设的需要和市场需求

---

① 参见阎晓明《新型广播的探索与实践》,《中国广播电视学刊》2020年第12期。
② 参见张琳《广播专业化:未来还有频率存在吗?》,https://mp.weixin.qq.com/s/H_3YeraA6y79K2do0HH9Ow,2019年8月20日。

第三章　平台建设：巩固传统广播，开辟网络阵地

的变化，及时进行办台方向的调整，动态把握发展契机。开播于1990年的北京经济广播最初以财经投资领域作为办台方向，随着时代发展，2005年调整为北京城市服务管理广播，是全国首家以城市管理和服务为主要内容的广播频率。运行十余年后，频率发展进入瓶颈期，收听率和市场份额呈逐年下降趋势。第三方机构的市场调研结果显示，听众对该频率现有节目的评价最集中的是"不能紧跟时代潮流和消费时尚，跟市民生活的贴近性不强"。基于以上原因，北京人民广播电台在充分论证的基础上，决定对该频率进行改版，调整定位，以适应市场和听众的需要。2016年1月起，该频率正式调整为"城市广播"，目标听众由以老年听众为主转向以中青年听众为主，着眼于提供权威、专业、实用的资讯服务，打造时尚、轻松、娱乐的节目风格。2020年10月，顺应北京城市副中心建设的需要，北京城市广播又升级改造为副中心之声，对外呼号为"北京城市广播副中心之声"，定位于服务和宣传北京城市副中心的发展建设，开播后扩充新闻节目体量，聚焦市民都关心、关切的民生问题，同时保留《市民对话一把手》《教育面对面》等优秀品牌栏目，将《城市文化范》改版为《运河之上》，以生动活泼的形式展现北京文化。三十多年里，一档频率经过四五次改版调整，是广播因势求变、不断适应本地宣传工作需要、权衡市场需求的缩影。中央人民广播电台也在较弱势频率的发展上进行了积极探索，2017年7月其第四套频率"都市生活广播"全新改版，以"经典音乐广播"的全新呼号播出，转型为第二套国家级音乐广播。改版后，经典音乐广播采用大板块设计，全天播出20小时，以直播卫星和新媒体等多种手段覆盖全国，以"FM101.8"覆盖北京地区，全天仅开设十余档节目，用民族音乐、古典音乐、民歌与经典音乐贯穿全天，少数主持人串联。此次转型，不仅降低了频率运营成本，而且弥补了北京广播市场缺乏经典音乐频率的市场空缺，是一次积极有益的尝试。

第四，探索专业化、类型化多元发展的全新频率布局。从提高电台整体竞争力的角度出发，聚焦不同人群之上的不同需求与收听行

83

为，结合本地广播市场的频率资源分布情况，以打造广播频率品牌为基点，创建定位精准、内容精深、品质优良、可听性强的专业化频率，同时学习国际类型化广播发展的经验，通过一定的理念创新、机制创新深入推进类型化频率的发展，优化频率布局，巩固传统广播根基。在此过程中，要加强广播播出平台的阵地意识和阵地建设，确定新闻宣传、唱响文化主旋律、弘扬社会主义核心价值观等不同频率的功能与定位，例如打造以快速反应、热点聚焦、直播互动、本地文化为特色的"新闻＋脱口秀"广播频率，推动精品创作和文艺创新，打造城市上空具有强烈融媒体特征的娱乐广播，依托政府优势资源，以权威、专业、实用的资讯服务，打造城市生活的公共服务平台等，形成不同频率之间的功能协同。

四 打造新型频率，体现融媒特色

探索传统广播由专业化办台向市场化和全面新媒体化转型的路径，需构建互联网时代适应市场和用户需求的新型广播平台，通过办台理念和办台方式的深刻变革带动传播力和影响力的全面提升。频率作为广播电台转型与融合的先行者，可以通过理念创新、机制创新，探索基于广播、互联网等多平台的运营模式。

在这方面，多地电台已有积极尝试。2015年2月，上海人民广播电台东广新闻台全新改版，致力于"打造互联网新闻广播"，频率的主要受众目标由传统广播听众调整为互联网和移动用户，逐步创建以东广新闻台直播节目为主，兼顾客户端和官方网站等传播平台，同时利用官方微博、微信等新媒体渠道，形成互联网新闻广播产品的集群，搭建起全新的业务平台，推动了新闻传播效力的全面提升。2017年6月，北京人民广播电台率先打造可视化频率——北京青年广播，该频率顺应年轻人的生活方式，以优质的声音产品为核心，综合利用多种传播方式，通过多个终端和平台呈现"声音＋画面"的实时直播模式，在广播可视化方面做出了积极探索。同年10月，中央人民广播电台推出的经典音乐广播践行融媒体传播的理念，从广播频率出发，协同"中国广播"客户端、央广网的专属频道和页面，达成线上线下同步联动的音乐内容传播，很好地实现了广播音乐节目的及时、可视、互动及娱乐化。

除了利用各种新媒体手段促进传播样态的多样化外，一些广播媒体通过开放办台理念的深化，以更为开放的姿态推动现有内容的全面升级。如湖南广播电视集团旗下的旅游广播于2021年9月全新升级为"播客电台"①，其摒弃原先的单人或双人主持、大板块直播的传统节目模式，采用"录播+精编"的节目形态，通过与40余家中文播客机构和个人合作，全天24小时播出时下热门的播客节目。此举不仅节约了大量的节目制作成本，而且成为传统广播与互联网音频内容双向贯通的范本，听众会在此广播频率听到JustPod、"津津乐道"、"声动活泼"、"深夜谈谈"、"冠声文化"、"小黄鱼"等专业播客机构旗下的内容，也会听到《新周刊》《第一财经》《智族GQ》等专业媒体的衍生播客及《无聊斋》《抖腿俱乐部》《三五环》《消费新知》《迟早更新》等优质个人播客，频率通过科学编排，打造了以周播节目为主的新型运作模式。作为创新之举，"播客电台"会在每天的早高峰时段推出"播客盲盒"，由编辑对每天的播客内容进行精心筛选，挑选出1—3个与众不同的播客，组合成《播客编辑部》，为听众带来耳朵里的"青年文摘"。

受调幅发射技术的局限性影响，一些AM中波频率的覆盖能力存在先天不足，收听效果欠佳，对于这些频率而言，它们可以借助新媒体、地面活动、项目运作等方式提高传播效果。以北京外语广播为例，作为中波频率，其收听效果一直不是很好，该频率抓住互联网发展的契机，在拓展新的传播可能和效益提升上进行了卓有成效的探索。2008年，该频率就推出了专门面向互联网人群的网络电台"Net-FM"，通过建立运营团队、设立网络视频直播间，为网络用户制作个

---

① PoPoPod播客电台：《全国首家播客电台试播》，https://view.inews.qq.com/a/20210901A0DG8500，2021年9月2日。

性化的网络英语节目，获得了一批忠实的沉淀用户。2015年开始，随着移动互联网的发展，外语广播进行改革，依托广播节目进行多平台的融媒体运营尝试，初期启动了少儿英语培训项目，将少儿英语培训相关的新媒体平台、线下活动、会员制俱乐部、品牌推广等分散资源整合起来，以整合资源、开拓市场、争取收益为目标，进行团队化、项目化的运作，取得了不错的社会效益和经济效益。后期又探索以广播节目为依托的成人英语培训项目和留学咨询项目，在市场上建立了专业广播的知名度，验证了中波频率的运营潜力。

品牌不仅是一种标识，也是多元化发展的核心资源，是与受众建立情感连接的关键要素。除了探索频率自身的资源价值，广播还可以依托品牌栏目、品牌活动等进行转型探索，反向带动广播品牌的显示度。譬如，北京新闻广播联合多家政府机构主办的《北京榜样》最初只是一档小栏目，随着报道效应辐射、活动影响扩大，逐渐升级为市级大型人物评选活动，在挖掘典型人物、营造文明风尚、传递社会主义核心价值观方面发挥了积极作用。2021年，为庆祝西藏和平解放70周年，中央广播电视总台依托《圆桌议事》节目，沿着青藏铁路、拉日铁路和拉林铁路，推出了10期实景体验脱口秀《坐火车看西藏》，从旅游交通、宗教文化、生态农业、乡村振兴、城市建设、基础教育、百姓生活等不同方面，展现了西藏的巨大变化，创新了广播的传播形态，实现了实景录制、移动录制、音视频一体化。系列播客节目上线后，短短一个月全球月均下载量超70万次[1]，扩大了中央广播电视总台音频品牌的影响力。

五 加强开放共享，发挥本地化优势

传统广播的优势还在于本地化的内容及与社区的紧密关系。作为属地性强、"土生土长"的广播，在本土化服务中累积了一定的受众

---

[1] 参见《广播的N种可能，他们在西藏属实整明白了！》，《CMG观察》，https://mp.weixin.qq.com/s/rWIk79ZSjYLCpW9BWlxwLA，2021年10月20日。

号召力与社会动员能力，通过新闻采访、节目交互等活动，能够直观感知到大量的社会需求。[①] 作为最具地域特色，与当地社会经济、城市文化紧密联系的传统媒体，必须充分发挥这种资源优势，秉持"开门办台""开放办台"的理念，以合作、共享的心态，广泛寻求与政府、机构和个人的合作，开发和利用各类社会资源，避免孤立式发展。

"开门办台"就是要面向市民百姓，把办台目标定位于广大群众，改变生硬刻板、单向强势的宣传方式，借助新技术、新手段，以更为自然的方式加强与听众的沟通交流。主动邀请听众和各类社会组织或社会机构走进电台，增进社会对电台的了解，吸纳社会意见，听取用户建议，通过各种形式将用户的声音吸纳进来，让用户体验成为检验节目优劣的试金石。

"开放办台"就是要整合社会资源，积极整合优秀社会资源，与有实力的社会单位建立并巩固战略合作关系，鼓励广播频率走出去，开拓挖掘各行各业优质资源，通过举办活动、战略合作等多种形式实现资源共享、共同发展。积极争取政府相关部门的支持，特别是政策和资金等方面的支持，为广播发展争取更大的空间和机会。例如，可以通过整合当地的政务、生活、教育等各类资源，邀请政府部门、各类机构、民生服务等相关部门，在广播平台上提供各类服务内容，为用户提供贴近性的资讯信息，将政务服务做出特色，将民生服务做出深度，打造具有社会价值和商业价值的生态系统。依托这样的本地资源优势，广播可以把多年积累的品牌、公信力优势，转化为连接"最后一公里"的线下服务优势。

第二节 建设互联网音频平台，增强用户连接能力

在互联网环境下，主流媒体没有自主可控的互联网平台，就解决

---

① 参见涂有权《新时代广播发展的可能"画像"》，《中国广播》2019 年第 2 期。

不了联系群众、服务群众、引导舆论的问题，甚至无法解决自身在社会主义市场经济条件下，靠自己的规范运营来获得持续发展的造血能力问题。① 广播频率主要通过以大众传播为目的优质内容来吸引听众、打造媒体品牌，而要实现从听众到用户的转化，则要通过能够进行"一对一"个性化传播、交互性传播的新媒体平台来完成。在做好传统广播的同时，要适应用户需求从单向到互动的转变，努力打造自主互联网平台，将其作为互联网时代与用户建立连接的桥梁，把信息传播主动权、用户信息等掌握在自己手中。自建互联网平台，既是与移动智能终端、车载互联网终端、智能家居终端等新兴终端设备连接的桥梁，也是传统媒体在互联网时代探索新型商业模式的必然选择。

一 重视网站的基础功能，使其成为聚合资源、展示形象的窗口

顺应融合发展的技术潮流和政策指向，积极促进内容生产手段和信息传播方式的变化，是世界广播面临的共同课题。过去20多年间，我国广播将传统业务的升级改造与新媒体发展并行推进，在内容分发、传受互动、市场开拓等方面开展了诸多有益尝试。建立网站是我国广播走上融合发展道路的第一步。1996年前后，我国出现了最早的广播网站，经过十几年的发展，广播网站建设渐成规模，到2009年省会城市以上的电台基本上都建立了广播网站。各地电台不断完善网站的架构和功能，并进行定位上的梳理。以中国广播网为例，自1998年建网，在20多年的历程里相继完成了十多次大型改版，推动广播资源向立体化、多元化、图文视频化呈现升级。通过发展网站，电台的传播渠道得以拓展，对网站功能的认识也从简单的"传播工具"上升到"渠道建设"。

广播网站自创建以来，经历了节目上网、扩建频道，从简单的电台宣传网页到内容聚合门户网站的发展变化。以音频为核心，广播网

---

① 参见宋建武《没有一个主流媒体自主可控的平台，就没有主流媒体的一切》，https://www.sohu.com/a/301440423_717968，2021年5月30日。

第三章　平台建设：巩固传统广播，开辟网络阵地

站辅以资讯、视频、互动等多种手段，构建起庞大的内容框架。但是，随着移动互联网的发展，用户注意力开始离开 PC 端和门户网站，转向手机、笔记本电脑、平板电脑等移动终端及其应用产品，网站在广播融合发展中的战略地位不断下降，部分电台甚至放弃了广播网站的建设，广播页面长期不更新。以北京人民广播电台为例，2014 年下半年起电台内部开始进行网站转型发展的探讨，2015 年 1 月公布了《北京广播网改革方案》，广播网的功能定位从内容聚合的门户网站转变为电台自身的官方网站，负责新媒体业务的网络媒体中心从主要承担北京广播网的建设转向为电台内容生产部门提供新媒体服务，广播网站运营维护人员从原来的 20 多人缩减到 1—2 个人。[1]

　　高水平的网站不仅是对外展示形象、向社会传递信息、提供服务的窗口，同时也是支撑媒体融合转型的基础性平台。移动互联网时代虽然用户越来越多地流向移动终端，但网站的庞大展示功能、搜索信息提供功能仍不容忽视。纵观发达国家的主流广电机构，如英国广播公司、美国广播公司、美国全国广播公司，尽管它们都顺应技术发展的趋势，创建了庞大的移动数字平台，但从未放弃网站的建设，相反不断利用前沿技术，在页面设计、信息呈现和功能优化方面持续改进。受众如想了解上述公司的信息，只需在电脑或手机搜索网页的检索框输入关键词，即可弹出页面美观、信息全面、具有视觉冲击力的网页。艾哈特传媒公司（简称 iHeartMedia）是美国广播业的后起之秀，近 50 年来它从一个不太大的电台发展成为覆盖美国多个地区的音频媒体资源网络，拥有并经营 860 多家广播电台，遍及美国 150 多个市场。[2] 该公司致力于将音频内容提供给用户所在的每个角落，形成了多媒体传播集群，其中在线网站是其一直努力建设的传播载体，其官方网站页面简洁、醒目有力、导航清晰，将该集团旗下的所有业

---

[1]　参见王春美《广播媒体融合发展的理念演进与实践探索——以北京电台为例》，载《广播创新发展》（2018），中国国际广播出版社 2019 年版，第 255 页。

[2]　参见 iHeartMedia, *Discover iHeartMedia in Your City*, https://www.iheartmedia.com/, 2021 年 10 月 15 日。

务予以整合推介，是传播"iHeartMedia"品牌的有力方式。在国内，喜马拉雅、蜻蜓FM、猫耳FM等领先的互联网音频产品尽管主要业务集中在移动客户端，但都建立了各自的专属网页，方便网页端的用户检索、收听，使其成为产品检索词条的第一入口。即便像"凯叔讲故事"这样的垂直类儿童有声内容运营商，也建立了自己的网站，用户可快速检索其基础信息。

面向未来，广播媒体仍需重视PC端和移动终端网站的建设。在网站的功能和定位上，既可以像中央广播电视总台一样保留广播门户网站的定位，也可以聚焦自身形象宣传，将网站打造成为展示电台形象、传播机构信息、提供产品选择、为其他新媒体产品进行导流的基地。通过网站，将电台的频率资源、新媒体产品、节目资源、主持人资源、活动资源等进行可视化呈现，及时更新。在网站的视觉呈现上，应紧跟技术趋势，在网站布局、色彩运用、视觉效果等方面进行差异化设计，使用动态化、大画面、杂志式的风格，既体现电台特色，也具备时尚前沿要素。在网站性能方面，应注重三个方面：第一，网站的可获取性，用户能在不同终端设备上正常、流畅地访问网站，获取网站信息；第二，网站使用的便捷性，能够通过优化关键词设计和一定的营销推广，使用户十分便利地找到所需的内容；第三，增强网站的实用性，能够将用户最需要的内容置于醒目位置并提供下载和社交分享服务。当然，上述性能的实现建立在网站与内部生产流程的双向连通，与线上广播能够密切配合的基础上。

二 将客户端打造为能够承接互联网转型的核心平台

随着移动互联网特别是车联网、物联网的迅速发展，音频和语音类内容产品迎来巨大的发展机遇，汽车、手机、音箱、智能家居等各类移动终端，成为新的音频传输终端。打造自主可控的音频平台是广播媒体进行媒体融合的必然选择，没有一个真正有影响力的新媒体平台，将直接制约着主流传播的效率和效果。

与入驻第三方平台"借船出海"不同，自建平台更强调自主性、针对性和服务性，可以更好地整合当地的媒体资源、用户资源、内容资源、数据资源，更精准地捕捉当地用户需求，实现超越纯粹媒体属性的信息服务能力提升。[①] 传统广播进入移动传播领域，可以把聚集粉丝、转化受众、连接用户作为主要目标，以移动音频客户端为抓手，倒逼机构整体进行互联网化改革，形成载体多样、渠道丰富、覆盖广泛的移动传播矩阵，充分发挥专业采编优势、节目资源优势、媒体品牌优势，强化用户意识，优化使用体验，提供个性内容，着力办出自身的特色和风格，最大限度地吸引用户使用。广播媒体开发客户端大致经历了两个阶段。

第一个阶段是学习和探索时期，以广播内容的移动转化为主，呈现大而全的综合化特色。2014年下半年，中央人民广播电台、北京人民广播电台、上海人民广播电台分别推出了名为"中国广播""听听 FM""阿基米德 FM"的客户端，这些客户端的定位有所差异，如中国广播、听听 FM 致力于成为音频内容的聚合平台，力争用一段时间将电台节目整合到客户端上，使其成为广播收听的一大端口，阿基米德 FM 更强调社区和互动功能的开发，为每个频率、每档节目都建立各自的互动专区，致力于成为提供服务的社交音频平台，但它们基本上都以电台内容的移动呈现为主要目标，使听众能够通过客户端收听广播。早期广播客户端的开发方式有所不同，有的采用电台自主开发，有的采用技术外包，还有的通过成立公司进行开发，以国家级和省级电台媒体为主。

第二个阶段是深化与升级阶段，摒弃了广播翻版的概念，开始凸显客户端的"应用"特色，尝试以政务服务、本地化生活服务等作为切入点，使客户端成为兼具媒体属性和服务属性的平台。研究显示，在过去几年的密集开发期内，多家电台的自有音频客户端经历了更名、迭代、停滞又启动等跌宕起伏的过程，在资金投入、产品开

---

① 参见谢新洲、石林《县级融媒体中心还有必要建客户端吗？怎么建？》，https://cbgc.scol.com.cn/home/908002? from-related-news，2021年8月1日。

发、内容开发、生产流程、管理机制等方面遇到了一系列困难。2017年以来，多地电台开始立足本地市场，在短期内放弃做大的愿望，打造垂直化、本地化、"小而美"的移动音频平台。① 例如北京人民广播电台从成本、技术、市场等综合因素考虑出发，从初期比较宏大的聚合平台设想，转向开发投入较小、在自身资金投入能力之内的客户端产品，改版后的听听 FM 以本地新闻、精华节目和本地化垂直服务为主要内容，打造基于内容和服务的音视频互动平台。南京广电集团倾力打造的具备广播业本地化印记的新媒体平台"在南京"，聚合了广播电视、生活服务、政府服务等功能，集资讯、社区、电商、拍卖等特色于一身，使之成为城市电台巩固舆论阵地、提高盈利能力的重要抓手，形成了独具特色的广播媒体融合模式。② 这一时期，广播媒体对客户端的作用和功能有了更深入的了解，能够基于自身资源优势，进行地缘性和社会性的连接，拉进平台与用户的距离。在客户端的开发模式上，为了真正掌握用户数据，并与互联网产品形成区别，这一时期的广播电台更加看重客户端的自主开发，使其既彰显广电媒体的资源优势，又能体现独到的产品特色。很多市级电台、县级融媒体中心甚至一些单个的广播频率都加入客户端的开发建设中来，例如杭州交通经济广播就开发了一款名为"开吧"的汽车服务类客户端，以车主维权、用车问答、电台音视频互动作为核心功能，以服务车主为目标，解决目标用户在选车、购车、用车中的疑难问题，不失为信息服务向下延伸的典型。

客户端是新媒体环境下整合用户、内容、服务等诸多资源的重要平台，只有建立了电台自有的客户端，才能真正建立与用户连接的通道，自主掌握用户行为的数据，也才能更好地整合内外部的资源，提高信息提供和产品服务的能力，驱动融合转型的实现。与互联网企业

---

① 参见张晓菲《广播媒体自有音频客户端的发展现状与趋势》，https://mp.weixin.qq.com/s/9-o1WGG5U2ImC6sHkiGWkA，2020 年 7 月 30 日。
② 参见屠强华《从"在南京"APP 的实践谈城市电台的媒体融合路径》，《视听界》2018 年第 3 期。

第三章　平台建设：巩固传统广播，开辟网络阵地

相比，广播电台存在着资金、技术、经验等方面的先天不足，其开发的客户端从自身体量到辐射范围都难与全国性平台、商业平台等量齐观，因为投入成本较高、运维难度偏大、实际效益有限等风险，也有一些地方仍处于"观望"姿态。但是只要本着"与用户建立新的连接"的目标，注重对用户需求的研判、市场竞争的分析，就一定能够做出符合本地实际的选择。其中有几个问题需要着重考虑。第一，要做聚合类客户端，还是细分类的客户端，需要根据自身资源条件、转型发展目标、内容生产能力、运营维护能力等方面进行综合考量。第二，瞄准细分目标市场，通过对本土用户、内容、媒体等资源的深耕，强调内容产品贴合地方实际，信息服务嵌入经济社会发展。无论大平台如何发展，小而美的垂直平台仍然具有价值。例如，吉林人民广播电台推出的"沐耳FM"以主持人为发力点，充分发挥电台优质音频内容和专业制作优势，采用"内容+声音"模式，提供24小时不间断的高品质音频收听和互动体验。广东广播电视台的"粤听"客户端以粤语为特色，立足于博大精深的岭南文化，为用户提供地区化和垂直化的音频服务，填补了市场上粤语原创音频内容平台的空白。第三，客户端的开发主体是以频率为主还是以集团或总台为主，需要结合自身的资金、技术、资源等实际情况进行考量。当前来看，囿于各方面条件，由广播频率创建的客户端无论从下载量还是入住应用商店的数量来看，都不及由集团或总台统一运作的广播客户端。人民网研究院的调查显示，近年来广播频率自建客户端数量减少，2020年仅有15个广播频率开通了自有安卓客户端，平均下载量仅为52.10万次[①]，而由广播电视机构统一建设的客户端能够整合全台资源、集全台之力，下载量和活跃用户数稳步增加。

"变则通，通则久"，广播媒体开发的音频客户端虽然目前在用户规模和市场影响力上与商业音频平台还有一定距离，但是通过持续地

---

① 参见人民网研究院《2020广播融合传播指数报告》，人民网，http://yjy.people.com.cn/n1/2021/0426/c244560-32088658.html，2021年7月25日。

充实内容、改进功能、优化体验，一定能够形成自身独有特色，在音频赛道的竞争中实现差异化发展。

第三节 利用成熟的外部平台，搭建全媒体发布渠道

用好渠道，"借船出海"，是媒体融合的必由之路。适应新兴媒体充分开放、充分竞争的特点，积极利用成熟的外部平台，提高内容和服务的辐射力，增强广播媒体的显示度，有助于更为快速地吸纳用户，拓宽传播领域。广播要以扩展品牌影响力为目标，以较低的成本投入，利用成熟的、用户规模庞大、非直接竞争的商业平台，以开放、共享的理念，积极有序地与其他平台、公司、媒体等机构展开有序合作。

一 重视微信的互动功能，使其反哺线上广播

2013年前后，当多地广播电台正在为"要不要筹建自己的移动客户端、是自己研发还是技术外包、是聚合为主还是垂直细分"等问题莫衷一是的时候，微信公众平台的崛起丰富了媒体融合发展的思路，提供了更多的选择。在浙江等地，多家电台借助微信公众号的运营探索出一条连接市场、连接用户的广播融合发展之路，其迅速过百万的用户积累不但助推了节目传播，还探索出新的盈利模式，甚至有的市级电台微信公众号创造出一年过千万的可观收益。

微信具有超过十亿的庞大用户基数，具备信息发布、节目互动、活动征集、广告发布、在线销售、提供服务等比较完备的功能。对于尚没有能力开发自主客户端或者客户端处在发展初期，还没有足够用户的电台而言，借力微信平台能够便利地推送节目和实时资讯，更为有效地开展互动和收集用户反馈，同时利用微信的引流功能，还能不断提高广播知名度和品牌影响力。2018年8月，我国以"频率"为创办主体的广播类微信公众号已达近千个，其中中央级频率17个，

省级频率242个，城市级频率600个。① 从各级频率微信公众号发文的情况来看，相比简单的图文转载，由广播媒体根据自身优势独立采写的原创报道、文章等更容易引发读者兴趣。

微信是非常重要的新媒体用户入口，既是为用户提供垂直领域深度服务的渠道，也是培养新媒体运营人才和团队孵化的平台，故而应集中力量办好几个具备潜在盈利能力和品牌影响力的重点微信公众号。广播微信公众号的运营应注意三点。第一，应有清晰明确的定位，确立公众号的功能属性。无论是以总台、频率，还是以节目、主持人作为微信公众号的创办主体，都应首先明确公众号的创办目标、服务对象和主体内容，凸显自身特色。以各地交通广播频率创办的微信公众号为例，它们大都突出交通信息传播和出行场景服务的功能，能够利用节目资源进行信息的深度加工，同时提供路况查询、航班查询、出行查询等功能，兼顾语音传播与在线收听服务。河北交通广播的微信公众号依托广播及相关行业资源，提供交通违法记录、限行措施、航班、城市天气等查询功能，得到了良好的受众反馈，提高了用户黏性。北京交通广播的微信公众号提供"信息""视频""服务"三类功能，既能整合发布当日最新资讯，还自制了一些与交通出行知识有关的趣味短视频，同时提供广播收听和限行查询等十余项生活服务，另外还上线了在线商城，提供生活类产品。第二，设计好内容板块，走个性化精品化路线，提高公众号的内容质量。目前广播开通微信公众号的现象十分普遍，人民网监测的287个广播频率中有239个频率开通了微信公众号，开通率为83.30%②，这还不包括各家电台内部由节目组、主持人及其他部门开设的各类微信公众号，由此可见广播媒体对于微信公众号的青睐。如此众多的广播微信公众号，也就意味着内容有趋同和同质

---

① 参见泽传媒《2018中国广播移动传播现状盘点及趋势分析》，http://www.sohu.com/a/257032796_738143，2021年6月20日。

② 参见人民网研究院《2020广播融合传播指数报告》，http://yjy.people.com.cn/n1/2021/0426/c244560-32088658.html，2021年7月25日。

化的倾向，一些公众号为了吸引眼球，偏离了主流媒体担负的传播主流价值观的使命，大量推送市井八卦、过度娱乐化的标题和内容，软文多、广告多，削弱了公众号的公信力。广播电台有必要适应移动阅读环境下用户的不同需要，发挥广播媒体的优势，本着"有趣、有用、有效、有益"的原则，推送优质化和差异化的内容，将精力投入对媒介内容的口碑营销中去。[①] 第三，发挥好微信的互动功能，坚持开展积极有益的用户交流活动，使其反哺广播运作。随着时代发展，我国广播电台大都摒弃了短信互动的方式，微信取而代之成为广播与听众交流的重要端口，通过发起线上话题、开展线下活动，不仅可以征集到听众实时参与节目的互动信息，使其成为节目内容的一部分，也可以吸引听众体验节目、频率或电台组织的特色服务中来，使广播的信息传播和生活服务功能得到延伸。公众号要得到用户长期持续的关注，使其成为用户与广播之间的坚固桥梁，需要在互动设计、内容策划、活动运营等方面深耕细作。

近年来，小程序、视频号等微信功能的进一步开发，为广播媒体进一步开拓传播渠道提供了条件。微信小程序是微信平台于2017年推出的一款不需安装下载就可以便捷使用的应用程序，其轻量化、便捷性受到广播媒体的关注，许多地方电台积极探索小程序在广播领域的应用。例如湖州交通文艺广播利用小程序进行了节目直播、广告创新、受众互动等方面的尝试[②]，使音频、图文、视频等多种样态的广播内容共同呈现，实现了节目生产、直播互动、经营创收等方面的创新，取得了不错的效果。2020年以来，视频号的推出受到广播媒体的关注，借力短视频进行内容生产和社群传播成为不少广播电台积极尝试的方向，以交通广播、新闻广播为代表的一批广播视频号在应急突发报道、重大主题报道、节目推介等方面进行了诸

---

① 参见刘力军《对广播电台微信公众平台内容生产的冷思考——以浙江省广播媒体为例》，《中国出版》2016年第8期。
② 参见张德平《微信小程序在地方广播融媒体实践中的运用——以湖州广播电视总台交通文艺广播为例》，《中国广播》2019年第11期。

多有益尝试，并取得了良好的互动效果。视频号既是产品也是平台，依托微信的"熟人"特点能够实现内容的人际传播，能够绑定公众号，打通直播、小商店和小程序，承接交易和服务，借助点赞、推荐等功能实现高效传播，值得深化应用。但是，电台需要结合视频号的应用场景，探索目标用户群的特征和需求，确立适用自身的运营策略，而非盲目跟风。

二 注重微博的话题引领和圈层分享，聚集用户

与微信相比，微博具有短、平、快、碎等特点，是信息传播活动中非常活跃的一股力量。截至2021年3月，微博月活跃用户达到5.30亿，移动端占比94.00%，日活跃用户达到2.30亿[1]，年轻用户偏多、话题传播速度较快，是连接用户、发布信息和推广品牌的重要渠道。目前广播频率和节目对微博的应用比较广泛，包括借助微博进行即时资讯的传递、互动话题的发起、节目内容的分享等，使其成为发展用户、扩充影响力的重要工具。广播与微博存在很多共性，如果利用得当，可以将微博的用户群庞大、新闻素材多元、发布流程简单等特性转化到广播媒体的节目生产过程中，从而进一步发挥广播的伴随性、时效性和互动性。

但是，广播微博的用户互动量较低是业界面临的普遍问题。数据显示，广播频率的微博账号平均转发量、平均评论量和平均点赞量较低[2]，中央级频率微博互动量在30次以下的比例高于60.00%，省级频率微博互动量在0—9次的比例高达87.00%，城市级频率的微博没有互动的达53.00%。[3] 低互动量意味着平台的传播力和影响力均处

---

[1] 参见《微博2021年第一季度营收4.589亿美元 同比增42%》，《新浪财经》，ht-tps：//baijiahao.baidu.com/s? id=1699376731093842506&wfr=spider&for=pc，2021年7月30日。

[2] 参见人民网研究院《2020 广播融合传播指数报告》，http：//yjy.people.com.cn/n1/2021/0426/c244560-32088658.html，2021年7月25日。

[3] 参见泽传媒《2018中国广播移动传播现状盘点及趋势分析》，http：//www.sohu.com/a/257032796_738143，2021年6月20日。

在低位水平，应重视新媒体传播的量化指标建设，将传播情况、传播效果的科学评估尽快建立起来，否则只能停留在媒体融合的浅层阶段，无法达到深度融合、优势集聚的效果。

在微博的具体应用方面，可以尝试从三个方面予以改进。第一，充分利用微博的信息素材，进行有效的话题设置。由于同质内容偏多，将媒体时段内容照搬或缩写后上传至微博，往往用户黏性不大，对媒体印象不清晰。根据广播媒体的特性，除了为微博用户提供采制来的新闻内容外，还可以把新闻事件的现场见闻、社会反应、前因后果、背景资料等做全做足，置于微博平台，提供深度链接网址，为公众提供反映问题和表达意见的平台。[①] 微博运营人员亦可以通过持续讲述频率内或节目内与频道定位理念一致的办公室故事，以及能够勾起或塑造"广播情结"的广播历史、频率历史，与广播相关的专业知识传递等，引发受众的关注和兴趣。[②] 第二，把握好发布时点，在节目播出过程中穿插微博信息，使之形成双平台的有效联动。甄选微博上的热门话题，与广播的采访资源结合，设计独特的分析视角，在节目的开始、中间、结尾等节点进行巧妙设计，如遇比较大型的媒体活动，还可以加大与微博的互动力度，实时更新活动近况，将事前预热和事后结果进行充分展现。第三，保证稳定的更新频率，加强账号的关键词设计，提高广播品牌的显示度。作为媒体账号，最容易被微博用户通过搜索行为关注的，无外乎对热点事件的报道和对热点话题的评论[③]，应利用这个特性，在针对热点事件或话题的内容发布时，加强对关键词的设计，保证内容便于检索，提高账户的显示度，同时，稳定的更新频率关系着账号的活跃度，应结合自身微博传播的目标，形成稳定的更新机制。第四，利用多种方式，提高微博的互动热度和转发分享，可以

[①] 参见倪明《广播怎样用微博》，http://media.people.com.cn/n/2012/1113/c351621-19568650.html，2021年6月25日。
[②] 参见刘畅《广播媒体品牌的微博营销》，《新闻与写作》2013年第11期。
[③] 参见刘畅《广播媒体品牌的微博营销》，《新闻与写作》2013年第11期。

结合微博账户的定位,设计各类公开征集、话题讨论、有奖转发等活动,鼓励用户发表意见、分享故事、讲述感受,塑造频率或节目的鲜明特色,形成口碑。

三 开展与商业平台和社会机构的合作,扩大影响力

除了微信、微博等较为成熟的社交媒体外,广播还应置身于当前多元的传播环境中,在结合自身优势资源的基础上,寻求与更为广泛的商业平台或社会机构的合作。例如可以积极寻求与网络直播、短视频等新媒体平台的合作,扩大电台的社会影响力。一些电台借助视频平台推动广播的可视化,与咪咕视频、网易新闻客户端、一直播等在音频视频推广、视频直播等方面建立起合作关系。北京人民广播电台每年举办的"新广播、新发现——总编辑、专业台台长系列访谈"活动,使用移动视频直播方式,利用成熟的商业平台进行广泛传播,取得了良好的社会反响。

在明确合作原则、互利共赢的基础上,与商业类互联网平台进行合作,是与听众保持连接的有效途径之一。与直接竞争性音频平台的合作可以纳入有序管理,由专门部门负责新媒体对外合作,统一合作出口、统一合作原则,规范相关部门和采编播人员的对外新媒体合作行为,遵循互利共赢的原则,以获得用户数据、强化品牌传播、增加营销收入等可以量化的指标来评估是否进行合作,确保电台资源在外部平台上获得理想的传播价值。

值得借鉴的思路是:将广播内容、品牌活动、经营创收等合作目标进行分类,分出不同等级,制定相应的对外合作策略。例如,如果是品牌传播的目标,可以实现规划在合作平台上出现的内容、活动、节目、主持人等必须有统一的电台品牌标识。如果是本着经营创收的目的,则要通过谈判的方式,通过收入分成、换取广告时段、为客户提供增值服务等途径从合作中获取收益。如果以获取用户数据为目标,则可以使用契约形式,要求合作平台开放用户数据,并提供数据解读和分析服务。深化与本地主流新媒体集团的合作也是可供突破的

方向。在直播节目、内容聚合、联合报道、人才培养、品牌营销等方面，可以强化与本地主流新媒体集团的合作，譬如遴选具有视频直播潜力的节目或大型活动，打造联合直播产品，以音频换数据，以资源换营销，实现与合作单位的互惠互利。

四 关注终端，加快与智能硬件的合作

"终端"是用户收听广播的工具，用户借助什么工具收听什么样的音频内容，决定着广播的生存空间。近年来，通过收音机等传统终端收听广播的比例有明显的下滑态势，即便在2020年新冠肺炎疫情期间，出行受到限制、居家娱乐选择增多的情况下，传统终端的收听占比依然跌破20.00%，而通过手机、平板电脑等移动智能终端收听广播的比例近3年来不断提升，2020年的比例达到了46.80%。[1] 与此同时，车上收听市场也发生着潜移默化的变化，车载收音机逐渐被更多的蓝牙、汽车音响、智能车载系统、手机应用等收听方式挤占。关注收听终端的变化，站在战略发展的高度，通过各种方式与智能硬件开发商加强合作，将广播推送到尽可能多的载体上去，关系着广播的收听市场多寡。

欧美主流广播集团十分重视收听终端的拓展，在相继进行广播业务的数字化转型，推出iHeartRadio、iPlayer等音频应用程序的同时，提出了可在多终端推广应用的目标，不仅积极与汽车前装与后装系统合作，争取将自主音频应用植入车载娱乐系统中，创造便捷的汽车收听环境，还积极跟进智能音箱、智能家居等终端市场，力争覆盖移动互联网、车联网、物联网所能涉及的各类智能终端。美国SiriusXM卫星广播公司制定了"你在哪儿，我们在哪儿"的用户覆盖战略，有至少800种终端能接收其广播内容，包括汽车、轮船、居家、办公室、各类移动设备等，其官网上详细地列出了多个可以收听的汽车品牌和型号，还为汽车生产了多种专用终端，为IOS、黑莓、安卓系统推出三款专用应用。[2]

---

[1] 参见梁毓琳《2020年中国广播收听市场盘点》，《中国广播》2021年第4期。
[2] 参见张晓菲《国外音频全媒体发布的趋势分析》，《中国广播》2014年第9期。

第三章 平台建设：巩固传统广播，开辟网络阵地

在国内，移动音频企业也加速了产业链上下游的开拓，通过多种方式开辟新的音频收听终端市场。2020年12月，荔枝FM与小鹏汽车、华为智慧车载云、广汽传祺和广汽埃安、比亚迪车载智能系统等达成合作①，力争通过车载音频产品触达更广泛的用户群体。喜马拉雅加大对汽车、智能家居、智能音箱、智能穿戴等硬件终端的布局，截至2021年3月已有通用、上汽、吉利、比亚迪、蔚来汽车、理想汽车等60多家车企植入了喜马拉雅内容②，喜马拉雅自身也没有放弃智能硬件的开发，相继推出智能音箱、AI无线耳机产品。随着音频市场的持续发展，各平台在智能家居、终端硬件、车联网等音频场景上的争夺会进一步加剧。

广播媒体应密切关注信息接收终端的发展变化，特别是研究用户音频接触习惯的偏好，通过与智能硬件开发商或软件系统合作，努力将广播内容植入更广泛的终端产品中去。中央广播电视总台自2020年升级推出音频客户端"云听"之后，积极开拓车载市场。云听车载平台开放车主运营、互动直播、内容运营、数据统计等运营管理功能。面向车主，采用大数据分析和AI内容推荐技术，基于驾驶场景和用户偏好，向用户精准推送新闻、天气、路况、本地化资讯、娱乐、音乐等适合车载场景的内容，同时提供版权类有声内容。由华为研发的Harmony OS车机操作系统，可以面向不同车型的硬件进行内容分发，"云听"积极加入该系统应用生态的开发中，致力于为车主提供有声内容和本地资讯信息。③"比亚迪DiLink"是比亚迪基于移动互联、车联网、大数据等技术自主研发的智能网联系统，2020年年底车机版"云听"入驻比亚迪应用市场，除了提供丰富的移动音

---

① 参见《荔枝发布2020年Q4及全年财报：全年营收15亿元 盈利能力全面提升》，《金融界》，https://baijiahao.baidu.com/s?id=1693756987388937216&wfr=spider&for=pc，2021年10月10日。

② 参见36氪《喜马拉雅，上市不容易》，https://36kr.com/p/1270402264782726，2021年9月20日。

③ 参见云听《云听携手华为 共建Harmony OS车机操作系统应用生态》，http://www.zctpt.com/auto/167889.html，2021年7月1日。

频内容外，还能够将车主的个性化使用习惯和偏好记录在专属的终端中，开发出智能化场景推送、本地广播异地收听、语音控制三大功能，同时将传统广播电台和网络电台通过技术手段进行了融合，实现在广播频率覆盖的地方使用电台广播频率信号，超出电波频率覆盖范围后自动切换为同一电台的网络直播流信号[1]，在收听电台节目时可以无缝切换，车主能够十分方便地使用和收听。

第四节　提高平台运营能力，建设用户数据中心

融合转型最重要的是对资源要素的整合、重构，把最具活力的资源要素重新配置，形成新的流程，产生新的效能。从"建设平台"的阶段进入"运营平台"的阶段，要打破传统广播平台和互联网平台之间的界限，在生产、推广、经营等流程上，探索面向多平台的一体化运作。建设支撑多平台一体化运行的技术平台，以产品为中心，搭建产品经理队伍，组建多工种产品团队，增强平台的可连接性。按照"中央厨房"的理念，使节目体系、制播体系、传播体系互联互通。增强社区意识，进行参与式、互动式的传播，在不同平台上为人们打造可以互动的社区，建立用户账号体系，实现人的连接。通过优质的内容和贴近的服务，吸引并留住用户，并在此基础上建设统一、开放、共享的用户数据中心，让用户数据成为支持电台决策、节目评估和经营模式创新的宝贵资源。

一　以产品为中心，探索多平台一体化运作

在融合转型进程中，尽管许多广播媒体提出向互联网运营理念学习，树立"用户思维""产品思维"，但是内容的生产、组织的运营基本还在沿用传统的方式，特别是广播内容生产部门与新媒体部门之

---

[1] 参见《中央广播电视总台云听加入比亚迪 DiLink》，凤凰网，https://auto.ifeng.com/dali/shangqing/20201215988.shtml，2021年6月25日。

第三章　平台建设：巩固传统广播，开辟网络阵地

间还没有形成真正统一运筹的局面，内容生产部门往往将注意力放在如何做好日常的报道和节目，新媒体部门做了大量现有节目的网络呈现和推广工作，但是停留在事后相对独立的状态，除了少数重点报道、重点栏目外，缺乏事先的规划，"产品"思维没有真正深化应用，影响着多平台统一运作的水平，不利于传播价值的挖掘。

"产品"是能够提供给市场，被人们使用或消费，能满足人们某种需求的物品、服务、观念或它们的组合。像其他产业的产品一样，媒介产品也是为满足消费者特定需求而生产的，这些需求表现为林林总总的精神文化需求。通常来说，媒介产品包括信息内容和物质载体两个层面，它既可以是一个功能按钮，也可以是一档节目、一期活动策划、某次用户互动设计甚至是片花、广告。对广播媒体而言，真正的媒体融合，要依托先进的技术系统，打破已有广播平台与互联网平台之间的界限，以"产品"为中心，在生产、发布、经营环节实现真正的多平台、一体化运营。应设立融媒体决策机构，负责融合发展的顶层设计和部署，指导融媒体产品规划，全面推动融合传播体系建设，传统广播频率与网站、客户端等新媒体资源及微信、微博等第三方渠道全面布局，形成立体化、互联互通的传播架构，重要新闻信息或节目内容能够在所有发布平台上及时联动呈现，受众只要打开其中一个平台就能看到适用于该平台特点的节目信息，并能链接到其他平台，形成不同渠道在用户拉新、转化、留存上的协同。

"产品经理"发挥着连接内容与运营、技术等方面的桥梁作用。在广播媒体内部存在着节目人员不懂技术、技术人员不懂节目制作的常见问题，两者之间的沟通存在障碍。"产品经理"的角色设置能够有效解决这一问题。在国外，诸如《纽约时报》《华盛顿邮报》等媒体都设置了产品经理职位，美国艾哈特广播公司设置了专门的产品主管同时负责广播媒体与数字平台的运营，推动广播频率与新媒体渠道在内容策划、生产、推广、运营方面的整体运作，通过多个渠道合力来塑造广播品牌。产品经理负责收集用户需求，根据市场调研提出产品开发的建议，沟通节目制作、技术支持、数据分析、用户运营等不

同的环节，推动一系列的产品管理活动，让内容真正地走向"产品"，在不同的生命周期达成不同的发展目标，根据用户需求的变化调整产品定位直至迭代升级。

我国广播媒体应重视"产品经理"这一角色的设置，详细梳理现有的广播业务构成，划分出不同的产品序列，对位不同的市场需求与发展目标，针对不同的产品设置各自的产品经理，例如新闻类产品、生活服务类产品、儿童声音产品、广播剧产品等，改革既有的生产、推广、经营等流程，探索广播部门与新媒体部门的一体化运作，形成声音产品在广播频率端口和新媒体端口的互为补充。以儿童声音产品为例，可以由专门的产品经理对当前音频市场上的儿童有声内容进行调研，充分挖掘市场需求，在分析电台优势条件的基础上，面向广播频率和新媒体端口，提出儿童有声产品的研发方案，内容、技术、运营等不同部门的人员共同协力，打造电台专属的儿童有声产品品牌。以"产品"为中心意味着以用户需求和用户体验为出发点，置入用户的生活环境、思维方式和使用场景，从单向的内容生产转向"生产+运营"的理念，通过多平台融合推动信息服务延伸落地，让输出到市场的声音产品是可靠的产品。

二 深化技术应用，建设融媒体制播体系

广播是基于电磁波单向传输的介质形态，技术既影响着其收集、制作、传播与反馈的模式，也影响了着其运营模式的确立。从调频调幅广播、数字广播、网络广播到移动广播无不建立在技术的进步之上。[①] 技术是支撑融合转型的核心力量，建立适应融合发展需要，能够支撑内外部资源融通的新型制播平台迫在眉睫。作为现代信息产业，广播媒体的发展离不开技术的支持、设备的投入，在几十年的运作过程中，形成了内容采集、编辑、制作、播出的采编播系统、节目

---

① 参见潘可武《移动的广播——技术进步与广播的发展趋势》，《现代传播》2013年第11期。

传输系统、信息安全系统、发射覆盖系统等多套技术体系,并完成了从模拟广播到数字信号、从硬件到软件、从脱机到联机等多个方面的转变。2018年,国家广播电视总局发布的《广播电视台融合媒体互动技术平台白皮书》指出,面对融合媒体的发展,节目制作人员和用户都有可能同时作为内容的供应者和需求者,业务的主客观之间的界限变得模糊,制播系统和用户共同构成了"共享生产"结构,打破制播系统边界、生产流程共享化是发展趋势[1],应建立互联互通、实时交互、安全可控的互动技术系统,连通媒体组织内部的多个系统、终端应用及用户资源,以"媒体超市"的形式通过版权合作、技术合作等方式连接组织外部的各媒体单位,依托媒体云的方式与合作伙伴分享产品、服务和资源,最终形成面向全行业甚至跨行业的开放公共的一体化协同平台。

一方面,应基于云平台和大数据技术统一汇聚各类平台和出口,并与内容生产平台进行对接,建立面向全媒体的内容生产和发布系统。按照"中央厨房"的理念,建立新一代内容生产、传播和运营体系。汇聚相关资源要素细化分工,逐步实现前端采集共享、中端编辑加工指挥调度、后端发布呈现,形成"一次采集、多元生成、多渠道传播"的平台化生产格局,使节目体系、制播体系、传播体系互联互通,相对集中于一个平台,形成一体化流程。这种平台化生产模式既有利于资源效能的最大化,有利于沟通效率的最大化,也有利于创意效果的最优化。中央人民广播电台曾积极探索"中央厨房"运行机制,按照信息融合生产的标准进行相关报道的采集制作,按照新逻辑重新整合素材、挖掘不同传播载体的潜能,取得了显著的效果。

另一方面,技术系统应支持各类互动应用的多种智能识别技术和互动接入方式,并且可满足各种类型节目的互动业务需求。以技术创新为支撑,打通媒资系统、两微(微信、微博)一端(客户端)一

---

[1] 参见中广互联《打破制播边界,促进开放协同》,https://www.sohu.com/a/258637306_451230,2021年7月30日。

网（广播网）与"中央厨房"通道，实现线上广播与新媒体联合互动。上海东方广播中心通过建设"@Radio新闻全媒体制播平台"，创新了全媒体内容生产流程，该平台采用广播融合媒体云架构，实现了移动生产用户交互，每一个工作环节都与移动互联网捆绑，采编制播都可以同步与受众进行深度交流，在云南、河南等广播电台的30多个广播频率得到推广应用。阿基米德FM尝试通过技术打通各方渠道，以节目社群为核心出点，搭建了微信、微博、网页、客户端多个渠道，为节目提供活动交互、信息汇总的解决方案，在每一个节目后台都提供了插件板块，提供图文直播、报名、竞猜、投票及通关密语等不同类型的交互模块。每一个入驻阿基米德FM的节目组都可以根据节目内容和活动需求，自行采用相关插件模块生成互动页面，所有的相关页面都可以直接分享到微信、微博等不同的渠道。

北京人民广播电台在充分调研行业市场的基础上，结合自身业务特点，于2017年推出了"融合型节目制播云平台"建设项目，创建集采编、制作、存储、发布、安全管控、运营于一体的融合型制播体系，致力于实现"移动场景采编"，"一个平台统一生产，多个渠道同步分发"的目标，构建移动端多媒体采集、后台全媒体信息共享、多渠道分发的工作模式。该平台集纳全媒体内容汇聚、内容生产、播出互动、广告经营、数据分析等多套系统，对各项业务生产流程进行优化重塑，提升内容生产效率和运营管理效率。以"讯听云"系统为例，该系统是北京人民广播电台融合型节目制播云平台工程的重要组成，建立了适合自身业务特点的新闻指挥调度系统，通过智能化的生产工具惠及新闻采编各个环节，业务功能与即时通讯功能互通互融，做到内外网打通、便捷采集、移动编辑、云存储、即点即播等，极大地提升了新闻采编的工作效能。

三 建设用户数据中心，逐步得到用户画像

连接用户、服务用户是融合转型的重要目标，而用户数据中心的建立是实现目标的必经之路。延续多年的广播收听率调查是基于统计

学原理的抽样概括调查方法，不能清晰地获知听众的详尽信息和更为精准的收听喜好。基于融合转型的战略布局，充分利用现有的新媒体渠道，提升数据收集、信息分析和数据应用能力，建立用户数据中心，既关系着个性化内容和服务的精确推送，也影响着新型盈利模式的探索。

在用户数据的收集方面，应本着"边规范、边收集、边分析、边应用"的原则，利用数据挖掘、机器人学习、兴趣推荐算法等前沿技术，通过新媒体平台、线下活动、第三方数据等途径获取用户数据。基于不同维度，结合静态和动态需要，建立用户标签体系，逐步得到清晰的用户画像。在收集数据的同时，提升用户数据分析能力，对数据进行结构化处理，使非结构化的用户数据变得可理解和可应用。通过平台互动，将看不见摸不着的广播听众转换为平台社区用户，了解他们的年龄、地域、喜好和消费能力。

用户数据中心包含用户积分体系、用户转化评价、数据应用等重要体系。可以通过用户积分等手段，吸引用户向会员提升，根据需求特征开发内容、提供服务，甚至定制内容或服务。湖南广播电视集团成立"智慧广播技术研究"联合实验室，基于科学的数据分析和受众研究，建立用户数据模型。北京人民广播电台成立用户数据中心，将听听 FM 及其相关产品、微信公众号、广播购物客服系统、听众服务中心、短信互动平台、北京广播网、《新广播报》《音乐周刊》、节目热线电话、现场活动及第三方接入数据统一整理，不断丰富完善数据标签，开发数据产品，进行用户数据考核、数据交易与合作，以及会员的服务等。阿基米德 FM 成立专门的数据实验室，利用数据优化节目的精准化编排，节目可以从每天的数据报告中，看到社区排名、社区活跃度、收听时长、收听人数、直播互动的热度、粉丝数等。如上海交通广播每晚 6 点到 8 点的日播节目《欢乐晚高峰》，通过阿基米德 FM 的平台用户互动、生产流程实现了由主持人备稿向用户供应内容的改变，多个节目环节中都有用户贡献的内容。

四　做好用户运营，为关系变现奠定基础

用户运营是"以用户为中心"理念的延展和深化，其要义是通过系统化的话题设计、活动规划或产品提供，尽可能满足用户的多层次需求，提升用户满意度，打造用户口碑，进而实现引入新用户、留住老用户、保持用户活跃度并完成付费转化等目标。[①] 在传统大众传播时代，"受众"被定义为单纯的信息接受者，被动接收媒体生产的内容与信息，互联网催生的"用户"概念改变了媒体运营的底层逻辑，用户能否参与、留存、转化成为衡量产品开发、融合转型的重要指标。融媒体环境下，用户对媒介的接触行为不再仅限于选择和使用，更包括了内容定制、实时评论、传递分享、生产制作等各种新的行为方式，通过更为紧密的互动和对话，用户逐渐对媒体平台或附着在其上的内容产品产生兴趣、好感、价值观认同，并且在圈层效应的作用下形成更为强烈的情感共振，成为"粉丝"。[②] 以英国广播公司、哥伦比亚广播公司为代表的海外媒体将用户作为媒体商业价值链的重要一环，是媒体内容运营、营销运营之外的另一个重点要素。

用户运营首先要感知用户，与用户建立起连接。应通过各种措施促使用户在电台的新媒体平台上建立账号。账号体系是用户在平台上的通行证，是用户通过平台获取内容或服务的中介，广播媒体则可通过账号体系进行用户使用行为与内容偏好的追踪，使每个收听用户可触摸、可测量。互联网常用账号体系经历了自定义账号、邮箱账号、第三方账号、手机号账号的发展演变，目前通用的是手机号账号和第三方账号。利用手机号登录音频客户端，对用户而言，减少了操作成本，比较便捷，对音频平台而言有助于搭建起自身的账号体系，便于后续的精细化运营。

用户运营的基本原则是换位思考，站在用户的角度去使用产品，

[①] 参见诤言《做好用户运营这篇大文章》，《人民日报》2021年6月23日第16版。

[②] 参见龙思薇、周艳《海外媒体用户运营观念及策略分析——以Disney、BBC、ViacomCBS为例》，《传媒》2011年第4期。

观察、体会、理解各种隐性和显性的需求。面对较为庞大的用户群体，很难用统一的某种策略去驱动所有用户的活跃度或留存转化，因而需要进行适当的分层分类管理，制定差异化的策略去激励用户行为，并探索合适的路径去引导用户，促成深度关系的建立。为了优化用户体验，激发用户的兴趣，喜马拉雅提高了平台的社交、评论和分享属性，除了用户可以十分便利地制作和上传自己的节目外，近年来还加大了对用户的激励奖赏，对用户签到、点赞、评论、转发、邀请好友、订阅专辑、完善社交资料等行为进行积分奖励，建立起用户等级制度，鼓励用户通过多听节目、连续登录等行为提升等级，获得特权，通过一系列线上、线下活动的策划组织培养用户的付费习惯。

"关系变现"是用户运营的高阶目标，这种关系基于用户对平台的依赖和信任，是一种稳定的使用习惯，是用户对内容价值的认可，或是对某种社群的情感归属。近年来国内的移动音频平台通过推出听友圈、粉丝团、直播交友等方式，加强音频社区的构建，用户能够像微信朋友圈一样通过声音发送自己的动态，分享自己的创作，还能与喜欢的主播保持良性互动，与有共同收听爱好的其他用户形成意见交流，不但促进了用户的活跃度，也为粉丝经济的形成创造了条件。海外媒体机构通过开通社交账号、自建社交站点、管理网络红人等多种方式，既与用户形成持续互动，也为广告主的品牌推广、商品销售提供了机会和空间。[1]

---

[1] 参见龙思薇、周艳《海外媒体用户运营观念及策略分析——以 Disney、BBC、ViacomCBS 为例》，《传媒》2011 年第 4 期。

第四章　内容生产：面向多场景需求，提供优质音频节目

建设新媒体平台是融合转型的入口和抓手，而生产高质量的音频内容是广播媒体的核心竞争力所在，能否持续生产优质的内容和能否在保证社会效益的前提下实现变现和增值是广播媒体转型成败的标志。着眼于音频收听需求的变化，提升节目的品质和收听体验，推动节目形态、传播形式、渠道分发的创新，是当前一段时间的核心任务。只有全面提升面向多元化场景的内容生产能力，深度整合资源、再造内容生产流程，充分打通内容生产的各个环节，加大版权资源的开发力度，全面提升音频内容的生产力，以精品节目撬动内容产业发展，打造若干能在多平台广泛传播的具有较大影响力的内容产品，才能实现广播与新媒体平台生产和运营的真正融合，在此基础上的商业模式拓展也才会有更多可能。

第一节　立足收听需求，推进音频内容供给侧改革

没有需求，供给就无从实现，新的需求可以催生新的供给；没有供给，需求就无法满足，新的供给可以创造新的需求，这是供求的相互作用。随着互联网的发展，智能家居、可穿戴设备的普及，基础环境改善及上网成本的下降，音频需求将不断得以释放，移动收听的场景会越来越多。新的形势下，要加强对收听需求的洞察与调研，大力推进音频内容生产的供给侧结构性改革，逐渐将产能从低端无效的内

容向高端优质的内容转移、从广播平台向互联网平台转移,生产社会价值与经济价值兼具的音频内容。

一 有效整合生产要素,提高音频内容产能

媒介生产要素是媒介组织向消费者提供媒介产品过程中所调度和使用的各类资源,主要由劳动资料、信息资料、劳动者等构成。劳动资料是指生产媒介产品所需要的资金、技术、设备、环境等物质条件;信息资料是指生产媒介产品所需要的各类原始信息材料,比如新近发生的新闻素材、口口相传的故事、各类文本、声音等;劳动者是指从事于媒介产品生产各个环节的从业者和管理者。广播媒体聚集了一大批职业化的优秀音频内容制作者,他们接受过专业的新闻传播教育和正规的专业训练,这既是广播媒体的绝对优势,也是音频内容权威性和公信力的重要保证。广播媒体所具备的劳动资料和信息资料,如音频节目生产空间、设备、素材等都具有得天独厚的优势。但是,移动互联网时代的音频内容生产和消费现状却显示,广播媒体的音频内容生产与提供存在与市场需求错位的情况,大量的音频用户转向新兴的移动音频平台,大量由小规模制作机构甚至个人创作的音频节目成为"热销产品"。

实践证明,音频具有广阔的市场空间,当前的音频内容供给呈现迅速丰富的态势,但是广播媒体在洞察用户需求、创新产品供给方面仍存在巨大的空间。供给侧改革是传媒产业转型重构的题中之意,只有做好供给侧的顶层设计,完善信息产品的供给机制,畅通信息产品的供给通道,才能影响需求端的新闻信息消费,最终达到传媒产业转型重构的目的并产生相应的效果。[1] 当前,广播媒体除了面临转型升级的任务外,还存在传统内容生产过剩、创新能力不足等问题,资源重复加工、生产环节重叠、供需失衡等现象广泛存在,只有通过供给

---

[1] 参见刁文朝《媒介融合背景下新闻产业供给侧改革的实践与探索》,http://jour.cssn.cn/xwcbx/xwcbx_ cmjj/201606/t20160615_ 3070845. shtml? COLLCC =200857590&,2021 年 6 月 20 日。

侧改革，加强对音频收听需求的洞察和研究，加大优质内容资源的开发力度，拓宽优质音频内容的供给渠道，提高流转效率，以音频内容消费引导资源建设，提升音频内容的生产能力，才能逐步做强、做大音频产业。

市场开发通常有三个层次：一是满足需求，满足能够清晰洞察、消费者能够直接感受或能清楚描述的需求；二是挖掘需求，挖掘消费者有粗略想法但没有直接提出或不能清楚描述的需求；三是引领需求，站在更广的视野，创新产品提供，丰富服务方式，创造和激发需求，满足个性化和多元化的需要。挖掘用户需求，是供给侧改革的出发点。"受众时代"走向"用户时代"，本质是媒介围绕着用户需求，尽力去挖掘甚至引领用户的需求。对于用户需求的把握决定了媒体未来的发展前景。新生代用户与传统广播的受众无论在人口结构、生活习惯还是行为偏好上都有着显著不同。传统广播的用户收听活跃度有着明显的波动，即有早高峰和晚高峰的概念，同时大多来自车内场景的收听，而网络音频是多元化的场景，可以做到全时段全场景，不仅有车载群体，还有亲子群体、主妇群体、运动群体、白领群体等，中青年比例比较高，普遍具有"惜时如金"和"一脑两用"的收听特点，代表着全场景、强伴随的概念，因此移动音频多强调强互动、智能投放、精确定向、内容新鲜多元。应该立足于满足用户碎片化、便利性、伴随性的需求，适合生活中多个场景，针对现阶段用户对小说、人文、情感、相声、脱口秀、知识、亲子等需求较为强烈的音频内容，加大开发力度，通过对劳动者、生产资料和信息资料的有效整合，提高生产要素配置的效率，提高音频内容产能。

值得注意的是，随着大数据、人工智能等技术的不断介入，音频产品的生产要素发生了一定的变化，用户数据、算法、版权等成为新的生产资料，广播媒体需要通过学习、引入、建设等一系列措施提升新的生产要素的配置比例，提高自身竞争力。

二 筑牢音频传播阵地，彰显主流媒体价值

广播媒体在积极拥抱新技术的同时，也不应遗忘媒体使命与价值

第四章 内容生产：面向多场景需求，提供优质音频节目

追求。① 尽管技术发展改变了音频收听的方式和途径，传统广播音频内容的生产与传播垄断局面被打破，越来越多的商业音频平台成为用户收听的主要方式，但是其中也存在诸多问题：首先，商业音频平台以播放量作为内容聚合和推荐的重要依据，在"流量至上"这一指挥棒的指引下，流行音乐、相声段子、时尚资讯等娱乐性较强的节目往往占据了各大平台的首页位置，而像广播文学、戏剧、戏曲、古典音乐等精品文艺节目却很少被推荐，影响着主流价值观的传播；其次，付费音频激励了优质内容创作，但也导致资本在音频领域的扩张，资本的逐利性会过度关注精英阶层、高收入群体的收听偏好，而忽略老年人、低收入者等社会弱势群体的收听需求②，同时也会出现过度商业化导致的信息鸿沟拉大；再次，空前庞大的草根群体参与到网络音频节目的创作中，虽然极大地丰富了音频内容市场，但也导致节目质量良莠不齐，影响音频内容创作的价值追求。另外，快速发展的商业音频平台也出现低俗广告频现、音频直播涉黄、盗版侵权不断等问题，不仅对整个行业长远发展不利，也会对用户的价值观形成误导。

主流媒体的责任担当，集中体现在与党和国家同频共振、与人民群众命运息息相关上，是党、政府和广大人民群众意志、声音、主张的权威表达。③ 广播媒体生产的内容不仅要面向市场需求，满足大众的精神文化需要，同时应肩负起主流媒体文化宣传任务和舆论引导功能，用有思想、有温度、有品质的作品，宣传党的主张，反映人民心声，书写时代进步。广播媒体有能力、有条件将专业水平、专业能力、专业精神带给互联网，使其影响并提升互联网音频内容的品质。

网络时代的音频生产不一定为广播所专享，但广播无疑仍应做声音领域的专业机构。顺应时代趋势，做媒体融合的变革者，客观真实报道，做新时代的见证者，坚定文化自信，做中华文化的传播者，是

---

① 参见刘双庆《转型中的广播该向哪里走》，《光明日报》2021年05月18日第2版。
② 参见刘双庆《转型中的广播该向哪里走》，《光明日报》2021年05月18日第2版。
③ 参见涂有权《刍议新时代广播主流舆论阵地建设的途径》，《中国广播》2019年第12期。

广播媒体发挥主流媒体价值的必经之路。体现广播作为主流媒体的品格和气质,需要把声音放到一个更高的战略层面去认识,引领音频内容的创作,坚守权威、真实、客观,不迎合庸俗、低俗,让声音真正形成广播的"专业特质"。中央人民广播电台推出的党的十八届六中全会专题报道《抓中心听亮点》运用多种声音和各类组合手法,表现经济建设的成就和亮点,全方位调动声音元素进行空间化处理,改变了广播线性结构,展现出分镜头式的空间感和画面感,反映出广播充分调动声音元素的无限可能和广阔空间。春节特别节目《中国声音中国年》同样突出声音特色,用声音全景式地表现这一年"国家声音""我家声音""我台声音""我们的声音",节目因其鲜明的"中国声音""中国特色"获得了"亚洲—太平洋广播联盟"创新节目类大奖。中央人民广播电台还和教育部、国家语委联合共建"中小学语文示范诵读库"工程[①],发挥专业的播音和制作优势,推出声情并茂的优秀朗读范本,使其成为诠释中华优秀传统的重要载体,在中小学校的学生、教师、家长中得到广泛的传播。

第二节 发挥声音特质,推进节目创新

广播媒介的竞争之道首要的不是突破,而是自身特色的充分挖掘和彰显,在充分吸收和学习新媒体的新技术、新思维的同时,更要做足媒体特色,在自己的优势领域多下功夫。[②] 建设新型广播,一个核心任务就是要不断奉献优质的全媒体新型广播产品。新型广播产品应能代表新的生产能力,符合市场新需求,更要代表主流价值观、体现竞争力。

一 创新广播新闻报道,打造精品优质节目

内容产品的传播力是检验媒体融合转型成效的重要标准,重大报

---

① 参见《中央电台台长阎晓明:新型广播的融合实践》,央广网,http://ad.cnr.cn/ygdt/20190301/t20190301_524526676.shtml,2021年4月20日。

② 参见陈朴《用声音打造广播核心竞争力》,《中国广播电视学刊》2016年第9期。

道是新闻宣传最具影响力的部分。主流广播媒体应充分调动资源，把握全局，着眼大事，组织重大主题、重大事件、重大典型、重要活动的宣传报道，加强对重大报道资源的统筹开发，加强自主策划，在报道的形式和内容、深度和广度方面实现新的突破。体裁上可以尝试兼容百家，大胆采用纪录片、广播剧等形式来表现新闻内容。比如在新冠肺炎疫情期间，多地电台把非新闻类别的采制理念和手法引入新闻生产，中央广播电视总台推出特别策划《天使日记》，邀请抗疫一线医护人员以语音自述的方式讲述发生在战"疫"最前线的故事。北京文艺广播、山西音乐广播创作了抗疫系列广播剧，以采编人员在抗疫一线发回来的采访资料作为素材，展现医务工作者和武汉人民共同抗疫的感人故事，创新了内容生产的方式。

精品节目是广播的优质资源和核心竞争力，打造富有时代气息、具有艺术表现力和感染力的精品节目，是提升传播力和影响力的关键。结合年度节目调整、举办节目创新创优大赛等机会，持续加大对精品节目生产的投入，着力打造更多听众喜闻乐见的优质内容，同时拓展传播渠道，开发多媒体应用平台，不断扩大广播节目的覆盖面，吸引更多的听众收听广播、参与广播。例如广播节目在挖掘城市底蕴、展示文化特色、培育情感认同方面，具有特殊价值和独特优势，北京广播电视台基于北京作为全国文化中心建设的需要，近年来着力打造《城市文化范》《打开文化之门》等独具特色的文化精品节目，通过与政府部门、行业机构、文化学者的深度合作，探寻城市文化要素中适宜声音传播的内容，借助鲜活的故事、生动的细节，对北京城市文化的传播起到了积极作用。截至2020年7月，《城市文化范》已经播出将近1500期，积累了丰富的音像资料，成为记录城市文化的声音宝库。[①]

二 立足专业制作优势，塑造广播节目品牌

不管形势如何转变，媒介与媒介之间的竞争，最终都将落脚到优

---

① 参见王春美《城市文化的声音呈现与传播创新——以广播节目〈城市文化范〉为例》，《青年记者》2021年第14期。

质内容的竞争上，高质量的内容是经营的基础。没有持续的品牌内容生产能力，就不可能成为实力强大的媒体集团，作为有"内容基因"的专业组织，必须在内容上做到极致。

传统广播应以品牌栏目和专业制作优势为核心，建立能够持续开发优质内容的内容生产系统，提升孵化优质原创内容的能力，形成从创意、策划、内容到品牌的闭环，塑造节目品牌。内容的优势在地方的文化特色中，在媒体多年积累的采编专业队伍和制作的海量节目资源中。每个地域都有自己独特的文化特色，彰显自己独特的文化内涵，打造与众不同的地域特色内容，发挥主流媒体权威和专业的制作优势，是可行的创新策略。例如天津广播围绕本土津味的相声艺术和市民的"哏"文化，推出的《包袱抖不完》《老话听不腻》《津味曲汇》等曲艺节目，将相声的笑文化、市民的乐活精神弥漫在声波中。此外，天津广播还推出了历史文化节目《历史回声》和主打乡土民俗的百姓口述节目《话说天津卫》，这些节目都以彰显本地历史文化特色为依托，在手机客户端"劲听"上重点推广。

特色内容的打造既需要文化的内核，也需要整合尘封已久的录音内容资源。中央人民广播电台基于国家级媒体的定位推出了两个广播专题栏目《致我们正在消逝的文化印记》和《难忘中国之声——广播传奇》，前者将文化与声音结合，用流动和丰富的声音呈现并记录文化的记忆；后者则让经典声音再次回响，用经典的声音与年代的记忆唤起受众心灵的共鸣。文化与声音的结合，与历史资源的整合，可以让广播在新媒体焕发生机。

对广播而言，已有节目的品牌打造和新节目的创新研发应并行推进，应集中精力生产一批有专业特色、体现资源整合、有行业深耕潜力的节目，特别是具备 IP 化前景的节目。特别是结合车载、移动等伴随和服务场景的新需求，加强与所属行业组织和机构的合作，彰显专业广播在所属专业领域的权威性和影响力，提高对优质行业资源、专家资源、明星资源的吸引能力，将权威人士、行业专家邀请到电台的直播间来，提高内容的专业性和吸引力。

三 改革直播伴随节目，稳固车载空间收听

广播作为一种伴随性音频媒体，其收听率的高低，与广播受众的日常作息、出行方式、收听途径等都有着密切关系。① 尽管受到多种因素的影响，广播在车载收听中的绝对优势有所削弱，但是车载空间对广播的生存和发展仍具有举足轻重的作用，广播媒体有必要也有能力通过节目样态的更新，提升直播节目的伴随性优势，通过打造新型节目来稳固车内收听市场。

新闻资讯与话题互动类直播节目一直是广播早晚高峰时段的常设节目，既占据着全天收听的黄金时段，也凝聚着广播的传播力与影响力，是广播在车载市场竞争力的重要佐证。以北京交通广播的《一路畅通》节目为例，这档创始于2000年的话题互动类节目，在每天早晚高峰时段以长达两个多小时的大板块形式播出，融合路况信息、互动话题、新闻资讯及音乐娱乐于一体，长期以来占据着北京地区收听率排行榜的首位，也是全台经营创收的中坚力量。然而，近年来，随着移动互联网的发展，受众收听习惯的变化，节目遇到了业内外的双重挑战，不仅路况信息的刚需地位被越来越多的手机导航软件冲击，而且越来越多的移动音频应用和车内收听设备分流了听众的收听时间，同时"话题"设置的难度不断加大，如何吸引听众、激发听众互动成为现实问题。创新这类直播互动节目，顺应融合发展的需要，不是开通微信、微博、增设视频直播等这类传播手段这么简单，而是需要综合听众收听偏好的变化、地域市场的信息需求特点、媒介竞争的现实环境等因素，对节目的理念、内容、形式、样态等进行重新的设计和调整。尽管可能存在一定的风险，但是不去探索尝试，就有可能失去革新图存的机会。

近年来，中国之声早间直播节目加大了改革创新的力度，《新闻

---

① 参见王平《内容绽放、价值坚守——2020年广播收听市场观察》，https://mp.weixin.qq.com/s/Nm_zo6aRq0_gRgp6QSAptQ，2021年6月1日。

《纵横》节目一改常规的新闻播报方式，推出了"追问式"结构，先"问"后"追"，重解读推评论，使得节目可听性明显增强，车载收听率不断抬升。这档早间新闻节目不再停留在"告知"层面，而是按照"是什么——怎么样——为什么——怎么做"的逻辑，不仅告诉听众新闻始末和背景，还解析原因和影响，提示怎么看待、如何应对，增加了新闻的深度和内涵。在节目的编排上，研究直播收听的特点，针对早间车上群体的信息需要，做到两个细节。第一，及时回顾与提前预告，使节目形成一条线，上、下半时段各有一个总预告，然后一小段一总结，一栏目一预告，承前启后，举一反三，让听众知道自己刚才听了什么，接下来将要听到什么。第二，注意把握节奏，消解收听疲劳。前一小时，高密度，大容量，节奏快，内容紧凑。八点钟之后，播报风格一转，男女主持人以谈话聊天的方式引出话题，在轻松对话中完成解析。这样的改革，不仅激发了传统广播频率的收听容量，也带动了其在自有客户端及第三方渠道的收听。

随着车联网技术的发展，必须通过优质的直播内容，巩固传统广播赖以生存的车内伴随性优势。尽管音频内容浩如烟海，但对于音频内容消费者来说，花精力去搜索可听的内容仍然需要付出时间成本，所以广播的直播、免费、伴随性仍有巨大价值，可以挖掘并创新"伴随式经济"的实现方式和手段。作为大众传媒，广播的直播样态面向大众共同的、普遍性的信息需求或服务需求，在满足这种群体性需求的基础上，可以借力新媒体、线下活动等去满足个性化的需求，垂直细分市场及线下活动的资源整合，将成为社群化运营用户的基础。

四 重视资源二次开发，创新节目传播样态

广播电台在既往数十年的运行过程中，积累了海量的音频资源，这些记录着不同时代脉络、体现历史价值、承载文化记忆的广播节目、重大报道、文艺专题等具有重要的史料价值和利用价值。扎实推进音频资料数字化抢救及编目，聚焦中华优秀传统文化精品的版权储备、开发和利用，具有十分重要的意义。应发挥音频资料加工利用、

自身传播、内容制作的优势，让沉睡已久的历史资料焕发生机，为节目制作人员提供灵感和素材，也为音频资源的二次开发、产业利用做好准备。

在内容付费领域，付费音频占据了半壁江山，这使无论是互联网平台还是传统广播都更加关注音频的价值。网络传播的显著特性是碎片化、个性化，传统线性广播节目简单地平移至网络，有悖于网络传播规律。适应网络传播特性，增强节目切片化处理意识，发展"短音频"是未来趋势之一。早在2016年，上海人民广播电台便适应碎片化时代受众的信息获取需求，正式推进短音频战略，即从直播流节目中提取亮点内容，将其剪辑并包装成3分钟到10分钟的短音频，再打上可搜索的"分类"与"标签"，将其投放至阿基米德FM、微信、微博等网络平台。2017年，在线长音频进一步向离线短音频发展，上海人民广播电台制作的30集系列短音频《听总书记讲故事》在上海新闻广播《990早新闻》、东广新闻台《东广早新闻》、上海交通广播、第一财经广播、故事广播频率及阿基米德FM等互联网平台播出，获得良好反响。

在节目的传播形式上，应注重新媒体传播和内容多媒体化，将图片、文字、音频、视频作为频率日常节目、活动策划与传播的标准配置，尝试广播音频、电视频道、微信账号、网络视频等形式的多渠道、多屏同步直播，积极利用直播、VR等新的传播方式，通过不同平台与受众互动、吸纳粉丝的同时，创建具有市场效益的多媒体内容承载品牌，满足人们通过各类新兴终端收听内容的需求。

第三节　面向多平台，生产优质音频内容

新型主流媒体，一定是在网络舆论场掌握话语权的媒体，熟悉互联网话语风格、创新表达方式，能够生产符合互联网传播规律、思想性与吸引力兼具的内容的平台型媒体。依据广播现有的内容生产优势，增强为移动互联网开发内容产品的能力，分阶段、多层次，打造

一批具有舆论引导力、市场竞争力、流量吸引力、平台支撑力、用户凝聚力、品牌塑造力的内容产品，提高面向多元化场景的内容生产和运营能力，积极推动电台内容产品优化升级的自我革命。

一　生产新型音频内容，吸引订阅收听

新型音频内容指的是专门面向新媒体平台生产的音频内容，它与传统广播节目相比，在生产流程、内容样态、传播方式等方面有着显著差异。传统广播节目一般是对号入座，事先确定了在哪个频率的哪个时段播出，主要针对所在区域某个时段人们的生活样态及其收听偏好进行节目的策划设计，是典型的线性传播。新型音频内容则需要打破固有的传统广播节目生产模式，研究移动音频平台的用户收听偏好和现有内容供给概况，寻找可能的差异化空间，遵循移动音频传播的规律，生产专门的网络音频内容。在一些电台内部，曾经尝试设立新媒体内容创作部门，将一些节目制作人员分立出来专门面向网络音频平台生产节目，但由于缺乏有效的制度支撑，在处理传统广播和新媒体的关系时，面临双重标准，难以有效激励，同时这部分节目制作人员难以摆脱传统节目制作的惯性思维，缺乏经验和相应的指导，因此成效不大。

事实上，与大量从事音频内容创作的自媒体机构及个人相比，电台内部具有专业优势人才、具备优质声音创作能力，如果能够进行制度层面的引导设计，开展系统深入的学习调研，同时开展相应的技能培训，便有能力、有条件创作优质网络音频节目。比较来说，"专业有余、经验不足"可能是传统广播涉足网络音频内容创作的现实问题。毕业于科班院校的编辑、记者、主持人等具有比较扎实的专业基本功，有良好的专业素养，但缺乏的往往是某个行业某个领域的知识和经验积累。网络音频平台上的热播节目往往是在某一个领域有着独到体会、有鲜明观点或者有自身显著特色的内容，诸如由来自科研院校的专家学者提供的知识分享类课程、由民间草根人士推出的自媒体旅游文化类节目，他们的声音条件并不及专业人员，但在某个方面具

第四章　内容生产：面向多场景需求，提供优质音频节目

有比较深厚的积累，其所分享的观点、知识、经验能够被海量的收听用户认可和接受，成为节目的忠实拥趸。加快专家型人才的培养，提高面向互联网平台的、自主原创的新型音频内容生产能力是广播面对行业竞争的应有之举。

新型音频内容的生产与提供，建立在对用户需求与偏好的洞察之上，吸引订阅收听，积累长期用户是验证节目策划与制作是否成功的标准。用户订阅意味着兴趣的形成，节目在某个方面达成了对用户的触动，用户希望持续收听或再次收听，因此推出专辑相比单次、单期节目，更具有开发和生产的意义。订阅的方式有付费订阅和免费订阅两种，在推向市场的初期，节目尚未形成品牌时，可以使用免费订阅的方式，观察用户的增长和收听情况，后期时机成熟时再扩大推广的渠道并采取收费模式。《小虎爱推理》是北京广播电视台音频客户端听听FM出品的儿童系列广播剧，面向6—12岁喜欢推理、探险的少年儿童，它由电台内部的资深文艺编辑担任编导，通过一个个小故事破解校园、生活中的谜题，起到传播知识、培养思维的作用。该剧首批上线100集，在听听FM和喜马拉雅平台同步上线采用"80集免费＋20集付费"的方式吸引用户收听。喜马拉雅平台的数据显示，自2020年12月至2021年8月，第一季的用户订阅量达9.10万，播放量为3927万，位列儿童口碑榜第64位。[①] 基于收听表现，该剧此后推出的剧集均采用付费订阅的方式，例如第五季20期节目需要19.90元、第六集301期节目需要99元[②]，或者开通VIP会员享受免费收听。

二　垂直细分音频内容，满足多元收听需求

音频用户的持续增长为行业发展注入了源源不断的动力，艾瑞咨询发布的《中国网络音频全场景发展研究案例报告》认为，中国网络音频行业正由移动时代迈入全场景发展时代。网络音频的全场景时

[①] 根据喜马拉雅的公开显示数据整理，统计日期：2021年9月26日。
[②] 喜马拉雅公开数据，统计日期：2021年9月26日。

代，是指硬件制造商、系统研发商与内容服务商一起，通过构建音频场景生态，满足用户在特定场景特征下的音频收听需求。①音频全场景的构筑离不开用户的持续收听，而网络音频用户的持续收听行为有赖于内容的高效供给。作为专业音频生产机构，广播电台应深挖音频内容市场，大力挖掘并满足不同场景下多元化收听需求及衍生服务需求。一方面，需要充分整合优势资源，加大对内容生产的投入，通过资金、人才、机制的大力扶持，鼓励节目制作人员生产优质内容；另一方面，深化对音频内容供给的细分化探索，分析研判音频内容市场的潜在空间，推动内容生产走向垂直化、专业化。只有打造形式多样、内容丰富的产品，才能真正拓宽广播媒体的发展机会。

从各生产环节的打磨升级入手，追求内容产品的策划、采集、生成、传播每个环节的精细化，在各环节全面升级的基础上，理顺关系、打通壁垒，立足一体策划、集中采集、多种生成和多元传播来重新布局，推进各环节的效能协同。通过构筑极具竞争力的优质内容，为音频全场景的发展提供坚实的基础和重要的保障。在内容的创作中，应善于运用全媒体、互动式的方式，网络化、生活化的话语表达，适应新媒体传播规律。不同形态的音频内容可以深化新技术、新手段的应用，比如融合直播、互动、个性、可视化、数据化等新型传播模式，引入移动直播、H5 等融媒体生产方式，甚至可以大胆想象机器人写稿、无人机采集、虚拟现实等技术的应用可能。提高融合型内容产品的开发能力，发挥音频内容资源优势，生产具有高度用户黏性的音频内容只是满足多元化需求的基础，内容要想触达用户，还必须针对台、网、微、端的不同特点，通过合作、置换等多种方式向多平台分发和运营，助力音频内容品牌的建立。

三 平衡直播与点播，聚力短音频创作

目前的音频市场内容供给大致可以划分出直播类内容和点播类内

---

① 参见《2018 年中国网络音频全场景发展研究案例报告》，《艾瑞咨询》，http://www.199it.com/archives/776372.html，2019 年 8 月 10 日。

容两个大类别。直播类内容大都由网络主播主持，集中在弹唱、翻唱、脱口秀、段子、交友等形态，内容大都与生活、情感、娱乐有关，主播以话题、才艺等方式吸引用户进入聊天室，形成一个网络社区，以声音作为交流元素。直播节目样态对广播媒体并不陌生，自20世纪80年代直播节目出现在广播中，广播将直播、伴随的特性发挥到一定的高度，且以专业性、生活化、服务性见长。直播是广播的特长，有没有可能针对移动音频平台的特点，开发出属于广播媒体的直播专场，引领网络音频直播的内容创作风向，是一个值得思考的问题。

点播类内容即事先录制完毕然后上传平台的音频，对广播而言，即录播类节目，这类节目有足够的策划准备时间，也是当前移动音频平台的内容主流，用户可以根据自己的喜好自有选择并点击收听。广播节目多是大板块设置，时长在半个小时到两个小时不等，而网络音频节目多是短小精悍，在5—15分钟不等。对位这一特点，广播有能力在短音频领域有所建树。可以通过原创或二次编辑制作，生产能够体现广播特色、独家媒体特色、地域特色、主流媒体公信力的个性化内容。上海人民广播电台通过出台短音频创作激励办法，推进全台近300档日播节目每日挑选5条左右的短音频推送到阿基米德FM，在移动音频客户端予以呈现，起到引流和二次推广的效果。原创类短音频更具有生产和创作价值，通过研究网络音频的传播特点，将精华内容浓缩到15分钟以内，既节约了劳动成本，也能探索适合互联网传播的内容策略。如何加强短音频内容的创作，扩大短小精悍的音频内容在互联网平台传播，使之成为内容生产的常态，仍需积极探索。

四 增强用户互动并将其纳入生产链条

通过发起话题、组织活动等方式吸引受众参与节目互动，并将受众发表的意见、看法、感受、反馈等作为节目内容的重要构成，一直是广播媒体的特性和优势。广播与用户的互动方式经历了从热线电话、短信、邮箱、网络论坛到社交媒体的发展演变，催生了一批批鲜活的、充满时代感的声音节目。借助互联网提供的互动工具,广播媒体在节目制作的不同环节予以充分利用,包括节目前的预告与征集、节目中的分享与参与、节目后的总结与反馈等,充分地挖掘了节目形态创新的空间。例如北京人民广播电台的《老年之友》节目曾经借助网络论坛,聚集并扩展节目的忠实听众,老年听众汇集到一起,分享生活乐趣,展示自身才艺,为节目出谋划策,不仅为节目提供了大量的话题、素材,也促进了听众之间的交流,启发了广播节目的实践改进。

如今,借助社交平台、融媒体制播系统,广播媒体可以更为便捷地与用户进行互动。江苏广电集团将"大蓝鲸"客户端作为各广播频率的互动服务平台,在节目策划生产和营销活动推广中广泛融合各种互联网渠道,加强用户数据的积累和挖掘运用,取得一定成效。广东广播电视台2021年8月启用的智能制播系统除了可视化、多元素的直播外,用户还可以通过文字、礼物、弹幕、连线互动等多种方式在节目直播过程中与主持人实时互动,一起竞猜答题、在线投票、分享观点。北京交通广播开发的微信互动平台,除了评论、分享等功能外,还支持现金红包、抢福利等互动功能,为节目改进和广告营销提供了新的可能。

第四节 多途径聚拢社会资源,协力开发声音产品

在开放共享的互联网时代,仅仅靠传统媒体自身的力量,很难形成内容生产的规模化,也难以借助社会化、市场化的力量,推动内容产品价值的最大化。除了依靠自身能力加快音频内容的供给改革外,广播媒体还需要融通社会资源,提高品牌和平台运营能力,提升对音频内容的聚拢和分发能力。既要加强对现有内容的推广力度,通过社会化营销、互动营销、活动营销、事件营销等方式,让优质内容脱颖而出,又要借助广电合并、融合发展、社会合作的契机,提高内容生产的社会化水平,还要重新理顺内容产品的流通环节,提高围绕内容产品的增值服务

第四章　内容生产：面向多场景需求，提供优质音频节目

能力，配套进行商业开发拓展，让内容产品从传播维度走向服务维度，使其能够在用户日常生活中发挥作用并产生情感信赖。

一　寻求多方合作，汇聚创作资源

互联网经济的价值逻辑是平台思维，利用技术条件打造高效的集成平台，将产业需求端和供给端连接在同一平台上，让供给和需求更加有效地匹配，实现生产的快速响应与协同。平台经济已经成为国家优化资源配置、促进跨界融合发展、推动产业升级的重点发力方向[1]，其典型特征是协同、开放、整合、共享，从单边到多边整合，重构产业要素，吸引多方面资源共同集聚，可以打造出更为完整的生态圈，创造出更大的价值。只有树立共享思维，聚焦各自优势，才能让平台经济的效力最大化。商业网络音频平台之所以能够快速成长为互联网领域的行业新锐，正因为其把握了音频领域的"平台思维"，通过创建平台连接产业链各个环节的市场主体，构筑音频生态圈，使其产生经济价值。以喜马拉雅为例，它本身并不大规模生产音频内容，但却聚集起超 1000 万主播自动出产内容，提供给超过 6 亿的用户。[2] 在产业链的上游，它与众多出版社、图书公司、网络文学平台、头部内容创作机构保持长年合作，战略性布局头部有声版权，同时建立起一套完整的主播孵化培育机制，通过资金、技术、推广、资源等服务大力扶持音频内容创业者，从而保证了源源不断的音频内容提供。喜马拉雅还注重普通用户创造力的开发，通过提供快捷的制作工具和趣味互动产品激励用户参与音频创作，既增加了产品的黏性，也丰富了长尾内容，真正建立起"PGC + PUGC + UGC"的内容生产模式。截至 2020 年年底，喜马拉雅平台上的 PGC 专辑数为 3.25 万，PUGC 专辑数为 3.44 万，UGC 专辑数为 2057.37 万，累计内容创作者中，PGC 有 3100 万，

---

[1] 参见《平台经济发展应有共享思维》，中国经济网，https://baijiahao.baidu.com/s?id=1642981725007366524&wfr=spider&for=pc，2021 年 8 月 1 日。

[2] 参见《喜马拉雅建构音频生态圈》，央广网，https://baijiahao.baidu.com/s?id=1681218936764243344&wfr=spider&for=pc，2021 年 8 月 6 日。

PUGC 为 5200 万，UGC 为 1132.37 万[①]，不仅各个数据快速增长，且其中的活跃内容创作者比例很高。正因为聚拢了大规模的内容创作者，使其平台上的内容品类十分丰富，且不断向细分领域的服务方向、产业方向拓展，例如依托丰富的内容资源，介入教育培训行业，直接服务于商业企业的人才培养，开发面向移动互联网时代的新职业教育项目。在产业链的下游，喜马拉雅也广泛聚合资源与汽车、手机、智能家居等行业的硬件制造商与软件开发商积极谋求合作，扩大产品分发渠道，拓展产业版图。尤为重要的是，近年来，商业音频平台加大了跨界合作、异业推广的力度，与视频平台、商业企业广泛合作，共同发展会员、提供生活服务，进一步展现了音频平台经济的扩展能力。

广播媒体要真正实现融合转型，必然要打破既往单向、封闭的内容生产和组织运营体系，在充分挖掘自有资源的基础上，积极寻求与社会各界、与视听内容产业各方、与用户之间的合作共赢。在音频内容的生产和提供方面，可供拓展的方向包括四个。第一，借助广电合并、一体化发展的契机，加强体制内广播、电视资源的融合开发，盘活既有沉淀的大量优质电视节目、广播节目的再开发、音频化价值。例如中央广播电视总台的"云听"客户端具有"听电视"的功能，开发了经典文史、财经经济、生活知识、文艺娱乐等类别的经典精品节目资源，诸如《诗词大会》《百家讲坛》《经典咏流传》等都可以通过音频的方式选择收听，既丰富了音频平台的内容构成，也具有稀缺和转化价值。第二，深化同行业不同地域电台之间的合作，创造新的音频内容互换模式，在协作生产和创作上探索新的可能。当前，国内几家广播电台推出的音频客户端大都进行了一定的同业合作，整合了全国各地的广播频率和节目呈现在客户端上，特别是上海人民广播电台的阿基米德 FM 从一推出就致力于打造广播新媒体生态圈，探索"强场景，窄人群，聚服务"的广播转型路径，短短两年时间聚合了

[①] 参见《喜马拉雅：成为数亿用户生活的一部分，嵌入各种应用场景》，《财经杂货铺》，https: // baijiahao. baidu. com/s? id = 1699180869781831711&wfr = spider&for = pc，2021年8月1日。

湖北、辽宁、贵州、江西、广西等地的百余个省市电台签约入驻，阿基米德FM打破宽泛的聚合频率直播流的形式，突出节目的主体地位，为入驻的节目建立专属社区，提供社区管理、数据支持等服务。但是，大部分的广播媒体创办的音频客户端仅仅是按地域聚合直播流，其价值有多大，值得市场评估，建议在同业合作的思路和方式上大胆创新，发挥不同地域广播资源的协作潜力，共同面向互联网平台，创作新的音频内容，体现广播行业的整体实力。第三，挖掘广播媒体聚集的行业、政府、专家等资源优势，尝试进行音频IP的孵化和培育，推出体现主流媒体专业品质的音频节目。在多年运行过程中，广播媒体立足本地市场，以报道、节目等为单元，积累了丰富的行业资源，与政府部门、社会组织建立了广泛深入的合作关系，同时更挖掘了不同领域的专家资源，改变传统的内容生产思路，借鉴互联网平台的共享、开放思维，通过一定的设计、策划，培育广播媒体出品的音频IP。第四，广播媒体如何激发用户、听众的创造能力，发动更广泛的社会力量、大众力量参加到内容创作传播中来，也是值得深入探索的课题。要跳出简单的"互动"，学习商业互联网平台的运维模式，提供一定的条件、工具和机制，引导广播的忠实听众、潜在听众参与到新型音频内容的创作中来，成为"种子用户"，发挥其创新、创意能力，助力音频内容生产的扩容。

二 面向不同对象，探索内容定制

所谓"内容定制"，是指结合目标对象的特点或需求方的诉求，围绕媒体内容的属性、特点、价值，进行特定内容的开发制作。除了常规内容的生产外，广播媒体还可以通过融通资源的方式，面向社会和市场，开展音频内容定制服务。

首先，可以面向不同的行业，提供以声音为特色的内容定制服务，包括企业声音形象宣传片、企业声音标识甚至品牌故事，发挥电台的创意资源和制作优势，通过社会推广和项目运作，开发不同行业的音频内容创作需求，可以是纯粹的音频内容，也可以是其他媒介内容的辅助配音。目前在音频市场上，不少内容创业者在相关机构的运作下，为社会组织、商业机构开展各种形式的个性化定制服务，广播电台也可以发挥自身的专业优势，深入研究不同行业的音频内容定制需求，开展相关的试点运作。

其次，针对日益高涨的政务宣传需要，为相关政府部门、事业单位提供相应的音频内容定制服务。随着国家推进社会治理现代化的深入，交通出行、人力社保、文化旅游、住房保障、健康医疗、环境气象、教育考试等各个领域都存在着加强公共传播、深化对话交流、提高民众认识的需要，广播媒体可以研究政务传播的需求、特点和机会，通过与相关部门的协作，打造新型音频节目。例如北京新闻广播与北京市人力资源社会保障局常年推出《人力社保小课堂》栏目，将相对枯燥的社保理论和政策以短小、通俗、易懂的方式予以传播，起到了很好的传播效果。北京交通广播与北京市相关部门合作推出《治堵大家谈》系列节目，邀请交通专家、人大代表、相关部门负责人等担任节目嘉宾，也积极从市民中招募"治堵观察员"做客直播间，交流讨论重点、难点、热点问题，为北京的治堵、疏堵提供了有效参考意见，起到了定制内容应有的效果。

最后，可以面向平面媒体、互联网媒体、自媒体等，通过资源置换、战略合作等形式，提供音频内容定制服务。当前，相当多的平面媒体、出版机构、网络机构寻求多介质发展，希望将既有的文字报道、作品、观点等以音频的形式输入相关平台上，而由于缺乏音频领域的专业经验，相关内容的制作水平不是很高，制约着传播效果，广播媒体可以通过异业合作的方式开拓更多的音频内容的定制服务。另外，一些其他社会组织和个人也会出于各种需要具有音频制作和传播的需求，可以尝试开设不同类型、细分化的垂直类定制服务。

第五章　广告营销：固本开源，拓展盈利空间

随着移动互联网时代的到来，不仅宏观层面的市场经济结构发生改变，微观层面的企业营销推广方式也不断变革。广播媒体只有通过经营理念和手法的不断创新，才能回应市场对于新的广告传播模式的要求。未来一段时间，广告仍将是媒体创收的重要来源，在扩展传播平台、重构内容生产的基础上，广播媒体需要遵循市场规律，以用户和市场为导向，进行经营模式和营销策略的调整。对外，主动研判市场，洞察消费趋势，不断挖掘新兴行业的广告投放潜力；对内，深化资源整合，创新广告产品供给，建立扁平化的全媒体整合营销中心，探索活动营销，尝试内容营销、互动营销，结合不同传播平台的特性，为客户提供更多的选择，从而也为广播广告谋求增量创造空间。

第一节　研判市场需求，优化客户来源

当前，在全球经济增速放缓的背景下，中国经济正处在结构调整、转型升级的关键阶段，市场风险点增多，各行各业的投资趋于谨慎。而移动互联网的崛起，使企业的营销路径急速扩张，媒体投放预算发生分流，传播诉求和投放方式也发生着巨大变化。在全新的营销环境和传播格局中，要想争取有限的客户预算，需要深入洞察营销需求的变化，稳定老客户，开拓新客户，并切实提升客户服务的水平。

一　洞悉营销趋势，把握市场变化

受多方面因素影响，营销市场发生了巨大的变化，主要体现在四个方面。

一是企业广告投放日趋谨慎，广告花费显著下降。CTR媒介智讯的调查显示，受经济环境和新冠肺炎疫情的影响，广告主对整体经济市场的信心有所波动，中国广告市场进入调整期，2019年中国广告市场的刊例收入整体下滑，其中广播广告刊例收入减少13.50%，广告时长减少19.00%，而疫情发生后整个广告市场出现应激反应，2020年中国广告刊例花费同比下降11.60%，其中广播广告刊例花费出现更大幅度的下滑，达到了19.90%，广告时长也相应减少24.20%。[①] 从具体的营业额来看，广播广告经营额停止了长达30多年的增长趋势，连续几年呈现波动下滑的态势，金融、房地产、电信、汽车保险等原有的支柱性行业的广播广告投放明显减少，拉低了行业的广告收入水平。

二是广告主对广告回报的心理预期加大，更加关注转化率和效果。互联网催生了广告效果的可衡量，驱动广告客户的结果导向意识增强，广告主对广告的到达率、转化率、销售增长率和新增签单量等一系列指标的数据要求更为苛刻，迫使广播广告由时段营销逐渐向数据营销和效果营销转变。在对全国多地电台的调研中，经营部门普遍反映当前的广告主营销需求虽各不相同，但却有着两大共性：首先，多数广告主抱有"最低投放最大传播"的想法，希望以最低的成本投入来获得较大的传播效果，突出表现为此前的广告投放多为品牌广告的额度投入，但是现在客户在投放广告时很少有单一的、直接的硬广投放，投放费用时一般要求附带线下活动的配套，甚至对传播转化率有明确的指标要求；其次，客户在投放广告时大都有"一次投放多

---

① 参见CTR《2020年中国广告市场回顾》，http://www.199it.com/archives/1212757.html，2021年8月11日。

次传播"的诉求，希望借助广播的多方位资源支撑，通过一次的营销投入带来二次、三次甚至病毒式的连环传播，最好是附带创意性的活动、传播性的话题等。广告主在有限的广告费中增加了促销类广告与活动的比例，减少了品牌广告的投放，更多地希望借助人气的聚集实现购买率的提升，真正促进商品的销售。进一步释放广播对听众的号召力，强化集客能力，将是广播应对新的市场需要做的基础性工作。

三是除了基础的广告投放外，广告主更加期待个性化的、适合自身产品特点的整合营销方案。越是广告预算趋紧，企业越关注广告费用所能带来的实际价值，有限的费用需要通过整合营销方案实现价值最大化。所以，广告主对媒介价值的诉求不再局限于时间段或版面的购买，而是希望媒体能够针对本阶段的推广诉求，给出一整套的营销设计。比如新兴客户最初开始做品牌推广，主要投放形式首选广告，最好有一个定位契合、收听率高的广播栏目可以进行先期传播，其次如果有较好的新媒体平台，比如微信、客户端等，客户往往愿意跟进投放，形成多平台联动的局面，接下来客户会围绕其现阶段的需求提出一些活动要求。浙江交通之声的广告业务员表示："现在的客户甚至比我们还专业，在营销推广时，对营销目标、对象和阶段效果都有着十分清晰、完善的思考。我们给客户提供方案、做策划的一定是定制的，按需求来做的。"比如房地产行业，最初楼盘启动时，可能需要投放一些广播广告，客户会要求广告要体现差异化、个性化，比如与节目有较高契合度，接下来客户会希望有线下活动跟进，为其开盘仪式策划一些具有人气又有效果，最好能形成事件营销的创意活动。在激烈的市场竞争面前，全案提供能力成为谈判与合作的筹码。

四是传统广告产品不再受客户青睐，常规、标版、特约等常规广告形式在资源占用上出现下滑。在新的传播环境下，客户往往以整体解决方案为诉求，要求媒体为其定制策划宣传方案，包括线上广告、节目融合、主持人口播、新媒体呈现及地面推广活动等，强调整体营销效果，单一的常规广告很难再满足客户的宣传需求。

二 加强行业分析，辨清市场空间

行业研究是广告经营的根本，不研究市场就无法了解市场，不了解行业就无从谈经营，更实现不了创收的增长。目前，在广播媒体内部，相当多的精力被放在对收听端"听众"的钻研上，形成了一套完整的调研体系，却忽略了对市场端"客户"的分析和研究。广告经营管理部门大多负责与广告代理公司的协调，无暇或疏于对客户的追踪和观察，不利于对接市场、预知市场。广播经营要想取得大的突破，需要在市场研究、行业研究上下大功夫，实现广播传播特质与企业传播需求的无缝对接。

调研发现，受到传播渠道、目标人群、经济环境、营销环境等多种因素影响，媒体的广告行业结构开始发生变化，金融保险、电信、交通等传统支柱性行业在广播媒体的投放比例有缩减，而互联网产品、应用软件等新兴行业客户在电台的广告投放力度有所增强。CTR媒介智讯数据显示，互联网产品在电台的广告投入呈现上升趋势，在上海、北京等地，互联网行业的崛起一度填补了因传统行业投放锐减造成的广告损失，新媒体行业越来越成为广播广告的重要客户，2020年移动客户端应用软件及服务在广播媒体的广告刊例花费同比增长51.10%[1]，药品和生活用品在广播媒体的广告花费增投也比较明显，例如风湿及骨病药、食用油、零食糖果等在居家防疫期间的增投最为显著。

研究新的市场态势，增强对企业营销传播走势的分析，有助于及时追踪不同行业大、中、小等各种类型企业的营销动态，对传播需求进行分类研究，并用以指导市场开发。中央人民广播电台成立了专注于行业研究的多个业务事业部，深入研究不同行业的发展现状和营销规律，分析广告客户的全媒体投放形态，挖掘广播在客户全媒体投放中的价值贡献，提出具备专业性、贴近性并能有效实现效果转化的客

---

[1] 参见CTR《2020年中国广告市场回顾》，http://www.199it.com/archives/1212757.html，2021年8月11日。

户需求解决方案，凸显了国家媒体的传播价值。2020年，北京广播电视台广告管理部下设战略发展研究部门，开展系统的广告数据分析及营销传播趋势研究，关注最新的国内外广告行业动态，为广告经营工作的开展提供了有力支持。

三 适应形势变化，开发新的客户群体

传统主流客户的预算分流趋势增强，对广告经营形成了一定的压力，但是新的传播需求、客户群体也不断涌现。在对营销需求整体态势、行业变化情况进行掌握的基础上，广播媒体可以加快对外埠市场、政务资源及新兴市场的开发。

一直以来广播媒体是地域性媒体的典型代表，以本地客户居多，但是营销趋势的变化，使得很多广告主也有跨区域传播的需求，希望通过各种方式打开外地市场，广播媒体可以借此机遇积极发展外埠客户。以南京为例，中央电台、江苏省台、南京市台三级电台同时落地，形成了三十多套广播频率相互竞争的局面。面对激烈的市场竞争，江苏人民广播电台决定走出南京、走出江苏，寻求增量，开辟"蓝海"，实施外埠市场拓展策略。[①] 他们首先对外地市场进行充分的调查研究，对其他省台广告投放量排在前二十的企业和品牌客户进行分析研判，并展开对这些客户的针对性营销，积极向它们推介江苏省级广播媒体的宣传优势，吸引这些实力客户到南京市场投放广告。与此同时，积极对接各地商业集团、特色小镇，研究宣传需求，为其量身定制营销方案。还深入挖掘外省外埠广播电台的广告代理公司，主动向他们推介江苏广播的优质资源。尤为重要的是，江苏人民广播电台加大了线下营销力度，根据客户规模和类型的不同，有针对性地在外地召开资源推介会。一系列举措的推出不仅助推了获得广告增量，也在一定程度上推广了电台的品牌，打开了外地市场。

---

① 参见李晓丹等《广播广告营销策略创新简析——以江苏广播整合营销为例》，《中国广播》2019年第3期。

开发政务市场，提供政务服务，也是可供开拓的市场方向。主流媒体通过与各级政府机构、社会机构、企事业单位的合作，直接或间接沉淀了大量社会资源，媒体成为链接资源尤其是政府资源的重要入口，也是信任度高且资源变现力强的入口。[1] 新时代地方政务服务市场成为广播的新增量，在一些地方，政务服务能占到广播电台创收的20.00%以上。[2] 在媒体融合背景下，广播媒体应强化错位竞争、差异化竞争的意识，发挥公信力优势，在权威资源的整合方面发挥潜力，通过强化与政府部门的合作，开拓政务资源。政务服务的提供方式灵活多样，例如提供喜闻乐见的广告宣传，包括公益广告、宣传语和合办栏目冠名；开展个性化的内容定制，根据政府部门的宣传需求，提供不同风格、不同长度的节目、专栏；开展专业的政务活动承接服务等，打造具有知名度、影响力、美誉度的特色活动等。

广播媒体还可以挖掘小微企业、创新平台、自媒体等的营销需求，加大对长尾市场的开发力度。同其他传统媒体一样，广播媒体此前的盈利模式建立在"帕累托定律"之上，即关注重点客户、优势行业，将大部分精力用于大客户的开发与维系，以20.00%的大客户稳固将近80.00%的收入基本面，但规模不大、资金有限的中小客户因为利润较低而往往被忽略。新媒体的发展颠覆了传统经营的思路，当网络技术把星星点点的小客户需求串联起来成为巨大的有利可图的市场时，原来被忽略不计的众多而分散的80.00%的"长尾"将成为重要的经营资源，比如对于非黄金时期、非黄金时段的开发，对于各种新媒体资源的整合利用，基于小众市场的节目、新媒体、广告、活动等个性化定制营销方案的提供等。在经济新常态中，来自小微企业的营销诉求开始增加，广播媒体能够以较好的性价比推出面向小微企业的广告产品并从中获利，如北京人民广播电台开发的"公益广告套餐""小微企业套餐"等产品，年创收超过600万元。[3] 另外，还可以加大力度开发餐

---

[1] 参见涂有权《新时代广播发展的可能"画像"》，《中国广播》2019年第2期。
[2] 参见方乐《2018年中国广播广告市场盘点》，《中国广播》2019年第2期。
[3] 参见方乐《2018年中国广播广告市场盘点》，《中国广播》2019年第2期。

饮、金融、电子商务等受季节变化影响较弱的行业，争取锁定长期合同，减少销售波动。充分发挥广播的权威性、灵活性和互动性，积极挖掘上述行业的新型广告客户，通过量身定制的个性化传播方案，满足企业的营销诉求，同时为节目生产和广告运营增添新的创意元素。

四 增强服务意识，提高客户服务水平

赢得市场除了要把握需求、发现需求外，还应该主动挖掘需求、创造需求。客户服务是广告经营的重点工作，服务水平的高低和质量决定了客户关系能否维系甚至提升。客户服务是媒体经营的核心功能之一，有必要跟随客户需求的发展变化，将客户服务从售后沟通向售前、售中的全环节扩展。

"日本经营之圣"稻盛和夫认为"利己则生，利他则久"，唯有利他才能利己，这种观点也适用于传统媒体的广告经营。广告经营要实现转型，离不开"同理心"的建立，只有站在企业、品牌的角度思考其诉求的根本，深入了解其所在行业、面临的竞争、广告的目的，才能提供具有吸引力的营销方案。良好的服务始于了解客户及其需求，主动学习行业知识，走访目标企业，根据对客户的了解，完善自身的产品和服务，力争在"利他"中实现"利己"。近年来，北京人民广播电台、黑龙江人民广播电台等省级电台改革广告经营部门的运营流程，设置全媒体运营的专业团队，配备全案策略、数据分析、音视频制作、平面设计、活动执行、行业经理、新媒体运营等岗位，为客户提供尽可能全面的服务，特别是黑龙江人民广播电台提出了"声音、视觉、互动"在内的立体化传播模型，力争通过多种方式为客户提供多个维度服务，帮助品牌的树立与传递，提升消费者对品牌的信任度，为此定期组织相关培训，学习"尼尔森大卖场营销""消费者神经科学"等前沿课程[1]，提高客户服务人员的营销、服务意识，得到了市场的认可。

---

[1] 参见梁玉新《广播广告的智库营销时代——广播广告经营进化论》，《中国广播》2019年第3期。

第二节　优化资源配置，探求动态效益

在市场进入调整期的过程中，媒体会面临较大的经营压力，但这也为一些问题的梳理和解决提供了窗口期，新的机遇亦在酝酿和产生。对广播而言，无论市场如何变化，最根本的是通过学习、借鉴等多种方式，提高核心资源运营能力，推进自身市场化建设，提升商业竞争力，加速经营改革转型。应增强对各类媒体资源的调配能力，不断以市场需求为导向，探索合理的经营建制，寻求社会效益与经济效益的统一。

一　统分结合，激发经营活力

广播媒体自推行专业化改革以来，在内部形成了"总台+系列频率"的组织体系，在这样的架构下，广播广告经营机制经历了"合久必分，分久必合"的迂回上升过程。从最初的"全台统一经营"到"频率负责制"的分散经营，"统"到"分"的机制调整一度适应了竞争的需要，激发了经营活力，但当市场发展到一定阶段之后，对于规模及整合效应的诉求，又使"合"成为新的趋势，如此循环往复。面对全新的市场格局，是统一经营发挥合力和还是分频经营激发活力，各地电台不断寻找适合自身的经营范式。

一是从"合"转向"分"，即从统一经营走向分散经营，以黑龙江人民广播电台为代表。黑龙江人民广播电台经历了"全员皆兵式"和分频率分行业代理的分散经营模式，于2010年提出"广告经营一盘棋"的理念，成立了经营中心，负责全台广告资源的开发与经营。经过几年的运转后，随着广告内容化趋势的增强，营销越来越依赖节目的配合，2018年黑龙江人民广播电台再次调整经营模式，实行分频经营、统一管理，频率成为广告经营的责任主体[①]，广告中心只负

[①] 参见兰之馨《黑龙江广播打造超级IP活动，打造3.0智库营销时代》，《中国广播影视》2018年第14期。

责统筹全台级别、跨频率的活动和广告。

二是从"分"到"合",加强资源整合集中经营的力度,以中央人民广播电台为代表。中央人民广播电台自 2009 年起对广告资源进行盘点,形成了 12 套频率 3 个经营主体的模式,广告中心负责中国之声、文艺之声、华夏之声等 6 套频率,央广都市公司负责都市之声、老年之声、娱乐广播等 4 套北京本地广播频率的广告经营,音乐之声则由北京环球七福广告公司全权代理经营。2017 年以来中央人民广播电台加快资源整合的步伐,将北京地区的文艺之声和经典音乐广播纳入统一经营范畴,2018 年又将对外承包多年的音乐之声的广告经营权收归,由广告经营中心统一经营。至此,中央人民广播电台覆盖全国的三大主频率均进入统一经营范畴,集中经营的力度更大,整合资源的力度空前。

也有一些电台在经历从分散经营到统一经营的尝试后,允许部分广告业务分散经营,实行统分结合的经营机制,比如江苏人民广播电台、上海人民广播电台。江苏人民广播电台于 2007 年统一广告经营,经过几年的实践探索,对经营机制进行过几次调整,形成了广告中心和生活广播部两类经营主体。上海人民广播电台在经历过分频经营、统一经营后,实行统分结合的经营机制,在广告中心统一经营的基础上,允许部分行业和部分频率的分散经营。

中心制的广告统一经营和以频率为单位的分散经营各有优劣,往往统起来"两张皮",分开来恶性竞争。针对新的形势,广播要在统一经营与分散经营中间寻找平衡点,优化统分结合的双层经营体制,制定宜统则统、宜分则分、统分结合的经营策略。对重点客户、大客户及有特殊需求的客户施行全台化营销,统一创意、策划、执行,实现广告主与媒体资源的无缝对接,确保战略客户的存量,同时也应适应市场形势的发展不断寻求新的客户增量。各经营主体可以结合自身定位、节目特点实施差异化的营销策略,力争更广泛、更灵活地开发更多的行业与资源。

二 权衡"自营"与"代理",强化主导地位

广播广告的发展过程既是广播媒体不断增强竞争意识、按市场经济规律办事的过程,也是不断引入社会力量进行市场开发的过程。广告代理制度自 1994 年引入我国广播业以来,逐渐被各地电台认识、接受并在全国范围内得到应用。广告代理制的引入使广告经营的市场化程度不断提高,代理公司的参与提高了市场开发的速度和效率,推动了广播广告市场的扩大。但是,正如事物都有两面性一样,长期推行代理制也带来了一些问题,其中最为显著的是一些全面推行代理制的电台,由于自身的营销队伍基本退出一线经营,大量工作以流水化后台作业为主,客户开拓和维系能力减弱。[①] 近些年来,在创收压力不断增大的情况下,部分电台开始调整经营战略,在发展渠道力量、实行代理机制的基础上,强化自身的经营意识和服务水平,探索自营与代理之间的平衡。

北京人民广播电台曾经推行"统一经营、行业代理"的经营方针,这一举措大大提升了经营管理的统筹能力,激活了极富潜力的广播广告市场,不仅使北京人民广播电台成为全国第一家广告创收过亿的广播媒体,并且曾长期保持广播媒体创收全国第一的排名。然而随着市场的不断发展,行业代理制导致的经营主导权弱化、统一经营形成的节目和广告"两张皮"等问题不断显现,成为这一机制下的发展短板。面对困境,北京人民广播电台着手优化广告经营的顶层设计,对广告经营部门的职能进行重新梳理与定位,适当提升经营主导权与对接客户的能力,通过设立专门的客户服务部、培养广告专员的方式,对接内外资源,提升客户服务水平,进行广告经营的市场化转型。

从中短期看,依靠承包公司经营广告,风险小、收入可靠、经营成本低,但长此以往会导致电台失去销售力并丧失与承包商的议价权

---

① 参见王春美《广播广告经营嬗变:动因、表现及趋向》,《新闻战线》2015 年第 1 期。

利。在市场下行的环境下,代理商和承包商必然会纷纷离场,电台应加速自身营销团队的建设和销售力的培养。广东人民广播电台于2015年前后采用整频率代理制,旗下大部分频率均整频交由广告公司代理,随着市场情况的变化,自2017年起调整经营政策,除三个频率实行代理制外,以珠江经济台为首的其他频率恢复自营。2018年,珠江经济台制定了"广播融媒体发展与经营规划纲要"计划[①],与多个行业协会建立品牌战略合作伙伴关系,开发、延展品牌的社会与市场价值。上海人民广播电台、江苏人民广播电台实行自营与代理相结合的经营方式,实行部分行业、部分频率的代理经营。中央人民广播电台在加强自身营销团队建设的基础上,开辟代理新模式,加强新客户的引进与开发,形成了核心代理、项目集群代理、区域代理和行业代理的多元化代理渠道,新代理公司占比超过45.00%[②],推动了新市场和新客户的开发和引入。

三 强化渠道建设,淘汰落后产能

渠道建设是广告经营必不可少的一个环节,它不但能摆脱自有经营的效率低、速度慢的问题,借助市场化公司的力量快速拓展业务规模,还能够在一定程度上缓解经营压力,规避经营风险。以百度为代表的互联网企业,都曾面临销售力量不足制约广告客户增长的经营难题,进而走上了拓展渠道代理商的道路,快速推动了网络广告的做大做强。

适应形势变化,调整代理渠道,改进合作模式,探索与渠道服务商的双赢机制,是广播媒体广告经营改革转型的重要方面。在有些电台内部,通过建立广告代理公司的评级授信制度,把合作的公司进行分级分类管理,例如扎根于本地市场、着力本地客户开发的区域小型

---

① 参见广东电台《媒体转型,珠江发力》,https://mp.weixin.qq.com/s/FtqN15Ak-CaUlVWGg3SXVFg,2019年3月1日。
② 参见央广广告《2017年央广广告大盘点》,https://mp.weixin.qq.com/s/1dbHsYLotP3Pc2YvoUdJtQ,2019年3月1日。

公司是长期合作的代理公司，它们虽然体量不大，但是对当地市场十分熟悉，在本地客户的开发上具有十分重要的作用，特别是深耕某个行业的代理公司，往往具有较强的客户维系能力；跨区域的大型广告公司，例如全国性的广播广告公司和4A广告公司，其在全国性广告客户的开拓上具有一定实力；还有一类是侧重业务落地的实践性公司，例如创意制作类公司、技术支持类公司、数据服务公司等，这些公司在广播广告业务的某个领域具有专长，也可以加深合作，发挥其专业化优势。在对渠道服务公司的选择上，应秉持与时俱进、优胜劣汰的机制，协调好代理公司、合作机构、各专业频率与各栏目之间的关系，鼓励和引导节目生产、活动营销与广告经营的有机结合，确保营销渠道畅通。

四 探索公司化经营，增强市场能力

进一步优化资源配置，需要市场手段来调节。对于广播媒体来说，为了更好地发挥市场作用，需要按照市场的规则进行运营管理的优化，广告资源的公司化经营是值得探索的方面。公司化经营的目标是将可以经营的资源从事业体制中剥离出来，通过企业化管理，提高经营效率，培育参与市场竞争的能力。目前，国内广播电视机构的广告经营机制各不相同，多数采取体制内设立广告部门同时设立产业公司协助广告业务的代理与开发的模式，但是这些产业公司多是单一依赖于来自母体的广告业务，没有真正面向市场开展更为广泛的广告或相关业务。为了提高广告经营的效率与市场开发的专业化水平，广播电视机构有必要就广告经营的机制进行进一步研究。

中央人民广播电台曾经转变广告经营模式，将所有广告业务从事业体制中剥离出来，授权旗下的央广传媒发展总公司代理经营。为了增强该公司的市场竞争力，将已开播的数字音频广播频道及数字音频广播节目的经营开发权，以及有线数字付费电视、手机电视的节目制作、经营业务均授予央广传媒发展总公司，使其具备了经营开发的资源基础。广告资源的公司化经营有助于降低事业运营的成本，同时可以在坚守社会效益的前提下增强面向市场创造经济效益的能力，特别是在媒体融合不断深入、广电资源正在深度整合的前提下，可以通过新的营销产品的开发、营销策略的升级带动广告空间的拓展。

五 重构业务流程，提高经营效率

在理顺内外关系的基础上，对既有的业务流程进行改造和升级，使其适应内外需求的变化，也是十分重要的工作。新的业务模式应该建立在以市场为导向、以消费者为中心的基础之上，致力于建立融合广播与新媒体渠道、综合广告与多种营销手段相结合的新型业务流程，探求广告业务的经营效率的提升。通过业务群组的梳理重建，使广告经营不单停留在单纯销售时间资源的逻辑上，而是能够为客户提供品牌塑造、品牌传播甚至品牌研究、价值评估的高品质传播服务，改变短效的"一锤子买卖"，建立长期、稳定的合作关系。

广告经营的转型既包括内部管理系统的革新，也包括广告业务流程的调整。内部管理系统的创新可以从革新工作理念入手，通过提升基础工作的效力，逐步构建更具主动性、市场性的广播广告经营体系：一是从流水化作业向信息化作业转变，通过升级广告管理系统，实现广告录入、核算、下单的流程化、网络化，加强信息的实时统算和过滤功能，提高广告经营数据信息采集分析能力和市场把控力，做到能够动态把握广告投放的起伏变化，从中发掘有价值的现象或趋势；二是从简单的吸引客户投放广告向为客户提供营销解决方案转变，通过开展专业化的市场调查和行业分析，为客户提供传播服务、咨询服务，最终提出更符合企业需求的营销传播方案，建立新型的客户服务体系；三是从传统的广告产品向融媒体营销产品转变，创新目前单一的以售卖频率时间资源为主的传统广播广告产品，综合运用自有音频平台及其他新媒体渠道，采用新的音频和数据技术，提供全新的音频广告产品、活动产品及内容营销、互动营销产品,带动广播与其他资源的整合发展。

理顺工作流程,提高运转效率,既是提升广告经营水平的根本保证,也是推动其他环节创新的必要条件。传统媒体的广告业务流程大都按照签约、下单、提交素材、审核、上载、刊播这样的单向线性流程进行。面向新的市场环境和传播环境,需要建立新的广告业务流程,搭建统一策划、一次采集、多层次生成、融媒传播的广告发布体系,与之配套的协调机制、技术标准、规章制度等也需重新建立。可以从三个方面进行广告营销体系的规划(见表5-1)。在产品开发层面,系统梳理广播媒体的频率资源、节目资源、主持人资源等,综合社交媒体、网站、客户端等自有和第三方的新媒体资源,并整合活动、事件等线下资源,从中挖掘适配不同行业、不同客户营销需求的融媒体广告产品。在客户开拓方面,产品推广应建立在营销需求的洞察之上,既能让对方了解可供选择的投放方案和具体产品,也能够提出满足其营销诉求、促进其产品销售或拉动其品牌知名度的解决方案,找到双方需求的契合点所在。市场服务是广告营销体系的基石,从客户的实际需求出发,为客户提供真正有价值的服务,不仅包括量化的数据分析和效果验证,更包括专业化的品牌塑造及实实在在的商务拓展助推。

以某家省级广播媒体为例,经过对广告营销体系的重新规划,广告经营部门的组织架构得以重新调整,立足于广播与电视的合并、融媒体发展的需要,下设资源开发部、客户服务部、营销企划部等核心部门。资源开发部致力于传统广播电视与新媒体营销资源的全面挖掘与整合,设计开发新型广告产品;客户服务部强化对市场需求的洞察与各行业客户的开发维系,研发服务产品,确立服务体系,提升客户的获得感与认同感;营销企划部全面深耕活动营销、内容营销、互动营销,通过对互联网产品的学习揣摩,提高传统广播广告营销的附加值。在这样的改变之下,广告经营的业务流程得以重新梳理,营销效率与合力大为提升。

表 5–1　　　　　　　广告营销体系的规划表

主要内容	业务构成
广播（频率、节目、主持人等）	产品开发
新媒体（社交媒体、网站、客户端等）	
线下（活动、事件等）	
需求洞察	客户开拓
产品推广	
数据分析	市场服务
品牌塑造	
商务拓展	

第三节　挖掘经营潜能，转变营销模式

随着单一的广告时段价值的滑落，广告经营必然从纯粹的时段售卖转向各类营销资源的整合经营。营销资源的整合不仅包括深入挖掘黄金时段的传播价值，更要加大对弱周期、弱时段的资源开发，增强对重点事件、重大时点的价值开发，重视节目及主持人品牌效应的开发，等等，将各类不同特性的资源进行组合，向有着不同需求的潜在客户售卖。另外，在众声喧哗的新媒体时代，广播还需要增强自我传播的意识，借助行业论坛、产品推介会等形式，加强面向客户和行业的营销推广，建立完善的培训引导体系，让企业有机会了解新的营销产品和使用方法，从而拉动广告投放的动力。

一　向内挖潜，发掘传播价值增长点

广播广告增长乏力固然有新媒体强势挤压、监管政策收紧、经济结构调整、市场竞争加剧的原因，但同时也不排除电台内部自身存在的问题对广告造成了不利影响。突出表现在：很多电台不能一以贯之地打造节目品质和品牌，追求短期利益超过长期利益，比如主动放弃非黄金时段，一天中对早晚高峰的重视超过午间和晚间，一年中对工

作日节目的重视远超周末和节假日,节目质量不稳定,还有一些电台在经营压力下,盲目加大医疗专题节目的时段,使收听品质受到影响,形成了主动驱离用户的内部因素,由此造成了传播价值的贬值。当下,有必要深入挖掘非饱和时段的经营潜力,加强对非工作日时间、非黄金时段资源价值的开发,充分利用重大报道、重要节日、重大活动等机会挖掘广告创收的增长点,通过整合各类媒体资源,为客户提供融媒体传播服务。

首先,加强对非工作日时间的开发。双休日和节假日的时间加起来占到一年的1/3,非常宝贵。电视媒体正是利用无数的周末节目和假期档制造了一个个收视热点和高峰。广播媒体有必要强化"全年全天候"的播出理念,重视非工作日时间,研究双休日、节假日人们的生活特征和媒介消费需求,推出高质量的周末节目和节假日节目,以此拓展广告承载的容量。

其次,重新审视非黄金时段的资源价值。对传统广播而言,早间和傍晚往往是一天中的收听高峰时段,一天24个小时呈现明显的波峰与波谷分布,但是对于网络音频产品而言,午间、深夜至凌晨时段等传统广播的"非黄金时段"恰恰是黄金时段。研究自有音频音频、第三方合作渠道的新媒体传播特征,使之与传统广播的频率传播形成互相刺激、带动的作用,将起到激活沉睡时段、开发剩余价值的作用。特别是增强重大事件、重要节日、重大活动的快速反应能力,发挥专业优势,挖掘现象背后的关联,找到大众关心、社会关注的切入点,开发新的广告形式和项目,将能使传统广播与新媒体渠道形成有效的传播互补,既探究问题又扩大影响。

最后,聚集开发节目和主持人的品牌效应,挖掘创收增长点。相关研究表明,在我国部分地区,一档节目的时段贡献率能达到整套频率的54.74%[1],以黑龙江人民广播电台的《叶文有话要说》节目为

---

[1] 参见王春美《广播转型:创造新的内容消费模式》,《中国记者》2014年第11期。

例，该节目自2005年创办以来，集新闻性、思辨性、参与性于一体，主持人以其睿智辛辣、快言快语的风格，受到听众的喜爱，收听率高居当地收听市场的前位，被外地多家电台购买，取得了显著的社会效益、品牌效益和经济效益。在全新的传播环境中，优秀主持人和节目无疑具有更高的辨识度，一档强势王牌节目往往能支撑、拉动一套频率的成长。传统广播需要学习和借鉴成功经验，加大对优质节目和主持人的培养力度，以节目和主持人为核心，打造一个个广播品牌，以强势品牌带动弱势时段，提升传播价值。

新媒体手段的应用往往能够发挥多平台一体化的传播优势，催生新的广告形式与投放空间。湖北楚天交通广播把广播节目的社会影响力和商业运作的市场化方式相结合，推动节目研发与市场接轨，其旗下的《逛街》节目采取"线上广播＋直播间视频＋场外视频＋直播连线"的方式，实地探访消费场景，向用户推介时尚潮流动态，将商业资讯巧妙融入内容设计当中，打造出可听性强、影响力大的互动服务类节目，以此拉动了新兴广告渠道的拓展，实现了社会效益与经济效益的双赢。

二　对外推介，积极宣传优势资源

经营潜能的激发还有赖于营销推广力度的增强。面对新的竞争环境，如果不深入市场就难以开拓市场，如果不及时发声就会造成信息流通的不畅，影响客户对平台价值的了解。近年来，我国各级广播电台改变既往单向的广告招标会形式，积极通过大型推广会、小型沟通会、一对一洽谈等多种形式，深入地方、走进企业，加强资源推介和品牌推广。

作为国家级广播媒体的中央人民广播电台迈开步伐，在深度整合市场资源、加强宣传推广方面开展了积极尝试。2017年，其以"中国品牌集结行动"为主题，相继在厦门、上海、成都、广州、乌鲁木齐、武汉、大连、杭州等13个城市举办资源推介会和行业研讨会，受到社会各界高度关注。这是中央人民广播电台首次发起的全国范围内的资源推介活动,每场活动前期都会在相关城市进行大范围的地面推广和线上宣传,对中央人民广播电台资源进行全方位、立体化传播,形成了前所未有的品牌传播效应。数场活动下来,多地多个行业协会、当地媒体成为战略合作伙伴,以吉林森工集团、黄山小罐茶业为代表的多个企业成为中央人民广播电台的合作品牌,武汉道森、大连盛维、杭州甘盛等公司则成为区域广告代理商。在此之后,中央人民广播电台借势先行,于当年9月就举办了以"蝶变"为主题的下一年度大型资源推介会,在全国广播电台中行动最早,抢占先机。在以上基础上,中央人民广播电台2018年又推出"中国品牌联盟"战略,启动了年度大型主题推介活动,在山东、湖北、湖南、上海等地先后举办中国品牌联盟峰会,积极问访各地代表性行业与企业,了解企业生产动向,加深与当地企业的沟通交流,深化战略合作。

在中央人民广播电台的带动下,地方电台也加快了资源推介的步伐。北京、上海、江苏、重庆、山西、郑州、浙江等地的电台或频率近年连续举办广播资源推介会,以新颖的形式向客户、渠道公司、代理公司等社会各界展示电台资源和营销计划。全国广播的行业资源聚合力度也前所未有,2017年11月中国广播广告资源联合推介会在武汉举办,来自全国各地的电台同行、企业客户进行广泛、深入的沟通。借鉴中央人民广播电台的经验,以黑龙江人民广播电台为代表的其他电台,也于2018年开启了全国市场的推介活动,在广州、上海等地进行品牌推介。

三 整合营销,改变单纯的时间销售

"整合营销"是以消费者为核心的传播理念,它强调通过信息内容、传播工具、传播要素等的整合,将各个独立的营销环节综合成一个整体,使不同传播方式产生协同效应,以最小的成本获得最好的效果,创造最大的价值。由单一的销售时段资源向整合营销转变,广播媒体需要策划、渠道、机制、手段等方面的协力改造。

策划是指遵循一定的规则或采用某些方法,在充分调研关联环境

的前提下，对客户的宣传活动进行系统、周密、科学的计划和安排，并形成可行性方案的过程，其目的是达成传播目标，起到促销产品、塑造品牌或推广观念的作用。周全的广告策划能为营销目的的达成起到铺路和奠基的作用，策划能力的提升体现在打破固有的时间销售思维，把广告的投入产出比作核心衡量要素，挖掘企业营销诉求与目标消费者需求的契合点，能够为客户提供量身定做的实现消费行为有效转化的策划方案。厦门的"燕之屋"近年来持续在中央人民广播电台旗下的中国之声和经济之声投放，营销团队结合其产品不同阶段的营销目的，针对不同的人群提供不同的策划方案，以策划撬动创意，带动多渠道资源协力，使其广告投放真正实现了"小投入、大产出"，甚至出现了产品供不应求的情况，广告效果超出预期。江苏人民广播电台则组建跨部门的50人"企划带"，节目部门、广告部门、新媒体部门的人员一起，从与客户沟通开始，一起出谋划策，提出策划方案，撰写广告文本，通过出色的策划能力吸引客户增加广告投入。

突破单纯的硬性广告形式，整合多种传播渠道，为客户提供多元传播服务，是一种趋势和必然。广播媒体正走在打造新型主流媒体的关键阶段，除了调频、中波频率资源外，还拥有网站、微博、微信、音频客户端等传播平台，与社会上的其他各级各类媒体特别是商业网络平台也建立了长期、稳固的合作关系。相比单一的线上广播广告，新媒体平台的传播更具延展性，聚合传统平台的公信力优势与新媒体平台的延展性优势，更容易产生立体化的协同传播效应。

在整合渠道资源、放大传播效果的基础上，探索基于全媒体营销的流量分成，成为一种可能。江苏人民广播电台近年来展开效果营销的效益分成尝试，与客户约定销售流量达到基础目标后，共享超额分成。例如，在与浙江横店影视城的合作项目中，江苏人民广播电台通过周密策划与营销推广，快速召集到1400多名听众组团跨省旅游，单次广告与活动的创收超过300万元；在与江苏广电国旅的合作中，招募到110多名听众开展维也纳高端之旅，广告与活动的创收超过

200万元；还曾为中国人寿江苏分公司策划"为幸福加油"的融媒体活动，在短短两周内吸引到 12 万名新增客户①，可观的转化率促使客户从阶段性的投放试探转变成全年投放的忠实合作伙伴。类似的"旅游+流量""粉丝+流量"等分成产品已成为江苏人民广播电台广告营销创新的代表性案例，既有效推广了广播品牌及主持人、节目的知名度，也真正推动了传播价值的增值，实现了社会效益与经济效益的统一。

强化频率与频率之间、节目与营销、新媒体与广播之间的全方位联动，结合客户需求推出全新的整合营销方案，是多地电台正在努力的方向。2017 年，上海车展项目为上海人民广播电台创造了近 2000 万元的收入②，这与其充分调动资源、实现传播营销不无关系。车展期间，上海人民广播电台开通"动感 101""上海交通广播"和"LoveRadio"三大频率的早高峰口播时段，适时播报与车展相关的资讯，并为汽车厂商推出了专属"品牌日"活动，利用早晚高峰时段的《音乐早餐》《音乐万花筒》节目，结合新车卖点进行个性化的内容定制，同时利用新媒体渠道进行视频直播，为多渠道发酵提供鲜活素材，形成了线上与线下的有机联动，有力提升了传播效果。

四 优化广告定价，提升利润水平

广告定价是媒介经营管理的重要组成部分，关系着广播的利润水平。价值制定的偏高，会制约企业预算费用的投放；价格偏低，则直接影响创收水平。能否对广告产品进行科学定价，是媒体广告经营能力和市场能力的综合体现，特别是在融合发展逐渐深化、广告产品迭代加快、音频新媒体不断分食市场的情况下，音频广告的产品总量与价格受到关注。

根据经济学理论，商品的价格是由价值决定的，受供求关系影

---

① 参见李晓丹等《广播广告营销策略创新简析——以江苏广播整合营销为例》，《中国广播》2019 年第 3 期。

② 参见王春美《业态变革下广播广告经营的创新》，《青年记者》2019 年第 33 期。

响，价格围绕价值上下波动，由此广告产品的价格是由其为广告主创造的价值决定的，受到供求关系的影响。根据现有市场状况，广告主对于音频营销的需求有所释放，这从商业音频平台近年广告投放量的不断增加可以感知。就广播媒体而言，受到多种因素影响，部分传统行业、支柱性行业的广告投放有所分流，而新的市场需求尚未充分挖掘，造成了供给侧的竞争加剧。与日新月异的音频新媒体相比，广播媒体的地域化竞争格局已形成相对稳固的局面，频率数量、广告时段、广告产品难以出现根本性的变化，因而可供调整的价格空间取决于电台内部对于市场形势的整体判断。这就需要综合考虑竞争环境、自身利润及客户预期，开展竞品价格对标研究，利用竞品信息梳理锁定自己的价格区间；设定盈利目标，推算每条广告的"成本价"，从利润视角对广播广告价格评估和指导；还可以通过客户对价格反馈积累的信息，迭代演算价格成交模型，用大数据思路来指导定价。[①] 通过梳理和分析不同广告产品的价格，发现价格优化空间，引入系统化的价格制定和评审体系，在销售广告点位时，统筹安排资源，提升优质广告点位的销售水平。

五 在客户需求与平台价值间寻求平衡点

在激烈的市场竞争中，既要积极深入市场，挖掘和响应不同行业客户的营销需求，同时也应对平台优势和价值有着清晰认知，把握市场需求，建立自身的经营策略，坚守营销规则，最大限度发挥平台潜力。

某省级交通频率多年来坚持培养自己的业务员队伍，通过对当地市场的敏锐洞察，不断调整营销策略，保持与市场的深度对接，在广告经营上探索出了一套独特的价值判断体系和营销规则。针对客户多元化需求的日益增多，提出了两条基本原则。一是"没有播量一定不做活动"，即不做单纯的地面活动，除非事先有广播广告的投入。这

---

① 参见方乐《关于推进广播广告价格体系建设的思考》，《中国广播》2016年第10期。

一点建立在对发扬媒体特性、坚守广播主业的认识基础上，不贪图短期、眼前利益，寻求客户品牌传播与平台价值属性的结合。二是"影响线上一定不做新媒体"，亦即对传统广播平台与新媒体关系的处理上，保持协同。如果新媒体的投放对主流平台造成了冲击，则会优先考虑维护主平台的地位，不能因小失大。他们认为"不能漠视市场的需求，远离了市场客户自然会远去，但是也不能无底线、无原则，这里面有一个'度'的把握"。

第四节　创新广告产品，提升销售收益

产品既是营销的载体，也是营销的核心和基石。对电台而言，产品创新对提高广告销售收入起到了重要的推动作用。一款贴合营销诉求特性的个性化广告产品，能使其与众多的普通插播广告区别开来，最大限度地发挥广播媒体的特性，达到最佳的广告效果。随着市场的发展，广播的客户结构发生变化，以新媒体企业为代表的新兴客户日渐增多，它们与传统企业的传播诉求有很大差别。为了满足市场需求，有必要分析现有不同广告产品的收益，通过调整广告产品组合，使销售收益最大化。广告产品的开发应采取稳步创新的策略，重视常规广告的精细化管理，适当减少硬性广告的比例，提高软性广告、植入广告及整合营销产品的开发力度，更应洞察业态变革下企业营销需求的深层变化，分析各种需求的强度，针对不同的需求设计不同的产品。

一　整合创意元素，优化常规广告

常规广告是广播媒体在广告段位播出的60秒以内的不同长度的广告，也就是所谓的"硬性广告"，以5秒、10秒、15秒、20秒、30秒等作为常见形式。广播媒体通常按照收听率的高低、收听时间的热度、资源的优劣等因素对广告时段进行梯次划分，诸如每日早晚高峰时段往往作为黄金广告资源，直接表现在广告价格上。以北

京交通广播为例，其全天的广告产品依次划分为超T、T1、T2、A、B、C、D共7个段位，分别对应5秒、10秒、15秒、20秒、30秒5种广告形式，T至D段位分别开设有4个、5个、11个、10个、8个、10个共48个播出时点[①]，也就是说全天共能提供常规广告产品1680个。不同档位的广告产品价格差别较大，比如超T段位有4个播出时间，分别是7:45、7:55、8:15、8:25，在这4个时间点播出的5秒广告价格为3990元/次，30秒广告为17720元/次。D段位的播出时间有0:25、0:55、1:25、4:25、4:55等，5秒广告的价格仅为160元/次，30秒广告的价格为700元/次。作为国家级电台旗下频率的中国之声，则将全天的广告常规广告划分为早高峰、晚高峰、《新闻与报纸摘要》前后各60秒、《全国新闻联播》后60秒、2A、3A、4A等段位，提供5秒、15秒、30秒3种广告形式。早高峰的5秒广告达到20860元/次，普通时段的5秒广告最低为4260元/次。[②]

不同类型的广告在价格、渗透性、灵活性及对受众的影响力等方面有明显的差异，所占用的时间资源、对节目的要求、客户需求的特征、频率收益与占用时间也不同。[③] 常规广告产品的创新和研发，不但对提升广播广告经营业绩起着重要作用，也对广告客户的广播广告投放实效最大化起着至关重要的作用。[④] 通过整合创意元素，能够将广播的声音特性、所在时段的收听偏好与客户的营销诉求进行最大程度的结合，进而提升广告传播的效果。

可以从以下几个维度进行常规广告的创新探索[⑤]：一是深化时间

[①] 依据《2020年北京交通广播常规广告价格表》整理。参见北京广播电视台《北京交通广播2020年广告价格表》，http://www.brtv.org.cn/web/2020/9/25/ARTI16010166797676359.html，2021年8月1日。

[②] 参见《中央广播电视总台中国之声2021年广告价格表》，http://ad.cnr.cn/ggjg/20190115/t20190115_524483444.shtml，2021年8月1日。

[③] 参见朱琛《中国广播广告类型及分析》，《中国广播》2014年第9期。

[④] 参见张斌《广播广告产品研发的几个维度》，《中国广播》2014年第9期。

[⑤] 参见张斌《广播广告产品研发的几个维度》，《中国广播》2014年第9期。

元素的应用，结合广播媒体的线性传播特性，按照时间维度的由大到小，进行广告创意研发，例如湖北人民广播电台结合客户周年庆、开业日期、活动周期等不同需求，推出倒计时广告、整点十分报时广告、健康日历广告、养生报时广告等，很好地结合了客户特征与广播特性；二是天气元素创新，由天气预报延伸开发各类生活指数和服务产品，承载不同行业各类客户的广告诉求；三是地理位置元素应用，挖掘与地址有关的广告诉求，融入路况报告、交通提示等信息。除上述维度以外，还可以在把控产品和服务质量的前提下，尝试由电台或主持人进行广告代言尝试。

二 开发内容营销，推动广告与节目的深度融合

相对于常规广告，能够有机融入节目，于无形中传播产品或服务信息的"软营销"往往更受客户的青睐。在充分考虑节目特点和商品传播诉求的基础上，将两者融为一体，使广告信息成为节目内容的一部分，在潜移默化中传达商品信息，可以统称为"内容营销"。广告与节目深度融合的产品形式日益成为主流，并产生了增投带动效应。

为了深化内容营销的力度，北京人民广播电台为每套频率设立了广告专员，既负责客户需求的挖掘沟通，也深入研究频率和节目的传播特征，力争提供更多高品质的广告产品与内容营销策略。2017年年底，某电子商务平台提出了希望与节目内容深度结合的诉求。广告部门积极响应，经过充分的调研和探讨，对节目形态、广告产品、客户诉求进行三方考量，推出了一套跨频率、多节目、营销与内容有机结合的广告方案，比如在北京文艺广播《吃喝玩乐大搜索》节目中植入该电子商务平台的促销活动信息、在北京音乐广播《娱乐东道主》中推出定制化的宣传栏目、在北京交通广播《一路畅通》中设置相关节目话题。尝试一个月后，取得了良好的传播效果，吸引了客户增投。

植入式广告是将产品或品牌信息策略性地融入广播节目中，通过

话题、活动、嘉宾、片花、故事等方法呈现，巧妙地传播商业信息的一种广告形式。作为一种隐性广告，植入式广告在传播上具有先天优势，其与载体之间不再泾渭分明，而是呈现出较为自然的融合状态，不仅可以彰显企业形象、高效传播信息，还可以搭载各类公益项目进行适当的宣传。以某汽车代驾服务商在一家省级电台的投放经过为例，电台营销人员在市场调研中发现，该客户的司机团队具有比较强的故事性，他们中的一部分人不仅对本地生活、城市文化有着比较独到的见解，同时生活阅历与精神追求也有可供挖掘的亮点，于是策划提出以人物故事为切入点，在传播地域文化的同时宣扬积极向上的生活理念，与客户的传播诉求也高度契合。最终，该投放方案以30个人物故事为素材制作成90秒公益宣传短片的形式呈现，在节目中滚动播出，并在微信公众号中予以同步推发，宣传效果显著，拉动了老客户增量投放。

软性广告对主持人、栏目组的要求比较高，广告数量也需要控制在一定比例内，否则对节目伤害较大。有电台规定软性植入广告与常规广告投放比例不低于5∶5。在价格策略上，软性植入广告也需要辅之以新的价值评判体系，通常用常规广告的秒长乘以不同系数的形式计算价格，播出时间段不同，系数也有所区别。近年来，软性广告在电台广告创收中的比例呈上升趋势。

三　探索活动营销，寻求广告增量

以活动为载体，通过有效地整合资源，能够迅速提高产品或服务的知名度，促进销售转化。广播的即时性、低成本制作和移动特征尤其适于活动营销产品的研发。开发一批成本低、收益高、客户和受众满意的活动营销模板，以微活动、微营销的方式不断创新衍化较为成功的活动，是广播媒体谋求经营转型的路径之一。

活动营销不仅能够吸引消费者的注意力，传递品牌的核心诉求，还能发掘广播媒体的潜在优势，起到吸引增量广告的作用。广播媒体可供开发的活动资源十分丰富，诸如大型报道、政务服务、品牌栏目、体育赛事等,其中至关重要的是要有清晰的目标,使活动策划贴合市场需求和社会热点。江苏人民广播电台全面整合旗下各频率的活动资源,强化活动在经营中的促进作用,放大品牌活动的资源吸附力,发掘更大的商业价值。以其旗下的音乐广播为例,其所打造的"咪逗音乐节"成为一个聚合各类资源、联动周边产业的大型音乐品牌,不仅实现了活动对广告的带动,也扩展成在全国范围内具有一定影响力的产业运营范本。在浙江,以浙江之声、交通之声、私家车广播、城市之声等频率为代表,每年组织的营销活动在 200 场次左右,广告与线下活动紧密贴合,为客户提供全方位营销服务。黑龙江人民广播电台自主策划开展系列活动,以雪地温泉节、汽车文化节、家居狂欢节、家居喜乐惠、皮草世博汇、放心食品评选为代表的线下品牌营销活动,一年能为广告经营带来 2500 万的增量①,其中作为体验式与口碑式营销的汽车文化节和龙广家居节等活动已成为电台品牌的标志。郑州交通广播策划推出"品牌主题周",每天为一个行业品牌推出线上与线下结合的系列活动,在听众、客户及同行中都取得不错的反响。

四 开发融媒体广告产品,开启跨平台转化

发挥资源整合效力,打造跨频率、跨平台的融媒体广告产品能从根源上拓宽广告经营的维度。融媒体广告产品的开发需要经营部门、播出平台、节目人员、业务人员等一起共同探讨营销方案,通过策划创意,将产品特性、客户诉求与节目内容、时段特性做到最大程度的契合,让时段广告向着节目软植、新媒体应用、线下活动体验、整合营销、新闻事件、战略合作等多样化形态发展(见图 5-1)。

---

① 参见赵鸿洋《广播广告之"数、理、化"——黑龙江电台广告运营实践心得与解读》,《中国广播》2012 年第 8 期。

第五章 广告营销：固本开源，拓展盈利空间

```
时段广告 → [ 节目软植  新媒体应用
           线下活动  整合营销    ……
           新闻事件  战略合作        ]
```

图 5-1　融媒体广告产品的开发图

多地电台以新媒体渠道为延伸，开启跨平台营销尝试，积极布局矩阵式传播，初步打造出具有融媒体特色的广告产品体系。例如跨屏互动广告产品，即依托优质栏目，通过线上与线下的联动开发，实现商品信息的多屏展示，比如广播端与手机移动端、电视端的共同呈现，这类产品常见于节庆日、体育赛事或大型活动的互动营销项目当中。2016年以来，中央人民广播电台连续多年推出《中国声音中国年》春节特别节目，在中国之声、经济之声、中华之声等7套频率并机直播，在直播过程中不定时发布"红包口令"，听众打开"央广新闻"微信公众号并参与"喊红包"互动，就有机会抢到春节红包。在第一次活动中，节目通过6次"喊红包"派发60万个现金红包，共吸引了1552万人次互动[1]，活动的巨大影响力使电台得到了广告主的青睐，吸引了广告投放。黑龙江人民广播电台调动全台力量，推出了多频率与新媒体联动的广告营销产品，例如利用广播资源进行预热宣传，再通过新媒体平台吸纳报名，周末再到现场抢购，这样的闭环广告产品受到当地客户的欢迎。湖北楚天交通广播为了将节目内容引流、转化、介入商业领域，除了保留常见的节目冠名、特约及小单元栏目等常规赞助外，还创新了商业资讯、品牌文化小专题，推出生活消费解读、探店直播等植入广告，每期节目后还会出具精确的新媒体数据分析和转化率报告，得到广告客户认可。

---

[1] 参见《央广〈中国声音中国年〉特别节目吸引1552万人次互动，创广播新媒体互动纪录》，央广网，https://china.huanqiu.com/article/9CaKrnJTKxb，2021年9月30日。

目前，声音领域的广告产品主要由形式多样的传统广播广告、借力于新媒体技术的音频广告及以直播互动为主的自媒体广告组成，这三种广告形态尚未形成三足鼎立之势，但已各自彰显出在提升广告传播效果方面的优势。阿基米德 FM 于 2017 年 5 月上线了"M 店"平台，这是一个以转化率为核心指标、打破传统广播频点时间限制的营销产品，它全面对接电台广告资源的融媒体推广，同时拓展当地的新渠道资源。主播可以在后台挑选商品放入自己的节目社区，通过内容导流的方式进行销售，所得的收益由电台、主播及客户进行分成。上线当天，共有 14 万人次冲进 M 店，抢购上海广播提供的 3000 份感恩大回馈特供商品[①]，较好地整合了传统广播、音频平台、主播个人的传播价值。

对原有的广告产品体系进行解构和重塑，使之不再是时段硬广、节目软广的简单拼接，而是"固定资源 + 配套资源 + 整合传播资源"的全方位方案，一方面需要广播媒体在挖掘内部资源、整合外部力量上下功夫，萃取核心资源，形成多渠道"1 + N"的传播合力，为客户提供跨屏营销服务；另一方面，也可以借助技术力量进行融媒体广告产品的开发，例如建立基于音频水印技术的多屏互动项目，采用音频水印作为入口技术，打通电视与移动互联网渠道，为广告播出提供多种即时场景式互动服务，更好地帮助企业实现信息传递和销售转化。微信"摇一摇"、小程序、视频号等工具和手段在广播广告中逐步得以应用，多家电台尝试利用新的技术工具来推动广告投放和活动营销的过程创新，实现广播与新媒体的联动营销。

在具体应用上，要重视对广告内容的策划，如以悬念或者热点事件开场，吸引用户注意，引爆广告话题。充分利用音频二维码、语音识别、位置服务等技术手段，创新广播广告的形式，增强趣味性和互动性。比如一家食品公司在投放国家级广播媒体时，采用全天"打

---

① 参见阿基米德传媒《探寻融媒时代广播广告增量空间》，https://www.sohu.com/a/285327577_99918922，2021 年 8 月 1 日。

通"、重点时段"打透"的场景式创意,通过在广播中多频次和有针对性的投放,让产品快速展开宣传势头,再配合电商渠道的导向售卖,形成以中央人民广播电台为龙头、全国多级广播电台同步播出、新媒体渠道联动的整体效应,形成了融媒体传播的局面。

五 搭建一站式交易平台,推动广告程序化购买

规模经济的形成建立在劳动的专业化分工与高效率的协作之上,离不开先进的技术支撑,特别是极具便利性的工具。阿里巴巴、腾讯、百度、字节跳动等互联网巨头正是由于开发了各种方便客户进行广告产品选择和投放的系统和工具,极大地提升了广告业务的效率与收入水平。作为国内移动音频企业的领头者,喜马拉雅意识到"除了策略与理论之外,想让营销落地,更离不开工具化的支持"[1],为此于2019年年底发布了名为"声量"的音频营销整合平台,该平台集合了多款营销工具,比如主播可直接接单的"蜜声"系统、用户可自助投放广告的"AdSounds"、内容竞价自助投放平台"声播"及音频内容营销阵地"品牌电台",借助这些工具,客户可以及时全面地了解喜马拉雅的营销资源和资讯,并能实现营销产品的自主选择和购买,使商业合作的效率大幅提升。

在丰富广告品种和样式的同时,广播媒体还需要掌握国内外音频营销的前沿动态,通过流程优化再造,建立广告产品超市,方便客户一站式购买(见图5-2)。尤其是音频程序化购买提供了重要的商业机遇,可以通过引入技术、组建公司、参与标准制定等方式,以市场参与主体的身份积极投身该领域。2015年,美国卡茨传媒集团(Katz)联合北美新兴的广播营销公司(Jelli)开发出一款整合了超过4000家传统电台的广播广告程序化购买平台[2],通过一系列工具的

---

[1] 喜马拉雅营销中心:《2020喜马拉雅营销峰会成功在京举办》,https://mp.weixin.qq.com/s/fy6k2wVZ-uu9H9kPPnHpMA,2021年10月20日。
[2] 参见方乐《音频广告程序化购买市场分析及其对国内广播产业的启示》,《中国广播》2017年第12期。

开发，使广告产品能够借助数字化平台实现自动化采买。2021年，中央广播电视总台推出了名为"象舞"的广告营销平台，聚合电视、广播、新媒体、IPTV等优质广告资源，致力于满足广告主、代理商、代理人等一站式购买的营销需求，这是中央广播电视总台基于转型升级需要推出的数字化、智能化工具，标志着传统广播电视的资源管理和客户管理进入新的层面，将借助数字化技术全面提升整合经营、融合营销和用户服务的能力。未来，广告产品的自助化购买将是媒体营销的主流趋势，技术的应用和融合发展的深入将推动广告采买过程更加便捷。

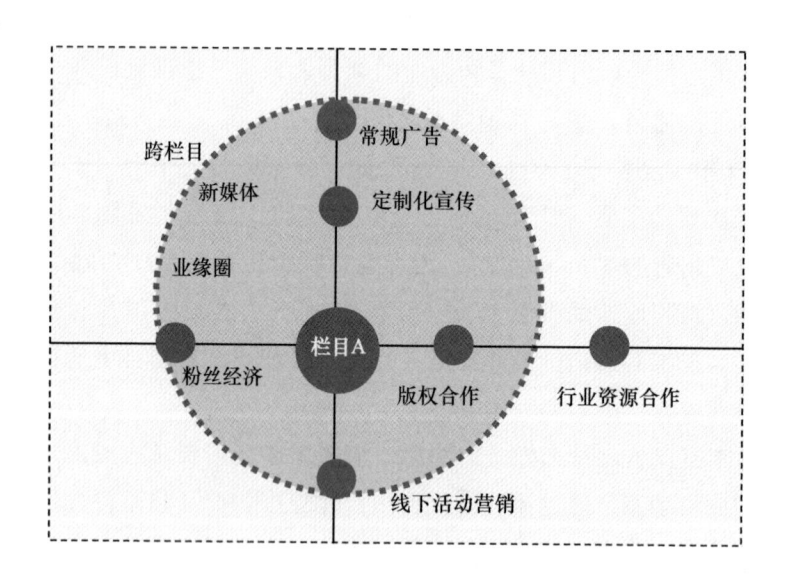

图5-2　广告产品样态的多元化图

第六章 产业拓展：调整经营结构，探索新型业态

面对全新的市场环境，广播媒体应在开拓广告盈利空间的同时，积极调整经营结构，挖掘可经营性资源，探索传统业务与新兴业态共存、实体经营与资本运作并举的多元产业格局，扩大经营规模。首先，大力推进内容产业的发展，制作精品节目，整合版权内容，创建音频内容分发交易机制，与音频产业链的各个环节展开合作。其次，积极争取新业务、新资源，以媒体价值带动产业开发，特别是依托品牌资源，在教育培训、美食旅游、汽车服务、健康医疗等垂直领域，充分挖掘用户需求，提供特色服务。最后，在条件成熟的情况下，还应充分研判文化产业的结构和趋势，适当借助资本的手段，推动广播主业的拓展和延伸。通过增强产业运作能力，开展各类特色经营、增值服务，力争形成各业务板块相互促进、共同发展，由规模增长向效益提升转型。

第一节 音频内容的有偿提供与转化

网络音频平台的崛起催生了来自个体和机构的音频需求，打破了既往广播市场自我闭合的局面，音频内容产业链条初见雏形。在内容生产环节，虽然不断涌现从事广播剧、有声书等录制业务的公司，但是音频内容的专业化制作、市场化提供远未达到充足的程度，广播媒体可以通过机构层面的协调组织，加大多样化音频内容的生产力度，

努力转型为具有强大生产能力的音频内容提供商,既满足林林总总的个体用户需求,也可以面向不同的渠道和平台提供内容分发服务,还可以尝试音频版权的购销和运营业务。

一 面向 C 端,探索内容付费

"C"即"Consumer"(消费者),面向 C 端,强调的是探索基于用户的盈利模式,使用户成为消费者,自愿为优质音频内容付费。在这背后,广播营销的不再是受众的注意力,而是实实在在的媒介产品,具体的形式包括内容订阅、会员制、粉丝打赏等。目前,音频内容的付费已被市场认可,用户付费收入在商业网络音频平台总收入中的占比不断提升,广播媒体也开展了内容付费的部分尝试,有必要继续研究深化,使其向着体量化的方向发展。

传统媒体对内容收费的模式早已有之。早在 1997 年,《华尔街日报》为了应对互联网带来的报纸发行量下滑、收入减少等冲击,就对其线上内容采取了付费阅读的形式,即"付费墙",用户需要支付一定的费用才能阅读其网站新闻内容,此举被其他报业媒体纷纷效仿。2005 年,《纽约时报》网站开启付费阅读的实验,订阅费用为每年 49.95 美金或每月 7.95 美金[①],《洛杉矶时报》也尝试对网站娱乐频道的内容进行收费。但是这一举措的推出,导致许多报业网站的访问量出现了下滑,因此不少报业媒体暂时停止了付费业务探索。经过不断的试错和调整,欧美报业集团的付费墙模式不断优化,在移动互联网到来之时形成了多元、柔性的收费模式,即由"硬墙"向"软墙"过渡。所谓"硬墙"即在线内容均处于付费墙内侧,读者与内容完全被隔离,如想使用,必须支付费用,例如《华尔街日报》起初对网站所有内容进行收费,将免费用户拒绝在外,就是简单直接的"硬性"付费墙。"软墙"则是视内容情况和消费者的需求情况,采取

---

① 参见《天下没有白看的新闻》,《第一财经周刊》,http://www.techweb.com.cn/column/2010-02-01/532226.shtml,2021 年 8 月 25 日。

"适量免费＋超限收费"的方式，主要有：计量付费，即用户可以免费使用一定数量的在线内容，当超过限值时需要按照使用内容的数量进行付费；分类付费，对内容进行了归类，只有使用特定类别的内容时需要支付费用；计时付费，按照消费者使用在线内容的时长进行不同梯度的收费；小额支付，即当消费者需要一些临时、单次的内容或服务时，可以为这些行为进行单独的费用支付，例如音乐、游戏插件的下载、单篇报道文章的全文阅读等。

在这样的理念支持下，不同领域的报纸探索出了不同类型的用户付费模式。《纽约时报》通过生产用户优享内容和建立专人负责的形式，建立差异化的付费方案。《温尼伯自由新闻》则推出"以用户为主导的小额支付"模式，允许用户每月免费浏览三篇文章，之后如果用户要继续浏览新的内容，则需要以一定的价格予以支付。《卫报》充分运用大数据，建立不同层级的会员制，提供不同的增值服务。路通社新闻研究所发布的《2020年新闻、媒体和技术趋势及预测》显示，新闻传媒业的商业模式正面临着从广告收入到用户付费的转变，50.00％的从业者认为用户付费将是未来的主要收入来源，35.00％的人认为广告收入和用户付费收入同样重要，只有14.00％的人把希望都寄托在广告上。[①]

广播媒体在建设多元平台、提高优质内容生产的基础上，可以加快内容付费的探索力度，推动高附加值的内容实现经济价值。首先，可以依托自有音频平台和独家内容资源，推行会员付费制度，通过内容资源库的梳理和分类，区分免费资源和付费资源，让付费内容和服务真正体现独家、稀缺和优质，与商业音频平台在内容类别、价格制定、目标用户上有所区隔。例如，中央广播电视总台旗下的音频客户端"云听"依托《斗罗大陆》《鬼吹灯》《三体》《基督山伯爵》等精品有声书和广播剧，《亮剑》《破冰行动》《人民的名义》等影视作

---

① 参见德外5号《路透社2020媒体趋势盘点》，http://www.cm3721.com/kuaixun/11210.html，2021年7月31日。

品,以及《王冠红人馆》《李峙的不老歌》等精品音频节目,推出了会员付费业务,提供限时免费、促销畅听等会员特权。其次,实行专辑付费或特定内容付费,开发精品内容的市场化销售,譬如体育赛事的独家直播资源、精品广播剧或有声书、知识专栏等,这类模式既可以基于自有平台,也可以借助第三方平台,例如贵州交通广播的主持人小刚在蜻蜓 FM 开设了专栏,推出专辑《小刚神款天》,点击收听的次数已经超过 2.27 亿次①,节目通过付费收听和听众打赏,开拓出新的创收途径。少儿家庭教育节目《巴拉巴拉小秘密》与多家教育机构合作,开发了一系列与少儿兴趣学习、成长陪伴、家庭营养等相关的课程,通过付费会员的方式销售音频产品,形成了比较稳固的用户社群,建立起传统广播节目之外的付费盈利模式。

二 面向 B 端,探索音频内容分发交易

"B"即"Business"(企业),面向 B 端,强调的是探索基于企业或机构的盈利模式,比如广告、内容交易、版权运营等。面向 B 端的广告是音频市场最早发展的收入模式之一。随着融合转型的深入,音频内容专业化、细分化程度提升,广播媒体也可探索基于内容的面向各种机构的盈利模式。

广播电台作为内容生产机构,持续生产大量节目,其中不乏优质内容,很多名牌栏目、知名主播都是付费内容的优质提供者。广播电台是音频内容专业人才的聚集地,有经验丰富的专业采编人员、音频制作人才和技术支持团队,而在长期工作中所形成的系统化的生产流程,使这些专业人才可以高效地工作,从而保证优质内容的持续产出。另外,作为新闻采集机构,广播电台在采集大量优质内容的同时,也在发挥着连接社会、整合资源、服务大众的作用,能够通过多种措施,吸引和鼓励各种社会机构和用户加入音频内容的生产中。由

---

① 参见刘述平等《知识付费时代的博弈——从传统广播媒体的运行实践中所想到的》,《中国广播电视学刊》2018 年第 5 期。

第六章 产业拓展：调整经营结构，探索新型业态

此可从打破内部资源壁垒入手，立足于自身的人才优势、资源优势和专业制作优势，打造一批具有用户号召力的内容产品，提供给各类社会机构、播出平台、终端产品，全方位发掘音频内容的衍生价值。针对核心用户群开发设计与之相匹配的信息服务，使精品音频内容值得听、可触及、可消费。

根据音频内容的形态，大致可分为原生音频内容和再生音频内容。原生音频内容由音频生产者原创，以不同形态的音频作为主要呈现方式，如音频节目、音频直播、网络电台、音频课程等。再生音频内容则是对版权内容的音频化再呈现，以有声读物最为典型。经过漫长的探索，音频变现的模式逐渐成熟，以广告、付费有声内容产品和会员费三种模式为主流。[①] 广播媒体可以从四个方面探索基于优质音频内容的付费产品打造。

第一，内容品质与专业性。专注打磨精品化和专业化内容，通过严格把控内容品质，筑起牢不可破的专业内容高墙，靠品质和口碑吸引用户。例如北京人民广播电台针对特定场景或用户群体，以听听FM为平台，开发出了多档自制节目，覆盖亲子、健康、科普、历史、情感、女性、老年等垂直领域。在《Office Lazy 的私教课》中，主播带着用户健身、减肥，引导用户合理饮食；在《鱼叔讲地理》中，广播瞄准市场上青少年科技历史类的内容需要，从人文、生物等角度综合切入，给听者展示博大精深的自然世界。此外，还有主打休闲娱乐的《娱乐72变》、陪儿童度过美好睡前时光的《听听糖耳朵》等节目。这些节目高度细分，基于不同需求进行精心制作，一方面满足了用户的场景化收听需求，另一方面也为用户提供了具体的生活服务和问题解决方案，可以打包售卖或以短音频的形式提供给其他诸多平台。

第二，注重内容品类的细分化。当前，网络音频市场的内容品类向着垂直化、细分化的方向发展，用户对小说、财经、人文、情感、

---

① 参见马涛、张菁芮《大音频产业：蛰伏而后重生》，《媒介》2019 年第 5 期。

相声、脱口秀等多种形式的音频内容需求强烈。与传统的、宽泛的、面向大众的广播内容生产相比，制作细分领域的、精良的音频内容更容易实现知识的传递和有价值的信息分享，也更容易激发用户付费购买的欲望。电台应该巩固专业化生产的优势，针对新媒体平台的传播特性，加强对人文历史、商业财经、教育培训等细分内容的开发和制作，满足用户的个性化需求，有声书、广播剧、音频课程、音频节目等品类是值得重点开发的方向。

第三，积极探索音频内容产业化开发的多种路径。既可以将音频内容线上出版或制成音像制品，制作适销对路的精品内容，如发行"后广播产品"，将文学作品、广播剧、脱口秀节目、健康保健节目等改造成音频、视频、文字图片等多媒体产品，通过节目市场交易、网络下载、移动收听、图书、音像制品发行等多种渠道获得增值收益，还可以开展线上付费咨询业务或线下培训活动，拓展音频产品的多元化营收渠道。苏州音乐广播推出的"人文音乐课"项目发挥电台的制作优势，借助多种形式的融媒体手段，实现广播产品的可视、可听、可读，通过短音频节目的开发，开拓了广播内容收费市场；通过开发线下文创产品，融入了粉丝经济市场；通过开发原创音乐，融入了华语音乐市场；通过开发系列图书，融入了出版发行市场。其独家制作的专业音乐类节目《马世芳的音乐典藏》、心理情感类节目《许常德：爱情答非所问》、人文社科类节目《陈乐融：今天你过得好吗》等，都是对讲座资源进行深度挖掘而推出的优质内容产品，以体量小、单价低、质量好而被广泛关注，实现了向西湖之声、广西音乐台、大连音乐台、湖南年代音乐台等多家优质电台的输出[①]，即实现了内容变现。

第四，探索音频内容分发交易机制，建立内容置换、购销的合理模式。节目分发渠道和集成交易机制的创建具有重要意义，通过全方

[①] 参见周知、王嘉嘉《深耕本源内容 深融行业市场——以苏州音乐广播"人文音乐课"为例》，《中国广播电视学刊》（增刊）2018年第9期。

位整合增值业务运营渠道，广播媒体可以打造全业务产品线，为音频产业链各环节提供合作及推广服务。加强与渠道提供商、终端运营商的合作，有助于创建分发交易机制，将节目出售给音频制作机构、网络音频平台、移动终端开发商等，实现多平台播放，探索移动新媒体的盈利模式，向适应多渠道播出需求的内容提供商转型，真正变内容资源为可开发的资产资源。

三　音频版权购销与运营

当前音频内容的版权价值不断凸显，整合版权内容，开发版权购销成为当务之急。以中央人民广播电台、北京人民广播电台为首的多家电台通过成立版权公司，开展音频版权的开发与运营业务。央广之声文化传媒有限公司是移动有声阅读产品运营商，负责集成国内外优秀音频节目，以手机终端为切入点，整合其他接收终端，与运营商、终端厂商合作开拓有声阅读产业。北京悦库时光文化传媒有限公司全权负责北京人民广播电台的版权业务，该公司定位为音频市场版权投资与版权运营机构。这些电台已经初步完成了既有音频内容资源的分析整理，建立音频版权产品库，并研发、定制符合市场需求的音频产品，取得了一定的经济收益。

（一）全面盘活节目素材资源

无论国外还是国内，广播电台最宝贵的资源就是其数十年来积累下的历史内容，例如中央人民广播电台积累了很多的历史资料，包括重要历史时期历史人物的录音、重大历史性事件的报道、不同时期的文艺作品等，这些内容具有较高的文化价值，是互联网音频平台在短期内无法比拟的资源优势。如果这些历史音频资料得以数字化转换并进行合理的开发，将是十分宝贵的稀缺性资源。整合台内现有资源，提高资源使用效率是让广播节目价值最大化的必由之路。

首先，应理清版权问题，用互联网思维进行改造包装，进而挖掘其中的商业价值。电台数十年沉淀下来的宝贵音频资源和历史资料，亟待被"考古"、被"翻新"。以上海、北京等地电台为例，近年来它们陆续开展音频版权抢救项目，加速对音频资源的梳理和转化。中央人民广播电台、北京人民广播电台等结合自有的、丰富的历史声音资料，选取精品佳作，重新包装并再度呈现，用不同的声音和演播方式重新演绎，带给听众耳目一新的精彩体验。

其次，可以对节目进行分类、剪切与标签化，深度挖掘节目再传播的价值。从一档节目中提炼出精华片段，配上标题、图片、简介，再打上适合互联网传播的"标签"，这让用户既可以即时在线收听，也可以通过社交媒体进行分享，大大增加了广播内容二次传播的机会。同时这意味着，互联网传播对传统内容生产提出了更高的要求——每档传统广播节目至少能够产生一个"爆点"。阿基米德FM负责人认为，这是互联网对传统广播内容生产提出的新评价标准："如果一档60分钟的广播节目做下来，拿不出2到3个短音频，可能不是一期好节目。"过去，广播节目仅仅以日期、时间为标题，相对粗糙的制播方式不仅不方便用户进行检索，也直接影响着回放收听、再次传播的效果，诸多已经上传网站、客户端等新媒体平台的节目亟待碎片化加工，以适应互联网的多元传播趋势。目前，一些电台已经推进分类、切片及摘要标注工作。为了让广播节目在移动端得到更好的分发，阿基米德FM开发语音识别技术，实现广播节目的智能化裁切与标签化处理，使用户能够便利地检索到自己喜爱的节目的经典片段。北京人民广播电台发动一线节目制作人员，在完成传统广播节目播出的同时，对每一期节目进行再梳理和评判，对即将在新媒体平台呈现的栏目名称、节目标题、主旨内容等进行润色修改，使之具备"网言网语"的特色，适应移动传播的需要，推动了节目收听与回放率数倍的增长。

（二）整合优质版权资源

除了自制内容外，音频内容的生产还需要汇集优质行业资源，通过版权购买或合作生产的方式，丰富素材来源。以北京人民广播电台为例，在版权合作方面，它利用旗下的北京悦库时光公司加强与音频上游版权机构的合作，与中国出版集团、中信出版集团、十月文艺、长江文艺、中作华文等 100 多家出版机构及百余位知名作家建立了紧密的合作关系。目前，北京悦库时光公司已积累库存有声小说 1000 余部，总时长约 120 万分钟，内容涉及都市情感、悬疑推理、历史军事、人物传记、科幻奇幻、儿童文学等多个领域。[1] 在合作生产方面，加强与文学机构的联动，比如与阿里文学达成合作，由其发起"匠心计划"，北京人民广播电台将其中的作品进行有声化创作，并进行融媒体运营推广，还联合一些故事原创平台，通过发起有奖征文活动，由电台主播播讲、专业制作人包装并在多个平台播出，另外还充分调动嘉宾资源，邀请奥运冠军、表演艺术家、北京榜样、金牌阅读推广人等作为荐书人，对优秀有声读物进行短音频荐读，提高音频内容的吸引力。

（三）音频版权运营

"版权"是互联网时代传媒竞争的核心资源。"版权运营"是指从源头的版权登记、版权确权到版权内容开发、产品化，以及后续的版权分发和衍生制作等一系列环节，以版权的资产化为纽带，以版权的价值开发和增值为主线，在产业经营实践中逐步形成的一个相互支持、彼此渗透、相互协同的版权业务链条。[2] 对于音频行业而言，版权的确立、产品的开发、衍生物的设计等日渐成为趋势，其中有两个环节尤为重要：一是版权投资，挖掘市场上的优质音频资源、音频项目，以资金购买、版权代理或联合出品等形式进行长线投资；二是版权运营，面向传统电台、新媒体渠道、海外渠道等音频版权需求方提供音频内容，构建多层次的版权发行体系。北京人民广播电台旗下的产业公司与百余家电台建立了广播节目的分销渠道，面向多个地域市场分销广播节目；广泛拓展互联网渠道，与十余家主流互联网音频平台、多家运营商平台，及 IPTV、有线电视网络建立了合作关系；积极开拓政府项目参与公共文化建设；将优质音频内容推向海外市场，

---

[1] 参见悦库时光官网资料，http：//www.emrbc.com/business.html，2021 年 8 月 5 日。
[2] 参见泰山创业工场《解读文化产业的版权运营》，https：//www.sohu.com/a/217686116_99921388，2021 年 10 月 28 日。

致力于打造数字有声版权的运营中枢；依托丰富的优质版权及内容资源，为企业提供版权寻源、版权确权、法律咨询、维权、代理运营、内容生产、项目合作等多项服务，开阔了音频版权运营的市场空间，是传统广播媒体开展版权运营的典型代表。

第二节　基于品牌的价值开发与经营

市场竞争发展到一定程度，就会演变为品牌的竞争。品牌标志着一种超越时空的品位和文化，代表着媒体的公信力、传播力和影响力。在内容日趋同质化的今天，品牌的建立与塑造能够带来溢价、增值的可能。在激烈的媒体竞争中，通过"互联网+广播+新型产业"，建立依托广播媒体品牌价值的商业模式，提升服务能力，实现影响力变现，是各地广播正在努力的方向。

一　挖掘地域资源，打造系列音乐 IP

随着专业化频率持续建设，各地市场上涌现出一批拥有广泛受众基础和社会影响力的频率品牌，依托频率品牌，聚拢行业资源、开展产业探索成为拓展经营路径的一种选择，例如围绕经济频率的资源优势发展投资培训、理财咨询等相关产业，依托生活服务类频率的资源优势发展信息咨询、商业零售等相关产业，其中最有代表性的是音乐广播产业和交通广播产业。

我国各地的音乐电台曾经相继探索以广播节目为中心、向上下游扩展的音乐产业发展道路，主要的方式有：举办音乐节，依托音乐排行榜举办演出活动；介入演出业，获得活动冠名、商业广告、赞助收入；开展艺人经纪，通过举办歌手大奖赛等选拔活动，代理艺人的商业活动；培养专业性主持人，与广告公司合作开发音乐上下游产业链等。例如北京音乐广播创办的《中国歌曲排行榜》曾通过全国卫星音乐协作网在全国二十多个城市落地，借助大量的演出活动，组建歌迷俱乐部、发烧友俱乐部、"五一"交响乐团等，树立了独特的品牌

第六章　产业拓展：调整经营结构，探索新型业态

形象。广东人民广播电台旗下的天天精彩公司、江苏人民广播电台旗下的东品公司都是依托音乐频率资源成立的产业公司，通过制作音乐节目、从事与音乐有关的演艺产业、组织音乐节等进行多元化创收。由广东音乐之声《音响世界》节目延伸出来的"广州国际音响唱片展"已连续举办近三十届，在国内外音响界拥有相当的影响力。

　　上海人民广播电台拥有"动感101""LoveRadio""经典947""KFM981"四套音乐频率，是中国内地音乐广播最多、类型最全的广播机构。2014年，随着"爱乐数字音乐广播——KFM981"开播，上海人民广播电台将四套音乐频率进行区分定位，启动音乐IP打造计划，其基本的理念是：深耕本地音乐市场，针对不同人群，深挖垂直市场的潜力，线上线下齐发力，以精细的内容策划与强力的品牌推广，力争让音乐广播IP成为城市的知名文化名片。以"动感101"为例，其发起举办的"东方风云榜"是中国内地历史最悠久的流行音乐和原创音乐排行榜，截至2020年已举办二十七届，聚合起了丰富的行业资源，成长为业界知名的活动品牌。"LoveRadio"于2017年创办"最爱金曲榜"大型活动，该榜单以20世纪八九十年代的金曲为主，讲述金曲背后的情怀故事，一跃成为上海广播广告赞助额最高的活动品牌。"经典947"于2012年起推出"辰山草地音乐节"，经过每年连续运作，不仅与广大爱乐者共享"赏花、品乐、乐享人生"的理念，更对大型户外古典音乐节的策划运营及相关区域性产业生态的发展产生了推动作用。为加强音乐市场运作，上海人民广播电台旗下下设音乐中心，不但由专业公司负责与出版社、唱片公司、演出场馆、演出公司衔接及与艺人经纪公司接洽，还管理少儿广播合唱团等跟音乐产业相关的业务。在整体对外宣传推广方面，以广播频率为基础，通过频率造势、主持人宣传、多频率联手、多渠道合作方面不断尝试和突破。通过打造系列音频IP，连同"粤来粤爱""泡菜"等垂直细分的音乐直播流产品，构成了上海音乐广播发展集群，覆盖了从十八到六十五岁的本地主力收听人群和消费人群，在广告招商、票房收入上开拓了新的渠道和合作模式，广告创收占据了上海广播广

169

告总量的六成左右，同时在休闲文化、新媒体技术的普及利用及旅游拓展方面做出了有益尝试，为传统广播转型发展积累了宝贵经验。

与之类似的是，苏州音乐广播近年来深入研究苏州文化市场，从声音的本源出发，创新广播节目的内容和形式、深挖线下活动的营销价值，在音乐产业的融媒体呈现、立体化传播及商业变现等方面进行了一系列有意义的探索。通过打造《听见苏州》《人文音乐课》等品牌节目，该频率实地采集苏州人文风光、市井生活、匠心名家等各种具有苏州特点的声音，打造"海外多媒体声音展""广播短音频节目""线上融媒虚拟展厅""实体文创产品""实景展厅"等多个子项目，不但实现了融媒手段整合推广、高品质内容打通商业运作的价值叠加，对演出市场、实体店也有所探索，产生了规模效应和延续效应。

二 强化核心功能，探索交通广播新业态

作为各地电台核心频率的交通广播融汇当地的汽车生活、路况信息、应急广播等多种服务，有着巨大的产业开发价值。早在 21 世纪初叶，多地交通广播就开展过颇具规模的产业化尝试，例如江苏交通广播通过成立汽车俱乐部，发展会员收取会费为其提供各类汽车服务，业务涵括汽车用品、汽车美容装潢、汽车文化旅游、传媒等领域。辽宁、北京、安徽、河南等地的交通频率也都围绕汽车和广播的关联性，立足汽车后服务市场，组织自驾游、团体旅游等大型会员活动，整合多方资源，延伸产业链条。辽宁交通频率面向社会广泛发展会员，为会员提供代缴养路费、代办新车注册、上门送火车票飞机票及免费全车检测、洗车等服务，还与沈阳当地驾校合作，为会员提供驾车培训业务。北京交广汽车俱乐部有限公司成立于 2006 年 3 月，其整合北京交通广播的优势资源，拥有汽车服务、广告、二手车、活动拓展、信息技术、新媒体等多项业务。

用户需求、市场需求在变化，在新的媒体竞争环境下，各地交通广播的产业业态也有了新的调整，纷纷通过对核心功能的梳理、核心

资源的聚焦，重新构建不同层面的立体战略合作关系，探索在新业态中的更大影响力。第一，作为主流媒体，对于城市应急突发事件的积极应对与权威解读是交通广播的核心功能，与相关政府部门的战略合作关系是交通广播的核心资源。立足专业化办台，交通广播积极开拓与相关职能部门的合作关系，加强资源整合，巩固发展基础。一方面，继续与本地交通委、交管局及公交、铁路、民航等部门保持紧密的合作关系，打造交通服务的专业品牌；另一方面，通过资讯发布、节目宣传、活动联办等形式拓展与环保局、旅游委等部门的战略合作关系。第二，"路况信息"既是交通广播的拳头产品，也是其核心竞争力之一，面对移动导航产品的竞争，通过与相关单位加深合作、完善内容编排、推进采集系统升级等工作，革新路况信息的提供方式，突出广播媒体路况信息提供的独特性。第三，加强品牌推广，通过成立品牌传播部门，策划新颖的品牌活动、话题传播等手段，开展交通广播频率形象的塑造工作，打造在目标听众中的专业广播形象。北京交通广播以前的大型活动更多是从彰显媒体影响力和权威性的角度出发，以"我"为主，近年来策划推出的活动则加大了面向市场、面向受众的力度，从"宣传报道导向"向兼顾"市场导向和听众导向"过渡，切实围绕移动人群的生活多元需要，增加针对性、趣味性、互动性，比如徒步公益行动、房车露营大会、中国国际老爷车展览会等，还针对听众休闲度假需求推出品牌活动"发现北京"，用数十场落地活动带领听众一起寻找生机勃勃的北京，策划推出"和来自星星的孩子一起看汽车""桃花深处的青春派对""飞越八达岭长城赏红"等系列主题活动，得到上千名听众的积极响应，创造了显著的社会效益。各地交通广播近年来着力开展的活动营销立足于汽车市场的发展变化，创新与车企、4S店、车展等机构和活动的合作方式，以销售效果带动广告增投和其他形式的营收，开拓了产业经营的空间。

三 挖掘主播价值，开展产业运作

尽管用户创造的内容丰富了音频节目的类型和样态，但细分化的平台会进一步催生对专业化、高质量的音频内容的需要。相比普通生产者，电台内部的主持人往往更具备提供优质内容的能力，其在专业素养、语言表达、业缘积累方面具有天然优势。广播媒体可以依托优质的主持人资源，面向多样化的音频内容需求，尝试挖掘基于主持人影响力的商业模式，围绕主播IP转化做思考。例如通过推出特色节目、组建社群、开发活动等措施，打造基于个人影响力的内容产业及衍生产品。上海的阿基米德FM就曾通过提供平台、嫁接资源，帮助广播媒体挖掘主播价值，尝试推动主播资源的产业运作。2017年开始，其联合各省市广播电台、专业机构、高校及移动互联网业内人士，与中国记协、中广联等共同搭建"阿基米德融媒研究院"，以培训、讲座、案例剖析与实践的形式，将各地特色主播进行聚合，探寻音频内容生产、传播与商业变现。依托平台数据的抓取、建模、分析、关联和提取，它从全网2万多档音频节目中挑选出311条声音，并经过多角度、专业化的初审和复评，挑选出10个维度100个节目和主播[①]，对其进行平台推荐、品牌宣传、资源对接。在机制上，借助工作室和有限合伙制等形式，通过组织化、团队化的运作挖掘不同专长、不同领域的主播的多元价值，在探索主播价值开发的模式化、标准化上发挥了示范作用。

四 开发媒体零售业务，发展广播电商

广播购物是广播媒体在非媒体领域经营的一种全新探索。借助广播线上闲置资源，开发媒体零售业务，将线下的用户培养成线上听众，上下联动，成为广播开发多元化业态的一种方式。其主要的手段有四种。

第一，通过开设广播购物节目或栏目，直接面向当地用户的生活需求，提供相关商品信息，并开辟相关的购买渠道。哈尔滨文艺广播

[①] 参见阿基米德传媒《这是最全、最精的2017阿基米德声音盛典大盘点》，https：//www.sohu.com/a/193628274_999189222，2021年7月20日。

第六章　产业拓展：调整经营结构，探索新型业态

曾推出一档广播购物节目《984团购联盟》，该节目一改嘉宾讲座的模式，听众可以拨打热线直接沟通信息，现场预订产品，全天分几个时段播出，经过几年的发展，形成了以店面销售为主的销售体系。2010年4月湖南人民广播电台开播全国唯一一家广播购物频率"快乐购"，尽管在一年后改变定位，但广播界对于广播购物的尝试并未就此停止。黑龙江人民广播电台以绿色农产品销售为定位，建立会员制配送渠道，发展线下农产品销售业务。辽宁经济广播经过线下尝试，发现围绕经济、消费、市场等资源优势而开设的广播购物项目是实现频率经营转型的可用渠道。2014年上海交通广播开办"东方广播购物"栏目，在短短20分钟时间内销售7辆路虎汽车。[1] 江苏电台《江广爱购》节目设居家购物事业部，在两个交通频率和一个新闻频率进行播出，以应季食品、收藏品等为主。2015年起，北京人民广播电台打造《北广购物》节目，以广播为主媒介，辅以网络、手机应用、型录等，打造集宣传推广、组织销售为一体的购物节目和商务平台，该节目在5个频率同时开播，探索新媒体时代传统广播的经营模式。

第二，开设专门的电子商务平台或线下实体店铺，通过与线上节目的联动，推广本地特色产品。安徽音乐广播依托《嘻哈二人行》节目，策划推出电子商务平台"嘻哈搜货"，每天用3分钟时间，以风趣幽默的形式推荐特色商品，进行限时特卖，以此推升"嘻哈搜货"电商平台的流量，打造"电台直播节目+互联网复合传播+电子商务"的广播新模式。"嘻哈搜货"自2016年7月18日正式运营，随着节目一天一天进行，用户不断增加，销售额从最初的两三千元到日均五六万元，2017年销售额1470万，利润已经超过投入的运营成本，2018年销售额预计达到2000万，增速达到30.00%。[2] 吉林人民

---

[1] 参见王春美、黄升民《我国广播多元化经营的演进轨迹与内在逻辑》，《编辑之友》2019年第1期。

[2] 参见阿基米德传媒《安徽音乐广播打造全国领先的广播电商运营体系》，https://www.sohu.com/a/271041597_99918922，2019年8月27日。

广播电台"广电汇"实体店经营广播中的团购类节目产品，以东北特产为主，还与腾讯合作开发了线上电子商务平台，通过微商圈促进实体店运营。

第三，以微信、客户端等新媒体端口作为主阵地，开发网上商城，以广播频率作为宣传渠道，提供个性化的商品或服务。多地电台借助新媒体平台在线推广客户产品，例如，浙江交通之声的微信公众号开辟"氧气商城"频道，下设"美味食品""汽车用品""旅游休闲"等专区，既售卖与汽车、美食、休闲等相关的生活用品，也经常组织自驾游等活动。西湖之声在线组织"家居节""粉丝节"等活动，出售导航仪、行车记录仪、空气净化器等生活用品，短短几分钟内数万人抢购，受到市场欢迎。"呼啦商城"是由广东广播电视台倾力打造的一站式网络购物平台，结合线上推荐与线下活动，探索生活服务与网络电商相结合的盈利可能。2014年起，广东广播电视台发起"广播电商狂欢节"，打造以线上网络购物平台为核心、各频率官方微信微商城为分会场的"电台直播节目+互联网传播+电商"的融媒体新模式。活动期间，8个广播频率共开辟了74个时段的电商狂欢节特别节目，进而利用线上微信图文进行病毒式传播。线下则开辟定点扫码送券活动，吸引人群关注。活动当天，协调中心监控各台的直播节目，为各频道提供实时数据，使播出前台与销售后台无缝连接，指导各频率及时调整销售策略。2015年"广播电商狂欢节"期间，24小时内创下332.12万元的网上销售新纪录[①]，广东广播电视台通过收取平台上架服务费的方式，开辟了新的收入模式。北京交通广播依托其官方微信号，开设了"1039研选"商城，结合频率特色，提供车上用品、户外用品、居家用品及各地特色产品，并依托此平台，推出特色话题、特色探店等能够与广播频率联动的内容，创新了内容传播和盈利模式。

---

① 参见曾少华、陆敏华《深度融合下的区域性"广播+"新盈利模式——以广东珠江经济台的媒体融合实践为例》，《新闻与写作》2016年第10期。

第六章　产业拓展：调整经营结构，探索新型业态

第四，依托品牌活动、品牌栏目等，推出跨业态的定制销售服务。例如江苏广播与南京市场三大奥特莱斯综合体合作，举办周年庆、店庆、名品团购、中秋及国庆购物等系列活动，结合品牌定位，组成跨频宣传矩阵，寻找线上线下购买力的契合点，打造"线上购买，线下取货"的营销模式，将用户的购买力由线上引到线下，实现品牌推广与广告创收的多重效益。[①] 其主要的运作模式是：推出《非常主播》《1011球迷大会》等季播节目，充分利用节日、节庆等重要时间节点，在传播传统文化的同时带入广告，并加强粉丝群的维护，开展社群营销，将听众的关注度转化为消费行为。黑龙江人民广播电台则充分发挥其活动策划的潜力，每年为客户策划上百场以直销为主题的团购活动，提出"五感营销"理念，融入创意海报、路演"快闪"等多种形态，通过"听觉、视觉、触觉、嗅觉、味觉"的全面触达[②]，增强消费者的体验感，最大限度地促使目标人群转化为实际消费用户。

五　有形物产与服务经营

广播媒体在长期的运行发展过程中，积累了一定数量的事业性固定资产和有形资产，这些资产有的通过人力、服务的形式存在，有的通过物化的形式存在，通过对这些资产的盘活使用，能够达到资产变现的目的，比如物产经营和服务经营。北京广播大厦是北京人民广播电台旗下产业公司的投资置业项目，其总面积为5万多平方米，主楼为24层，附楼为11层，具有酒店、写字楼和演播厅三大业态[③]，自2009年正式营业以来，逐渐成长为电台重要的产业收入来源。广州人民广播电台在新台址基础上建成的广州国际媒体港同样也是广播媒体物产

[①] 参见李晓丹等《广播广告营销策略创新简析——以江苏广播整合营销为例》，《中国广播》2019年第3期。

[②] 参见梁玉新《广播广告的智库营销时代——广播广告经营进化论》，《中国广播》2019年第3期。

[③] 参见王春美、黄升民《我国广播多元化经营的演进轨迹与内在逻辑》，《编辑之友》2019年第1期。

经营的典型代表，吸纳了大量传媒机构和广告企业入驻。中央人民广播电台在产业经营的尝试中，将后勤工作企业化改革，进行办公资源的开发和再利用，将广播技术产业化，着力打造从设备研发、采购、安装、调试到设备使用、维护、技术支持及节目制作于一体的产业链。

还有一些电台立足本地市场，通过产业运营理念和模式的创新，变广告客户为合作伙伴，通过开发相关的实体产业，尝试打造生态闭环，吸引听众、用户成为消费者，并提高广播在本地的知名度，通过提供特色服务来增加创收。例如河北邯郸音乐广播利用广播的线上剩余资源与民间资本共同合作，推出以广播为主题的"1028餐厅"，电台的餐饮广告客户成为餐厅专业运营团队，地产广告客户变身为餐厅投资合伙人，广播媒体则作为产业合伙机构，共同进入餐饮市场。[①]"1028餐厅"的整体风格以广播元素呈现，比如餐厅包间以音乐广播各档节目命名，餐厅菜单由"1028"（河北邯郸音乐广播）的主播推荐，餐厅等候区开设小型广播博物馆。该餐厅以"不仅仅是一家餐厅，更是一个音乐广播的社交平台"作为设计理念，在餐厅里能够看到与广播相关的物件或元素，如老式收音机、广播开盘带、广播直播间等。河北邯郸音乐广播将线上优质广告资源引进餐厅进行二次营销，让顾客可以看到、用到、吃到广播中宣传的产品，如周一"优布劳啤酒之夜"、周三"五粮液郸酒之夜"、周六"利福来之夜"。"1028餐厅"的开办不仅有力地传播了"1028"的频率形象，通过线下实体经营带来新的听众，而且产生了经营模式的带动示范效应，在第一家主题餐厅推出不久，就有意向企业纷纷洽谈更多的其他方案，各大商业综合体、互联网销售平台、汽车维修、餐饮等多家公司竞相加大与邯郸音乐广播的合作，是广播产业运营理念和模式的一次典型创新。

---

① 参见石磊、周玉龙《发挥品牌力量 打造广播生态圈——邯郸音乐广播1028广播主题餐厅的成功尝试》，《中国广播电视学刊》（增刊）2018年第9期。

第三节　以服务为核心的垂直类业务拓展

　　媒体能够以服务性的内容连接用户、机构，形成影响力后再连接项目、产业，从而找到不仅可行而且可持续发展的商业模式。[①] 广播的功能不再仅仅停留在为听众提供资讯或娱乐，而是为引导用户形成健康、科学，同社会发展相一致的生活方式提供服务。这种广泛意义上的服务，是将用户所需要的、广播电台所能够提供的服务进行整合、打包。这样，用户通过广播媒介可以获得更多的服务，对广播的忠诚度就会增加。[②] 广播媒体发展至今，积累了大量的服务类节目，比如教育教学节目、美食旅游节目、汽车服务节目等，这些节目常年在行业领域深耕，沉淀了丰富的社会资源。通过对此类节目的整合运营将起到纵向垂直延伸的作用，依托广播节目对行业资源的深度整合，聚焦于一个个垂直领域，开发"信息+服务"的产业化运营模式（见图6-1）。

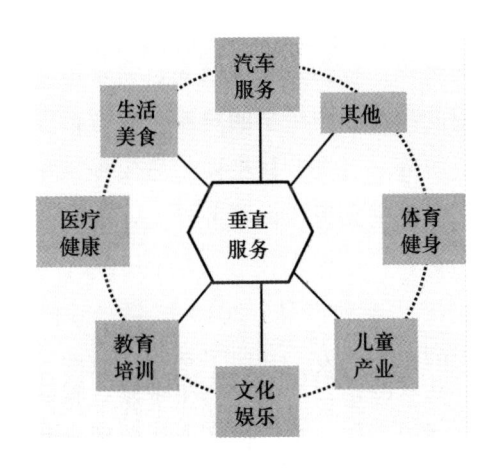

图6-1　广播媒体的垂直市场开发路径图

[①] 参见范以锦《智媒时代内容生产对媒体商业模式构建研究》，《中国编辑》2020年第11期。

[②] 参见汪洋、潘力《中国广播产业链的再思考》，《中国广播电视学刊》2009年第12期。

一 广播+教育培训：构建线上线下闭环体系

多年来，电台开办的以传播科学文化知识、进行社会教育为主的广播节目在宣传解释政策法规、引导舆论、提高全民文化素养方面发挥了重要作用，特别是各类知识讲座及教学节目，曾伴随了几代人的成长。随着时代的发展，"教育广播""教育节目"的内涵发生了改变，节目定位和内容转移到为各类人群提供教育服务上来。随着教育人群的扩大，学历教育与非学历教育并行，国家对教育市场逐步改革，各地电台开办了各类与教育教学相关的服务节目，借助对本地教育市场的深耕，塑造出一批独具特色的广播教育品牌。在服务用户全方位教育需求的基础上，通过教育资源整合、内容产品研发、网络渠道布局、创收模式拓展，将广播节目做成了垂直领域的专业平台，由过去广播广告单一收入模式向广告收入、内容收入、线下活动收入及品牌经营收入等多元化模式转型。

以北京城市广播的《教育面对面》为例，自2005年开播以来，节目积累了丰富的资源，包括北京市教委、北京市教育考试院等在内的政府资源，权威的高校和中小学的资源，教育行业的客户资源，中高考考生和家长资源等。过去节目主要为考生提供单一的信息咨询服务，改革之后除了提供中高考咨询服务外，还关注与考学、升学有关的心理解压、作息营养、社会交往等方面的需求，开发出境外游学、小记者团、咨询会等一系列产品。2014年起，节目从更好地满足用户需求和市场需求的角度出发，开启了垂直领域的专业化、市场化运营，通过品牌缔造、品牌授权，构建起线上线下相结合的营销服务体系。①上游提供专业权威的教育咨询内容，更好地满足中高考考生和家长的多方面需求，创建教育品牌；中游拓展输出渠道，通过网站、社交媒体、地面活动、文字手册等多种方式实现节目内容与服务的多

---

① "O2O"即"Online To Offline"（线上到线下），是指将线下的商务机会与互联网结合，让互联网成为线下交易的前台。

渠道分发；下游整合已有沉淀资源，开发出线下活动、境外读学、小主播培训等衍生产业。节目实行市场化运作以来，节目收听率有大幅提升，创收增长明显，在为用户提供个性化增值服务的同时，实现了社会效益和经济效益的双丰收。

与此类似的还有青岛广播电视台的《教育新观察》，该节目深入挖掘权威教育部门、名校、名师、名家等优势资源，同时聚合青岛本地每年数万家面临不同阶段升学需求的家庭，致力于为学生和家长提供全方位服务，成为青岛地区独具特色的教育品牌栏目和权威教育平台。在具体运作上，这档节目围绕精心策划的主题内容，形成广播、线下活动、衍生产品和微信社群四位一体的传播局面，推动下午非黄金时段收听率出现小高峰。在打造优质线上内容、拓展现象级线下活动的同时，积极尝试市场化的运作方式，将夏令营、冬令营、研学游等产品在微店中推广销售，并不断扩大产品种类，进军在线教育领域。2018年，《教育新观察》节目组打造了在线付费教育平台，整合青岛教育界的专家、名师，开设《校长您好》《名师开讲》《父母课堂》《学霸访谈》《留学百科》等专栏，节目以主题性、热点化、名人化等分类，生产、包装、推广精品付费收听课程。[1] 2019年，节目利用小程序继续探索场景化应用和渠道下沉推广，努力实现广播品牌再造和创新，实现低成本内容变现。

还有的地方广播，利用重要的时间节点，将社会热点话题与商业元素相结合，在提高电台影响力的同时，潜移默化地进行企业品牌宣传，获得经济效益。例如郑州新闻广播在小升初、中招、高考集中的六月考试季，与当地教育局联合推出校长与名师走进直播间活动，一方面邀请中学校长对学校整体情况予以介绍，另一方面请各学科的名师和就业指导教师就考前注意事项及志愿填报技巧予以解读。这一活动以广播直播间作为核心，同时在自有新媒体平台及水滴直播等外部

---

[1] 参见赵娜、张晓琳《广播教育类节目的平台化运营——以青岛广播电视台大型教育节目〈教育新观察〉为例》，《中国广播》2019年第4期。

平台予以呈现，通过事先的策划将项目整体打包招商，取得了当地企业与学校的竞相赞助。与此同时，随着活动拓展，电台又组织听众走进相关院校，具体了解和实地体验学校的特色，搭建起听众与客户沟通的桥梁，实现三方共赢。

二 广播+汽车服务：听众有机转化为用户

公安部发布的数据显示，截至2021年9月，我国机动车保有量达3.90亿辆，其中汽车2.97亿辆，汽车驾驶人达到4.39亿人，有76个城市的汽车保有量超过100万辆，18个城市的汽车保有量超过300万辆，而苏州、上海、郑州、西安、成都、重庆等城市的汽车保有量均在400万辆以上，北京更是超过了600万辆。[①] 汽车行业的发展催生了庞大的信息服务需求，各地广播媒体创办的汽车服务类节目由于能够提供集行业信息、购车指南、汽修指导等于一体的服务，受到市场的欢迎。这些节目既整合以主机厂、4S店为代表的汽车前市场客户，也着力吸纳汽车维修、保养，以及所需的零配件、用品和材料等在内的汽车后市场客户，聚拢听众、网友、车主等关注汽车或使用汽车的庞大群体，以直播内容为原点、借助在线网络推广、线下地面活动，不断扩展汽车服务市场。

以北京交通广播的《1039汽车服务热线》为例，该节目立足北京庞大的汽车市场，借力电台优质资源，积极拓展线下市场，逐渐形成自身发展特色，成为拉动电台创收新的增长点。通过对本地汽车市场的分析，节目确立了"历史、娱乐、新鲜、个性和专业"的宗旨，将主要内容划分为几大部分：一是基本的买车、修车知识；二是百姓生活热点；三是大众出行的路线，包括市内、城外和自驾出游等；四是政策的详细解读；五是及时路况；六是汽车业界的动态追踪等，力争为用户提供全面、客观、有趣、新鲜又有个性的汽车信息服务。从

---

① 参见《公安部：2021年三季度新注册登记机动车883万辆》，澎湃网，https://m.thepaper.cn/baijiahao_14880617，2021年10月30日。

节目形式来看，主要由两位主持人加时段嘉宾的阵容构成，以聊天的形式播出，主持人之间、主持人与嘉宾默契配合，以幽默诙谐的内容和多媒体方式吸引用户收听并参与线上节目的互动，进而延伸到线下试车试驾、维修保养等活动。该节目提出"空中、线上、线下"协同理念：在空中电波中，致力于满足用户买车、养车、修车、用车过程中的一系列需求，通过内容和形式的创新提升节目品质，打造精品知识栏目；在线上，着力打造微信公众号"爱车一点半"，通过本地化的话题设置、图文推送及互动活动，使其成为互联网传播的重要通道；在线下，则全面打造"你好"系列露营大会品牌，举办"你好·繁星""你好·草原""你好·宝贝""你好·雪山""你好·神州"等多场大型露营活动，通过整合产业链条上的相关资源，有意识地提供汽车相关的产品和服务，使广播节目所传递的信息要素处于动态之中，为用户与客户达成线下交易搭建起桥梁，商业潜力和市场价值不断凸显。

三　广播+文化旅游：信息服务与生活休闲结合

随着旅游消费需求的增长，国内很多广播媒体开办了形式多样的旅游节目，聚合行业资源、社会资源和用户资源，将旅游信息提供与生活服务相结合，发掘新的市场机会和空间。

北京人民广播电台的交通广播、文艺广播拥有多档旅游节目，《环球旅行家》《旅途》等节目发挥着吸引旅游人群、制造旅游消费热点、宣传旅游目的地的作用。此前这些节目吸引着以旅行社为主的诸多赞助商，但是随着旅游行业的迭代升级，旅游人群和旅游消费向着多样化、个性化的方向发展，赞助商不再满足于简单的硬性宣传，而是更加关注广告投放后的用户转化率，对传播效果提出了更高的要求。在这样的背景下，北京人民广播电台创建了节目与品牌活动及俱乐部联动的方式来导流听众：首先，推出《1039慧旅行》等品牌节目，挖掘北京及周边地区的特色旅游资源，在节目中予以宣传介绍；其次，组织形式多样的线下活动，为听众和用户提供相关旅游导览服务；最后，依托"1039俱乐部"的专业运作，开发多种形式的旅游产品，直接面向不同的消费人群。在这个过程中，通过不同旅游产品的消费情况，掌握了不同频率听众的旅游消费习惯和消费喜好，为旅游产品的优化提供了参考，并且线下活动与旅游业务的开展也对广播节目形成了良好的反哺，不但创新了广播听众转化为产业用户的途径，延伸了广播广告的盈利空间，也拓展了广播平台在旅游休闲等相关产业的影响力。

在贵州遵义，红色旅游、生态旅游、工业旅游、文化旅游、民俗旅游和乡村旅游条件优越，具备良好的旅游产业发展基础。遵义旅游生活频率将旅游信息服务与生活休闲娱乐有机结合，围绕"吃、住、行、游、购、娱"六大要素，钻研听众需求，充分利用移动互联网资源，推出本土化、互动式的音视频节目，进行了颇为有效的尝试。主创团队通过主播出境、线下活动等方式，建立旅游生活频率与本地听众的联系，打造旅游生活广播品牌和主播个人品牌。其中《旅王驾到》就是一档以"推广主播、树立品牌"为目标的自办网络视频节目。节目由频率主播轮流出境主持，让平时"只闻其声不见其人"的广播节目主持人走到镜头前，配以有趣的情景设计和活泼的后期特效，带领听众和观众体验遵义的休闲生活。这档节目通过在微信公众号中设置互动环节，抽取幸运观众与主播一同前往线下商家赞助的游玩地点体验并录制节目，最终在网易客户端中发布视频。① 这种尝试不仅推广了广播频率的品牌，还带动了当地旅游产业的发展，可谓一举两得。

四 广播+美食餐饮：创建本地化推荐平台

随着生活水平的提高和生活节奏的加快，人们对餐饮美食资讯的关注和需求与日俱增，广播媒体开办的餐饮美食栏目以其显著的贴近

---

① 参见龚捷、李莲《移动互联时代城市旅游广播发展探析——以遵义旅游生活频率FM88.0为例》，《现代视听》2018年第6期。

性、服务性、便捷性，赢得了用户的青睐，占领了一定的市场份额，取得了相当不错的社会效益和经济效益。

以往，餐饮美食类节目的内容主要由餐馆介绍、美食推荐等构成，以单一的广播宣传为主，具有稍纵即逝、不易复听的缺点。随着媒体融合的推进，多家电台开始尝试加入新的元素，借助新的传播手段、互动形式，在稳固固有听众收听忠诚度的同时争取新的收听人群。北京文艺广播的《吃喝玩乐大搜索》节目主打本地化的垂直服务，通过"主播推荐""吃货雷达""懒人厨房"等特色小栏目拓展节目的知名度，通过"摇一摇""抢红包""砸金蛋"等互动功能增强用户活跃度，还曾尝试推出"电子会员卡"，通过节目推广、微信引导、微店下单、快递到家等便捷的一体化服务，多次成功销售节目定制产品，并以此闭环链条吸引了更多广告主进行线上投放，形成线上与线下有机融合的盈利模式。尤为重要的是，该节目最大限度地发挥了广播的聚合功能，通过整合资源搭建起美食服务平台，进一步扩大了节目的影响力，又将盈利来源延伸至美食餐饮及其相关外围产业，在拓展盈利模式的同时收集了一定数量的用户数据，为节目优化和经营改进提供了宝贵资料。

湖北楚天交通广播《好吃佬》节目经过近十年的探索，不仅在节目中融入各种曲艺元素和生活资讯，而且线上与线下相结合推出新板块，通过创新节目形态，打造个性化线下活动等一系列举措，使一档节目吸纳餐饮广告逾 700 万元。[①] 青岛音乐体育广播的美食节目《吃在青岛》以"美食限量购"为依托[②]，通过深度挖掘餐饮市场，为听众提供本地化、特色化的美食消费信息，并附赠商家提供的各类优惠折扣，充分利用广播传播和微信、微博、视频直播等融媒体手段，建立了与众多美食商家深度合作的美食产业平台，找到了一条美食栏目的转型发展之路。

---

① 参见陈阳等《种梧桐 引凤来——湖北广播餐饮节目〈好吃佬〉经营模式分析》，《中国广播》2015 年第 10 期。

② 参见李胤霖、郝力《广播美食栏目的融媒体平台传播和餐饮产业平台拓展研究》，《中国广播》2017 年第 12 期。

第四节 以资本为纽带发展新型产业

媒体的发展离不开资金的运作，如何争取资金、运用资金并创造效益是融合转型过程中需要直接面对的问题。长期以来，广播媒体依靠政府拨款、自有积累两种方式维持运转需要，在面对全新竞争、加速融合发展的情况下，以技术开发、版权运营、产品创新等为核心要义的新媒体、新业务需要持续、大量的资金投入，改变单一的资金募集方式成为现实需要。与此同时，改革旧有产业版图，扭转传统业态多、新型业态少，很多业务长期处于微利或不盈利的局面，也变得十分迫切。在加快内部机制改革、剥离可经营性资源的基础上，有必要学习资本运营的知识和经验，增强多元化投融资能力，以多种方式、多种手段改革传统低效的产业投资业务，培育具有发展前景的新型项目，推动产业业态升级。

一 多元融资，优化产业布局

与相对单一、线性的传统广播电视业务不同，面向新技术、新应用、新市场的融合发展是一项周期长、投入大、要素多的系统性工程，新型产业模式的建立尤其需要以持续、稳定、规模化的资金投入作为保障。尽管囿于传媒管理体制和政策制度，国有传媒企业很难实现真正意义上的资本运作，但是如何最大限度地拓宽融资渠道，借力多种形式的资金、资本，盘活资源和资产，是推动传统业态向新型产业转型必须克服的难题。目前来看，可以从四个方面寻求突破，争取资金，同时优化产业布局。

第一，借助国家支持媒体融合发展和促进文化产业发展的政策机遇，积极通过新产品、新项目、新服务的研发来争取各类财政项目的支持，比如融合发展基金、文化产业基金、宣传文化引导基金，等等。这类财政投入的争取需要加强对国家政策的研究、市场需求的研判和自有优势的分析，大力开发与政府服务、社会治理服务、生活服务等相关的项目或产品。例如在当前的融媒体建设进程中，广播电视机构

第六章　产业拓展：调整经营结构，探索新型业态

与县委、县政府对接，在客户端开设政务服务窗口，并将数据中心升级为政府各部门数据信息储存、互联互通的管理服务平台，开辟网格员通道，服务社会治理，协助发现问题、处置矛盾隐患，还开设新闻资讯、直播、交管服务、缴费、购票等多个生活应用版块①，代管和运营成为广告之外的一项新的收入来源，开辟了政务服务这一新的盈利模式。产业开发还可立足于本地经济建设的需要，通过与政府资源合作，开发优质产业项目，譬如湖北广播电视台与荆州市政府合作组建长江垄上传媒集团，开发百亿级农资市场，打造传媒与农业融合的新型业态。其具体的方式是："线上"通过内容播出，打造节目品牌链；"线下"通过农资销售、绿色农产品销售、农业保险、人力资源服务等多项业务，打造传媒农业产业链，呈现出良好的发展势头。②

第二，通过科学的评估引入信誉好、有保障的社会资本，通过优势互补、跨界合作、资源合作的形式壮大资金实力，共同进行市场开发。20世纪90年代广播媒体开办的各类公司、企业大都由电台自己出资投建，进入21世纪，社会资本不断被引入广播多元化经营范畴，但是这些资金最初大都规模不大，以传统业务投资为主。以北京广播公司为例，作为北京人民广播电台按照国家文化体制改革和广播影视行业相关政策要求成立的全民所有制企业，它是电台产业化运作和资本运营的平台，通过引入民营、外资、个人资本的形式丰富了控股子企业的股权构成，在音乐演出、数字电视、品牌推广、交通旅游、广告代理等领域开展了卓有成效的运营，如北京同步广告传播有限公司由北京广播公司与香港凤凰卫视有限公司共同出资，一定程度上发挥了强强联合的效果，在跨地域广告运营方面曾取得显著成绩。近年来，广电媒体开始将产业运营转入新媒体、新技术领域，吸纳有经验、有实力的民营企业参与媒体融合的业务推进当中，在分散风险的同时加快了

---

① 参见沙垚《资本、政治、主体：多元视角下的县级媒体融合实践——以A县融媒体中心建设为样本的案例研究》，《新闻大学》2019年第11期。

② 参见张海明《做好传媒与资本融合的乘法——湖北广播电视台的实践探索与未来布局》，《传媒》2015年第14期。

产业开发的步伐,例如南京广电集团与南京摩尔猫猫文化发展有限公司合作,共同组建了南京广电猫猫新媒体有限公司,将广播资源平台与对方成熟的新媒体技术手段、新媒体营销模式优势互补,推出了本地化客户端"在南京",探索"平台+产业"的融合模式,参与到体育、会展、旅游、艺术、餐饮等多种行业的发展之中,形成了独具特色的媒体融合局面,带来的收入已超过原来单一的传统广告收入。①

　　第三,通过引入专业团队、设立投资基金的方式,来满足拓展新业务过程中所需要的资金缺口,积累融资经验。浙江日报报业集团曾经提出"资本壮大传媒"的理念,通过成立投资公司,筛选优质项目,助推集团业务的多元化拓展、多渠道盈利。在广播领域,中央人民广播电台、中国国际广播电台、北京人民广播电台进行了积极的探索与尝试,通过引入专业团队,谋求与资本市场的对接,寻取更大的发展。中央人民广播电台成立了央广投资公司,负责旗下经营资源配置、股权投资、产业投资等业务开发,开展资产管理、投资咨询等业务,一方面实施产业投资,扶持新兴业务发展,另一方面实施财务性投资,获取资本收益。中国国际广播电台成立了国广环球资产管理公司,从事投资管理、商务信息咨询、企业管理咨询等业务,该公司是上市公司华闻传媒集团的第一大股东及控股股东。华闻传媒着力打造"互联网平台型传媒集团",其主营业务包括报刊经营、广播广告、留学服务、手机视频、漫画动漫、楼宇广告、舆情监测等。北京人民广播电台旗下的北京广播公司 2015 年起开始运作合音投资基金和北广文资歌华基金两支基金,合音投资基金是一支文化产业创业投资基金,规模 5000 万元,重点关注与电台业务紧密相关的文化创业项目,投资了听听 FM、北广购物、喜剧研习社等;北广文资歌华基金是一支文化产业股权投资基金,初始规模为 2.50 亿元②,由北京广播公

---

　　① 参见屠强华《从"在南京"APP 的实践谈城市电台的媒体融合路径》,《视听界》2018 年第 3 期。
　　② 参见《北京人民广播电台情况介绍》,北京广播网,http://www.rbc.cn/dtjs/2016-06/02/cms179863article.shtml,2021 年 10 月 24 日。

司、北京市文化创业投资基金管理公司、歌华有线共同建立，在文化创意行业进行优质项目的遴选，专注于不同阶段文化项目的股权投资。这两支基金是北京广播公司发展的重头项目，在实际运作中组建了一支专业的基金管理团队，制度上实现了有限合伙人和投资管理人的合理分工，避免了过多的行政干预。此外，基金项目的灵活性较高，能够"寻找别人成功后的参与机会"，通过投资渠道，整合产业链上下游优质资源，完善全媒体产业布局。

第四，通过挂牌新三板的形式，为后续发展争取更多的资金，谋求传统业务的升级转化。"新三板"指全国中小企业股份转让系统，是我国非上市股份有限公司的股权交易平台，主要服务对象是创新型、创业型、成长型的中小微型企业。相比其他方式，在新三板上市门槛相对较低，挂牌速度快，匹配程度高[1]，有助于优化企业治理结构，能够取得不错的广告效应。对于处于成长期的业务板块，在新三板上市，能够充分利用多层次的资本市场助力发展，是一个不错的选择，许多报业集团的新媒体业务通过新三板挂牌的形式实现了营业收入的增长。在这方面，黑龙江人民广播电台进行了积极尝试。黑龙江龙广传媒股份有限公司是黑龙江人民广播电台实际控股的股份制公司，主营广告代理和品牌营销业务，独家代理售卖黑龙江人民广播电台的旅游、地产、金融行业类广告业务，同时为客户提供营销活动策划、品牌推广等品牌营销服务。该公司于2015年在新三板挂牌上市，随着资金注入和业务优化，逐渐发展成为集广告代理、品牌营销、展会服务、文化推广等业务为一体的综合性服务提供商。2021年上半年年度报告显示，龙广传媒营业收入1641.84万元，同比增加58.10%，净利润为189.68万元，同比扭亏为盈。[2]

---

[1] 参见胡线勤《拥抱资本：开拓媒体融合新路径》，《中国报业》2015第13期。
[2] 参见金融界《龙广传媒2021年半年度净利189.68万元 同比扭亏为盈》，https://baijiahao.baidu.com/s?id=1709163875572136311&wfr=spider&for=pc，2021年10月1日。

二　对外投资，培育优质项目

作为互联网巨头企业的腾讯曾在其财报中提道："除发展内部核心业务外，我们亦投资于各行业最优秀的公司，让我们可以将管理层注意力及公司资源集中于我们自身的核心平台，同时……把握相关垂直领域的新机遇"，为此腾讯投资了逾700家公司，超过100家公司的估值超过10亿美元，其中超过60家已经上市。[①] 腾讯通过投资上游公司，丰富涵盖游戏、视频、音乐及文学等领域的IP组合；通过投资垂直平台，提升用户触达及参与度；同时借助投资重大前沿技术，提高企业面向未来的竞争力。正是多元化的业务布局，使其增强了抵御市场风险和从多渠道获得收益的能力，成长为年营收达到4820.64亿的高产值企业。[②] 在国外，欧美广播机构和互联网音频企业近年来也在积极布局更多的业务，通过收购、兼并等方式扩大在音频产业的布局，特别是扩大在数字化音营销、音频技术等领域的布局，例如潘多拉电台以1.45亿美元收购了欧洲领先的数字化音频广告技术公司Ads Wizz，拥有广播和播客业务的大型媒体公司E.W. Scripps以现金1.5亿美元收购了数字化音频技术服务公司Triton Digital。[③] 广播媒体要真正顺应融合发展的时代要求，必然要摆脱单一业务、单一模式的产业发展模式，在符合国家政策规定的前提下，寻找文化产业和相关产业的市场机会，通过控股、参股甚至适当的收购、兼并，发挥媒体品牌价值和资源价值，寻求更为广阔的市场空间。目前可供参考的方向有三点。

第一，挖掘非货币性资产的投资价值，在科学评估风险和收益的前提下，进行多元产业的投资。例如发挥广告资源的市场价值，尝试

[①] 参见《腾讯财报：2018年净利增长10%，已投资超过700家公司》，《每日经济新闻》，https://baijiahao.baidu.com/s?id=1628607506881211495&wfr=spider&for=pc，2021年7月20日。

[②] 参见《2020年度财务报告》，腾讯网，https://static.www.tencent.com/uploads/2021/04/08/27ed851251241c67fc697a18d7d8dc88.pdf，2021年5月26日。

[③] 参见张晓菲《美国广播公司打造多平台音频产业的实践与发展趋势——以iHeartMedia公司破产重组及业务发展为例》，《中国广播》2019年第9期。

第六章 产业拓展：调整经营结构，探索新型业态

以广告资源折合股权的形式，对前景广阔的创新型企业进行投资，参与企业未来成长分红。

第二，在音频产业链的上下游进行适当投资和布局，围绕音频内容建立广泛的生态系统，打造高效的运营能力，搭建多元化业务组合。在音频产业上游，要关注两个重要元素：一是未来对声音或音频发展有革命性、决定性影响的新技术、新应用，比如语音识别技术、语音合成技术等；二是音频版权，能够通过整合版权内容，构建发行渠道，开发和培育属于自己的版权内容。在音频产业的中游，大胆尝试平台战略，既可以自建平台，也可借助微博、微信等社交平台和商业平台，或收购有规模用户、开发团队和运营团队的成熟平台，尽快培养"运营平台"的能力。在音频产业的下游，加大音频衍生品的开发力度，积极进行市场开拓和多元经营。在市场条件成熟的前提下，可以借鉴国外模式，推出音频产品的信息定制服务，收取信息定制费。还可利用庞大的网络和充足的资源建立信息数据库，将不同产品捆绑在一起，以强势品牌带动弱势品牌，形成统一的品牌链条。

第三，增强对各类资源的分类开发能力，在巩固传统业务的基础上，争取新兴业务、新兴资源，增强资源储备和竞争力，实现由单一的广播机构向含多种经营方式、多样经营业态在内的综合性传媒机构转变。用多种手段、多种工具深入挖掘资源价值，在增值服务、版权开发等领域开拓探索，形成互为支撑、协同发展的产业体系。2010年中央人民广播电台确定了以传统媒体业务为基础、新媒体业务为方向的发展模式，除了传统业务外，还搭建了新媒体产业集群，发展手机电视、互联网电视、车载视听、有声阅读等新媒体业务。中国国际广播电台此前产业以出版社、报社、物业公司、文化传播、培训中心等传统业务为主，近年来加快发展互联网电视等新媒体和其他多种业务。目前，适配建设国际一流新型主流媒体的目标，中央三台合并以后，积极规划新的产业经营体系，力争实现"大文化、大资本、大经营"的战略蓝图，其中特别提出"推动版权与广告整合经营""加大优质IP全产业链开发"，打造"内容＋平台＋渠道＋服务"的媒体生

态体系。① 以北京人民广播电台、广东人民广播电台、黑龙江人民广播电台等为代表的省级电台同样探索新的产业布局,北京人民广播电台陆续成立了从事新媒体开发、广播购物、版权购销、基金投资等业务的新公司,黑龙江人民广播电台的经营领域拓展到广播剧、动漫配音、文化旅游、电子商务、绿色食品、教育培训、婚庆、演艺会展等新领域。与商业视听机构相比,广播电视媒体需要不断提升生态构建能力,与产业上下游、社会各界深入合作,通过适度的跨界合作,在具有良好前景的业务领域进行提早布局,主动投资能够发挥传媒主业优势的项目,稳步进行多元化经营拓展,延伸产业链条。

---

① 参见《中央广播电视总台10月1日将全面改版》,《传媒内参》,https://mp.weixin.qq.com/s/b_ZhAwKWsbICwrG-lxBP5Q,2021年10月10日。

第七章　机制构建：调整生产关系，激发活力

从媒体发展趋势来看，优良的机制建构是经营效率提升的必要保障。广电媒体需要持续增强顶层设计的能力，在全新的视听产业竞争格局下，通过生产关系的调整，推动理念、平台、产品、运营等各方面的协同创新，使互联网技术助力于生产力和管理效率的提升，催化出新流程、新模式和新产业。适应移动互联网竞争，内部的组织架构有必要进行适当的改革重组，特别是加速非新闻类内容的制播分离，提高内容生产的市场化和社会化水平，创建统一的产业运营平台，确立清晰的广告经营主体，推动新媒体业务的企业化运作。应制订事业与产业协同发展的清晰战略，通过绩效激励机制、人才引进机制、产业管理机制等创新，找到能够实现整体和局部、当前和长远、公益与市场均衡发展的路径。

第一节　顶层设计：处理好几组关系

有了平台和产品，并不意味着找到了经营转型的路径。未来几年，广播转型将主要围绕如何推进融合发展、打造核心竞争力展开，需要抓住内容创新、渠道拓展等重点环节，在整合、优化现有系统内资源的基础上，不断探索新领域，培育新增长点。在此过程中，需要深化改革的顶层设计，以资源整合和开发为基础，以增强电台的发展动力和活力为目标，以体制、机制、结构、流程等组织体系调整为手

段，处理好几组关系，将人才、资源和管理的合理配置与有效运作转化为竞争优势。

一 区分影响力平台和盈利平台

广播转型的目的不仅是做大做强、繁荣发展，更是在当前的舆论格局下，更好地整合各方面资源，形成主流平台的影响力，在更好地坚守舆论主阵地的基础上，不断探索新的盈利模式。

一个传媒机构往往有很多的平台，在当前广播电视资源深化整合、与新媒体融合发展的情况下，一些有着崭新定位、被赋予全新功能的新平台还在不断产生。这些平台既包括具有不同受众群体、承担不同功能的频率频道，也包括网站、客户端，甚至由台内不同机构或团队创办的各类微博、微信公众号、头条号、视频机构号等。每一个平台在传媒集团中的位置不同，所起的作用也不同。[①] 有些平台是不可能实现大规模盈利的，它们的主要作用是辅助提高整个机构的影响力和品牌价值，或者为其他单元的影响力服务。而有些单元则是有较大盈利空间的，比如垂直服务、版权开发、活动、广告、财务投资等。在融合发展的转型设计中，不一定需要每个单元都有经济指标的要求，只要每个单元能够形成合力，构建的整个组织能够有比较旺盛的价值变现驱动力，就能够保证整个机构的运行。

正如在互联网企业内部有着"用户产品"和"商业产品"的归类，用户产品往往带有免费性质，通过满足用户需求，提供良好用户体验，吸引大量用户使用，起到引流、建立影响力的作用，而商业产品则往往是那些承担着盈利功能的产品，在不影响用户体验的基础上为企业创造利润。二者并非有着绝对的界限，同一个平台、同一款产品有可能同时具有用户产品和商业产品的属性，但是在面向不同的对象时会有着功能上的差异，譬如百度搜索，海量的普通用户通过这一平台享受着免费检索信息的服务，但是具有推广需求的机构或个人在

---

① 参见陈国权《报业转型新战略》，新华出版社 2014 年版，第 32 页。

使用这一平台上需要以竞价的形式支付推广费用。也有的用户产品在经过一定时间的培育之后,当具备一定的盈利能力之时,可以向商业产品过渡。

本质上,"影响力"是一种带动力,即发出者对于收受方在认知、倾向、意见、态度及行为等方面有显著的改变或促动作用。媒体影响力就是通过传播信息的过程对社会大众或机构组织产生的一种带动力。对广电媒体而言,那些承担着舆论引导、新闻报道功能的平台应着力通过内容品质的提升、新闻信息的传播打造主流媒体的影响力,通过理念、内容、形式、方法和手段的创新,提升新闻宣传水平,力争在正能量、主旋律等头部内容产品的生产上有所突破。未来的传媒集团并不仅仅是以传媒作为盈利支柱,可能传媒就是成本中心,而盈利中心则是其他以传媒作为支撑的产业,比如信息、服务、培训等。①广电媒体应加快融入产业、融入市场的步伐,拓展盈利平台介入垂直行业的能力,通过提供内容或服务,建立起深入大众生活、满足文化需求的产业链条。

二 正确处理存量与增量的关系

广播盈利模式的建构是广播媒体在发展过程中经营方式和业务形态不断变化的过程,是经营不断自我更新的过程。在时间上表现为经营思路和经营模式不断合理化和高级化的过程,在空间上体现为经营业态的调整和经营规模的不断成长。广播经营的实践表明,广播媒体的内容传播、广告经营、多元化经营是环环相扣、互相影响的。广播的内容传播力是一切经营的基础和起点,只有生产出高质量的内容获得听众的认可,才具备了出售广告的可能,在此过程中广播逐渐汇集和积累起的影响力和公信力、资源成为其进行其他多元化经营的基础。②

---

① 参见陈国权《报业转型新战略》,新华出版社2014年版,第38页。
② 参见王春美《中国广播经营变迁:起源、演进、规律与趋向》,中国传媒大学出版社2019年版,第181页。

就广告与多元化经营的关系而言，广告经营是广播媒体生存的基础，是广播经营的"存量"，而多元化经营为广播经营的空间拓展提供可能，是未来广播产业发展的"增量"。在广播发展过程中，首先依靠广告活动的开展获得了稳固的收入来源，并为产业化拓展积累了经验和基础，当广播发展到一定的阶段，面临更为广阔、多元的市场竞争，决策者需要带领团队面对广播以外的"大音频""大文化"领域，寻找经营创收的更多突破口。

互联网音频平台的出现改变了原有的传播生态。在全新的市场环境中，竞争主体和市场格局发生了显著变化，立足于"耳朵经济"的新兴音频产业链正在形成，传统广播产业的封闭式结构遭受冲击。要实现长远可持续发展，广播媒体必须放弃长期依靠的经验主义，真正把市场和用户作为业务开发的前提，结合自身在内容生产上的优势和传播渠道上的特点，对业务链各环节做出重新定位和调整。在此过程中需要处理好"增量"与"存量"的关系：一方面要优化内部资源配置，创新节目生产，增强品牌建设，不断拓展广播广告盈利空间；另一方面，在技术、资本驱动形成的全新媒介环境下，探索广播媒体在传统广告经营之外的盈利模式，形成多元产业格局，是当下需要努力的方向。要转变经营思路和模式，积极拓展外部资源，在媒体融合、转型发展的进程中推动市场化运作、专业化运营，进而实现产业价值最大化开发。

三 正确处理宣传和经营的关系

传统媒体需要转型的原因有很多，但其中有两个因素最重要，一是收入利润水平的下降，二是社会影响力的逐渐减弱，这其中也包括舆论影响力。前者是传统媒体生存的基础，而后者是主流媒体的职责和使命所在。① 移动互联网时代，广播转型的主要目的就是提高这两项的水平。具体地说，广播转型的目的不仅仅是做大做强、繁荣发

---

① 参见陈国权《报业转型新战略》，新华出版社2014年版，第29页。

展，而是在当前的舆论格局下，更好地整合各方面资源，巩固主流平台的影响力，壮大经济实力，从而提高整体竞争力。

广播媒体兼具意识形态属性和面向市场创造效益的经济属性，这两个基本属性哪一个也不能忽略。增强面向市场创造经济效益的能力是更好地巩固舆论引导能力、加强主流价值观传播的基础和保障，只有具备良好的经济实力，员工的利益才能够得到保证，才能做出真正服务人民大众、引领精神文化需求的高品质节目，也才能建设具有相当传播力和影响力的新型平台，从而更好地服务于巩固舆论阵地这个最终诉求。

作为主流媒体，广播电台集宣传、公共服务与产业功能于一身，既要强调宣传导向和公共服务，也要注重产业发展与经营管理。在正确处理两者的关系问题上，要始终牢牢把握正确新闻宣传导向，始终坚持公共服务的优质高效，始终坚持产业发展提速增效的原则。宣传导向和公共服务是根本，是发展的前提，产业经营是重点，是发展的基础，同时也是做好宣传和公共服务的经济支柱，两者相辅相成、互为促进，应进一步探索建立集宣传、服务、经营为一体的业绩导向和考核体系。

四　正确看待融合与经营的关系

通过媒体融合和转型发展，进行全产业链布局，改变传统媒体与新媒体相对割裂的局面，打造用户聚拢能力强的平台和产品，提升面向多平台的内容生产和综合服务能力，提高经济效益创造能力和可持续发展能力，是新型媒体集团的必经之路。

自1996年以来，我国广播跟随互联网发展的步伐，不断进行融合发展方式的探索，从最初建立简单网页、实现在线直播和点播，到创办网络电台、开展"音视频共做"，再到跟进移动互联网、开发客户端应用，广播与网络的融合进程循序渐进，不断深化。在技术发展的不同时期，我国广播追随互联网步伐，进行了平台创建、产品开发、渠道开拓、流程再造的种种尝试，对新媒体的认识也随着实践的深入而不断提升，多年的新媒体实践让广播媒体积累了融合发展的一定经验，组建了包含内容、技术、运营、营销、管理等人员在内的新媒体团队，初步建立了适应融合发展需要的工作流程和机制。但是，在融合过程中，由于技术进步、市场变化等外部环境和思维观念、机制约束等内部原因，新的问题和矛盾冲突也不断出现，其中最明显的是融合目标不够清晰、动力不足、机制受限的问题。

当下，传播的复杂程度和竞争的激烈程度更胜以往，技术的迅猛发展带来了全面融合的媒介生态，包括广播在内，新旧媒体均面临"生存"与"发展"的紧要命题。无论是国内还是国外，无论是公共广播还是商业广播，是传统频率还是新平台，都面临着运营经费从哪里来的问题。解决商业模式，是融合发展过程中不可回避的问题，"经营"既是融合进程的重要一环，也是市场检验融合成效的重要体现。

发展新型媒体集团，首先要坚持引领主流价值观，打通两个舆论场，提升主流媒体在新媒体舆论阵地上的影响力，完成宣传使命和实现社会效益；其次，要毫不犹豫地进行互联网化改造，学习互联网产品的生态构建思维，在品牌内容打造和平台建设的基础上，建立围绕"声音"的产业体系，增强可持续发展能力。通过优质内容聚集用户流量，借助高品质的社群服务将流量沉淀下来，进而通过广告、电商、活动等手段进行多种方式的商业变现，在为用户提供垂直领域的针对性服务的同时，也为企业客户提供精准营销的机会，实现多方共赢。

第二节　组织结构：构筑统合营销平台

只有打破机构的壁垒和平台的藩篱才能够统筹调动资源，逐步实现人员、管理、运营的融合，激发融合发展和经营拓展的内生活力。要巩固主流媒体的地位，就不能墨守成规，停留在广播的固有形态下求发展。新型商业模式的探索，必然要求媒体进行内部运转机制的多元化协调，通过资源聚合，搭建适应市场需求、符合形势发展、发挥媒体功能的组织结构,激发内部经营活力,通过整合重组产业平台,实现"政企分开、制播分离、管办分拆",从各自为战走向一体化发展。

一 创建统一的产业运营平台

在互联网转型过程中,为了实现媒体资产资源的优化配置、高效运营,要按照现代企业制度,遵循所有权与经营权分离的原则,实施事业与企业分开,从制度安排上做到组织机构分开、人员岗位分开、业务流程分开、财务账目分开,这有助于组织运营的市场化、社会化。整合广播电视机构内部的经营性资源,创建统一的产业运营平台,既有助于将产业资源与政策性、公益性资源区别开来,又能将平台以企业形式从事业体制内整体剥离出来,按照现代企业制度和市场化管理的要求,从用人制度、财务制度、业绩考核、利润指标等方面进行全新的运营管理。

为进一步加大产业开发力度,国内部分电台开始按照市场发展规律,对现有产业经营体制和机制进行调整,以全面提升经营能力。以中央人民广播电台、中国国际广播电台为例,在中央广播电视总台成立之前就进行了较为深度的可经营性资源的剥离,按照"企事分开"的原则,创建了各自的产业运营平台。早在2009年,中央人民广播电台就对央广传媒发展总公司进行大幅增资,并将全台所属可经营性资源一一授权其经营开发,从政策和资金扶持两个方面强化央广传媒发展总公司的产业平台地位。2010年中央人民广播电台再次对央广传媒发展总公司进行重组改制,完成对拟纳入股份公司节目制作业务涉及的设备、资产的清查工作,为未来对接资本市场扫清体制障碍。经过调整,央广传媒发展总公司构建起包含传统业务、新媒体业务、投资业务、购物业务和其他业务在内的多元业务格局。中国国际广播电台也迈出了产业机制调整的步伐,其投资控股的国广环球传媒有限公司于2011年挂牌成立,成为开展媒体和文化产业运营和发展的统一平台,以电台的可经营性资源为基础,从事多种业务的投资开发和经营管理。

省级电台方面在整合资源、发展产业方面也进行了卓有成效的改革。河南人民广播电台在努力保证广告创收的同时，针对产业资源"小、弱、散"的局面，开始了较为有力的资源整合，成立了河南广播传媒有限公司，吸纳全台可经营性资源，发展多种形式的产业，搭建起统一的产业经营发展平台。贵州人民广播电台将新闻节目以外的其他节目、栏目、多媒体数字广播、金州广播网、金州快报、广告部、LED电子显示屏等可经营性的资源、资产进行整合，组建起由电台控股的"黔西南金腾广播传媒有限公司"，该公司是"台属、台控、台管"的股份制文化企业，其中电台控股60.00%。[1] 该公司利用自身优势，外引内联，开拓了除传统调频广播以外的5个可经营性传播平台。在市场竞争中，增资往往是公司拓展新业务、规划新布局的基础。最早创建产业运营平台的北京人民广播电台多次对其旗下的北京广播公司进行增资，使其注册资本增加到5.35亿元[2]，壮大了其作为市场主体的实力，为公司产业发展提供了坚实的支持和保证。在江苏、浙江、湖南等地，由于广播电视集团的一体化运作，广播产业被纳入集团产业板块统一运营，如浙江交通之声的交旅传媒公司、杭州西湖之声旗下的传媒公司和旅游公司都由集团统一管理。在广东，广东人民广播电台对产业板块进行梳理，旗下原有的20余家台属企业整体平移到集团，再由集团统一授权运营，规范了产业资源的统一运作。

二 确立清晰的广告经营主体

在经营过程中，媒体机构面临着集团和各业务分支的经营关系处理问题，比如广播电视台的总台和各频率频道、新媒体公司的总公司和子产品之间的关系。是成立专门的广告经营部门统筹整个机构的所

---

[1] 参见陈红《坚持科学发展　做出强势产业——黔西南人民广播电台台长张元华访谈录》，《新闻窗》2010第3期。

[2] 参见《北京人民广播电台情况介绍》，北京广播网，http：//www.rbc.cn/dtjs/2016-06/02/cms179863article.shtml，2021年10月24日。

第七章 机制构建：调整生产关系，激发活力

有广告资源，还是将广告经营全力下放给基层部门，是所有传媒机构共同面临的现实问题。采取什么样的经营方式，由谁作为广告经营的主体，不仅关系着整个机构的资源分布、管理水平及对外形象，更关系着媒体能否最大限度激发内部体系的经营活力，创造最大的经济价值。

纵观媒介经营史，"分久必合，合久必分"的现象总是循环往复出现，使其成为媒介经营的一大运营定律。"合"意味着在机构层面设立一个统一的广告经营部门，负责旗下所有产品广告资源的整合运筹，它独立于各个子产品，与频率、频道并行，站在机构整体利益的角度开发广告产品、销售广告资源。"分"则意味着下放广告经营权利，使子产品或基层内容生产部门拥有广告经营的权利，它更强调激发基层单位的主观能动性，通过一个个基层单位的潜力开发去实现整体目标。这两种经营方式各有利弊，也在媒体发展的不同阶段轮番出现。但是，随着媒体竞争的日趋激烈，媒体融合发展的深入，我们看到，无论是在新媒体还是传统媒体内部，适当地收拢广告经营权，交由统一的经营或营销部门统一运作，正成为新的趋势。

旗下有着多条产品线的腾讯，此前多年的广告经营一直处于分散状态，不同产品分别有各自的广告运营团队，部门与部门之间并不存在过多联系，导致内部核心广告资源不仅无法实现有效连接，而且在面向客户时显得比较混乱。2018年9月，腾讯在新一轮的机构改革中，将所有广告业务整合，对外呈现"一个腾讯"。在新组建的广告部门，下设行业一部、行业二部及区域及中长尾业务部，分别负责以快消品、汽车和房地产等为主的实体经济客户，以电商、游戏和网络服务等为主的互联网客户，以及以自媒体、区域快消品、婚纱摄影等为主的中长尾客户。[①] 此举打破了部门之间的壁垒，提升了广告在腾讯收入中的贡献。与之类似的还有字节跳动，随着旗下子产品的用户

---

① 参见腾讯广告《〈中国企业家〉对话腾讯副总裁林璟骅：腾讯广告的平衡术》，https://mp.weixin.qq.com/s/VdHBQfNM1HPCA6HuESOPXg，2021年9月5日。

流量增长，字节跳动于 2019 年正式发布了营销服务品牌"巨量引擎"，整合今日头条、抖音短视频、火山小视频、西瓜视频、懂车帝等产品，汇聚流量、数据、内容等，为客户提供一站式的数字化营销服务，构建起完整的营销闭环。客户只需要关注创意本身、目标定义、目标成本和预算控制，就能很方便地在字节跳动旗下的营销平台进行有效的线上广告投放。

在广播电视机构内部，随着广播、电视一体化发展的推进，广告资源的整合也在不断深入。2019 年 7 月，中央广播电视总台总经理室正式成立，陆续对原先隶属于三台的广告资源进行有序整合，实现市场开发、营销推广的联动，已经有多个客户在电视、广播上同时投放广告，开启新的经营局面。2020 年，北京广播电视台深化改革方案落地后，成立了统一的广告运营中心，对广播和电视的广告资源、经营人员等进行了整合优化。放眼世界，传媒产业如想做强做大，就必须走集团化的路线，整合优势资源，发挥整体合力，为此广播电视机构的广告经营未来需要进一步加强资源整合的力度，明晰经营主体，处理好整体利益与基层活力的关系，推动价值重塑。

三 非新闻类内容的制播分离

制播分离最早起源于英国等欧美发达国家的电视播出机构，为了降低节目制作成本，将部分节目委托给独立制片人或独立制片公司来制作。对传统广播媒体而言，在政策允许范围内，对播出的内容实行制作与播出分离，将节目的采购、集成、审核交由媒体播出机构负责，节目制作交给台属公司或社会公司，实现制播分离，有助于产品生产实现社会化，产品交易实现市场化。

中央人民广播电台从 2008 年 12 月起开始制播分离改革，音乐之声率先开启了事业单位体制下的公司化管理模式尝试。2009 年 6 月，中央人民广播电台又对都市之声、文艺之声、老年之声、娱乐广播四个北京地区的广播频率进行整合，进行制播分离，成立北京广播中心，负责四个频率的播出环节，由央广传媒发展总公司的全资子公司——央广都市文化传媒公司负责四个频率的节目制作环节。此后，中央人民广播电台又成立央广财经文化传媒公司，负责旗下经济之声频率的部分节目制作任务。北京人民广播电台于2006年起试行制播分离，对非新闻类的节目实施制播分离，成立节目制作中心，各专业频率除新闻和新闻性节目以外，所有节目采编播人员全部划归节目制作中心，实行节目公开招标制，实行竞标上岗。节目制作中心的成立理顺了广播节目制作和播出的关系，提高了广播节目的制作效率和质量，在台内初步建立起节目交易市场，实现了有限的制播分离。2008年9月，在节目制作中心的基础上，北京人民广播电台投资成立了北京银龙广播电视节目制作有限公司，将电台的节目制作业务剥离到该公司，在实现电台制播分离的基础上，建立面向市场的节目制作与销售平台。该公司提供的成品广播节目和公益广告已销售到全国上百家省、市级广播电台。

通过制作与播出的分离，提升节目制作的专业化、市场化水平是传媒市场发展的必然趋势。随着移动互联网的发展，音频节目市场需求激增，音频内容交易市场逐渐成熟，有必要进一步推进制播分离改革，面向市场生产和提供高质量的音频节目。制播分离的深层次意义在于，把广播电视机构中能够产生经济利润的业务从原来的宣传事业中剥离出去，即宣传和经营两分开，将可经营资源和业务整合组建企业，使之按照市场经济的规则和逻辑，产生更大的价值。

四 新媒体运营的企业化

在媒体融合进程中，广播要借助自身的影响力打造新媒体广告平台并尝试社会化运作，这不仅有利于推进国有企业混合所有制改革，引入社会资本，真正将新媒体平台打造成新的媒介平台，还有助于释放新媒体发展活力，充分参与竞争，寻求在网络音频中的竞争优势，带来新的利润增长点。

目前，市场上具备一定竞争力和知名度的网络音频产品的运营主体无一不是市场化的媒体公司，具备良好的人才吸纳和融资能力，其灵活的运营机制是新媒体业务扬长避短、快速突围、实现突破的重要保证。传统广播向适应移动互联网规律的主流音频机构转型，也要打破条条框框，按市场要求打造独立的生产运营主体。

在这方面，上海人民广播电台做出了积极尝试。最初，"阿基米德FM"只是上海东方广播中心旗下的一个部门，在上海东方广播中心所属的上海文化广播影视集团有限公司完成重组合并之后，根据国务院发布的《关于国有企业发展混合所有制经济的意见》进行了机构调整，阿基米德FM从一个部门升级为一家独立的公司，同时也成为全国第一家由传统广播媒体演化、主攻移动互联网领域的新媒体公司。上海东方广播中心拥有"阿基米德FM"70.00%的股权，阿基米德FM的管理团队持有其余30.00%的股权[①]，这在全国文化类国有企业的改革中是一种全新的探索。通过新管理制度，实行公司化运营方式，阿基米德FM既解决了资金不足的问题，也摆脱了传统广播受到机制限制无法市场化的困扰，一定程度上激励了团队创新，为产品不断优化升级奠定了基础。

第三节　机制创新：激发经营活力

未来媒体的方向应该是以用户数据为核心，多元化产品为基础，多个终端为平台，向深度服务延伸，向共享化、智能化发展[②]，媒体的身份属性逐渐多元，与其相应的是商业运营模式也在转变。传统广播经营策略的创新，需要灵活高效的机制作为支撑，这种机制应适应事业与产业协同发展的需要，有力增强对资金、技术、信息等生产要素的调蓄能力，充分调动积极性、主动性和创造性，激发各个生产环节的活力，以增强对外部市场变化的应变能力。

---

① 参见《全国首个移动数字广播平台诞生》，《东方早报》，https：//www.sohu.com/a/29815240_117499，2021年8月7日。

② 参见胡正荣《互联网+时代华文媒体新的机遇》，https：//m.haiwainet.cn/middle/3541449/2015/0521/content_28763326_2.html，2021年8月1日。

一 建立产权清晰的现代企业制度

产业经营要摆脱依附性,首先就要解放思想、转变观念,从传统的行政化体制的思路和框架中解放出来,树立全新的经营意识,创新管理模式,寻求更为市场化的发展模式,其中最关键的是处理好子体与母体的关系,即产业公司与事业主体的关系。

产业子体应该与事业母体分开,建立权责明确、政企分开、管理科学的新型企业制度。从关系上来看,产业公司与广播电视机构之间不应以行政权力作为连接纽带,而是以资产和业务作为连接纽带。产业公司是具有独立地位的企业法人,享有法人财产权,并负担资产保值增值的责任,是自主经营、自负盈亏、自我约束、自我发展的市场竞争主体。产业公司应建立完善的法人治理结构和内部管理制度,如量化考核管理制度、目标管理制度、项目管理制度、财务管理制度等,形成富有经营活力的微观运行机制,做到企业产权明晰、功能明确、运作方式规范,所有物业和固定资产等由国有资产管理部门授权管理,实行所有权和经营权分离。只有处理好子体与母体的关系,才能厘清事业与产业的界限,建立起产权清晰的现代企业制度,使经营性业务按照市场规则和价值规律参与竞争、创造价值。

二 探索赋能型的绩效管理模式

如同机器的运转需要动力一样,传媒产业经营的突破也需要一套动力机制来保障。动力机制是围绕机构发展有无动力及动力大小而选择的一套互相联系的调节方式[①],它与约束机制一起,形成综合调节能力,使每个成员能够围绕集体的利益"公转",在达成集体目标的过程中实现自我价值,这其中就离不开科学合理的激励机制设立,特别是新型的绩效管理模式。

---

① 参见周丰滨、王美俄《论企业经营机制实质及其调节系统》,《商业时代·理论》2004年第33期。

绩效考核是根据一定标准对员工的工作行为和日常业绩进行评价，并运用评估的结果对员工将来的工作行为和工作业绩产生正面引导的过程。常见的绩效考核方法是关键绩效指标考核（KPI），指通过科学的计算与分析，将企业发展目标分解为一个一个小目标[1]，驱动员工朝着目标努力，它源自泰勒（F. W. Taylor）提出的科学管理原则，关注的是组织效率提升[2]，强调的是自上而下的"考核"。新的科技浪潮的出现催生了很多新的产业和新的商业模式，宏观环境变化对企业管理提出了更高要求，以"80后""90后"为主体的员工需求也发生了本质变化[3]，以谷歌、华为、字节跳动为代表的一批科技企业开始将目标与关键结果绩效管理模式（OKR）引入管理体系。这是一种能够让团队更好地聚焦目标，集中配置资源，使团队上下更好沟通并实现有挑战性目标的管理方法[4]。它强调的是员工的目标管理及自我控制，更多地关注跨部门的沟通与协作，是一种赋能型的管理机制，将"要我做什么"转变为"我要做什么"。也就是说，这种机制主张的是愿景驱动，能够帮助组织上下齐心协力，朝着共同的方向前进。

对于融合转型中的广播媒体而言，应顺应复杂多元的市场环境，转变思维方式，引入目标与关键结果绩效管理模式，鼓励创新文化，激发个体潜能，分享共同成果。当然，媒体的发展是一个动态变化的过程，不同阶段对不同的部门、不同类型的员工的要求不同。在建立激励制度时，应允许不同类型员工的激励形式存在差异化，建立多种形式的激励通道，让所有员工都能在激励目标中找到自己想要的方式。[5]

---

[1] 参见赵瑜《企业员工管理中KPI绩效考核体系的应用价值》，《全国流通经济》2021年第6期。
[2] 参见王麒苓《大数据时代创新应用OKR绩效管理模式的思考》，《上海化工》2021年第4期。
[3] 参见谢雨彤《OKR工作法在知识型企业中运用的思考》，《风能》2021年第10期。
[4] 参见谢雨彤《OKR工作法在知识型企业中运用的思考》，《风能》2021年第10期。
[5] 参见王晓航《互联网企业的个性化激励机制的应用研究》，《现代商贸工业》2021年第30期。

三 探索新的内容生产机制

新的媒介环境下，传统广播节目"单打独斗""低成本"的生产模式已经不能应对复杂多变的竞争环境。近年来以中央人民广播电台、北京人民广播电台等多地电台为代表，相继推出节目团队运营模式，在当前传统媒体运行体制相对固化的背景下，通过节目末端的"微循环"改造，打通用户与市场的沟通渠道，激活节目活力，培育造血功能。通过这些团队的运营，与时下蓬勃发展的一些行业和产业建立起密切联系，在发挥媒体传播功能、满足用户需求、促进相关产业发展的同时，通过特定服务的提供和项目运作，实现自身的经济价值，达到双赢目的。

（一）节目团队的组建

北京人民广播电台自 2014 年起开始探讨节目团队运行模式的可行性，并于 2015 年付诸实施。在几年的运行中，节目团队通过线上节目、线下活动及新媒体推广等多方面的统筹运作，在全方位塑造品牌效应的同时，立足节目本色，回归行业市场，推动相关业务链的建立（见图 7-1）。这一积极探索不仅为电台带来了明显的社会效益和经济效益，而且在推动机制转型、激发一线人员活力上做出了表率，对于新形势下广播业界的创新发展具有一定的启发和借鉴意义。

节目团队建设的初衷是依托节目资源和影响力，发展线下多元化产业，力争通过市场化运作，使每一档节目背后都能够衍生出一批成熟的产业项目，通过团队化运作全方位释放一线人员在节目创意、研发、生产、落地推广及创收等方面的活力，进一步提升节目的市场竞争力和品牌价值。节目团队大都依托电台某一频率的一个节目，同时对接一个特定的市场。团队成立以后，发展目标由单一的做好内容向品牌打造转变，各团队立足于自身的目标用户，整合业务链上相关资源，并通过节目、新媒体和线下活动的有机贯通，在实现广告增量的同时拓展其他经营方式，创新了盈利模式。

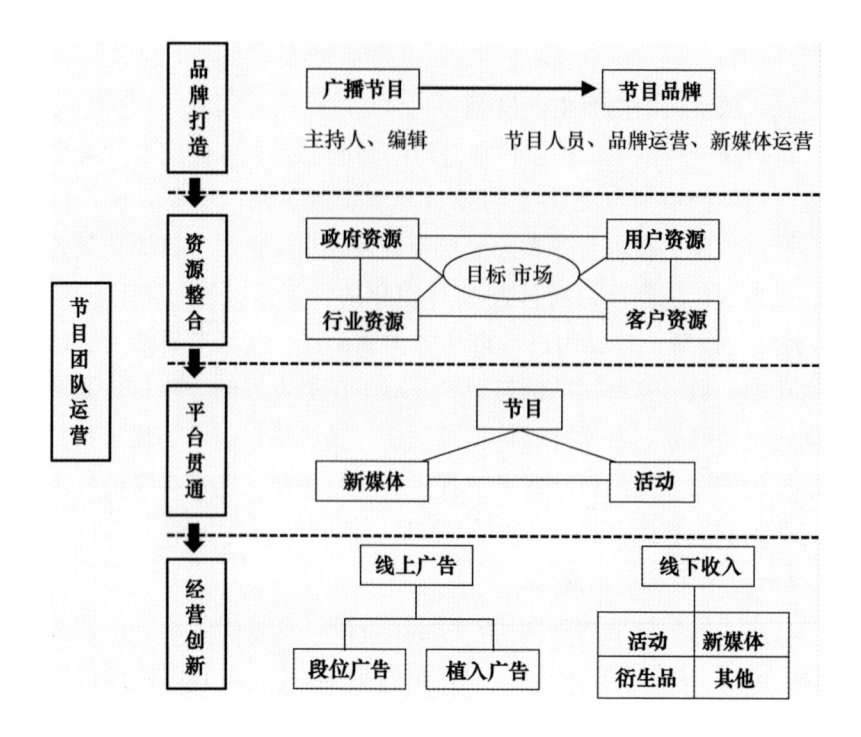

图 7-1　北京人民广播电台节目团队运营模式图①

在团队运营过程中，电台深刻意识到，制度吸引力是促使节目团队发展最大的吸引力，因而对团队管理、人员聘任、考核评价等方面进行了多次修正，不断磨合团队与各广播频率、各职能部门及产业公司之间的关系，合力破解运营发展中遇到的问题，取得了显著效果。节目团队运行机制中最为关键的有两点，一是契约关系的形成，二是增量奖励制度的确立。

（二）契约关系

团队成立后，与电台形成一定的契约关系。项目资金由电台负责提供，团队需要承担一定比例的风险抵押金，最后的收益可按投资比例获得分成或奖励。节目团队创建伊始，北京人民广播电台就成立了

---

① 王春美：《北京电台节目团队运营模式改革与创新》，《中国广播电视学刊》2016年特刊。

节目团队协调办公室，负责节目团队运行情况的协调和管理工作。在整个管理体系中，电台一方面给予节目团队足够的人权和财权，另一方面也对团队形成一定的约束。节目团队在电台的支持下，一方面可使用项目预算进行人力、活动、运营等方面成本的支出，另一方面也要接受电台的监督和考核。为推动节目团队专注于行业发展方向，节目团队协调办公室在充分征求意见的基础上，增加了对节目团队重点任务指标的考核，保证预算支出和工作任务相统一。

（三）增量奖励

北京人民广播电台的节目团队分为两种，一种是创收型团队，一种是品牌型团队。创收型团队所运营的节目已经有了较强的市场竞争力和品牌影响力，能够创造良好的市场收益，以创收为主要考核指标，节目团队须承担一定的风险，并享受一定的收益分成。品牌型团队所运营的节目处于培育期，暂时无法获得市场收益，主要通过团队化运作整合资源，提升节目质量，打造节目品牌。当品牌型团队运营的节目具有较大品牌影响力时，可以申请转为创收型团队，并承担和享受相应的风险和收益。不同团队有不同的考核指标和指标权重，以创收型节目团队为例，其考核指标包括收听率指标和创收指标，按照"分增量不分存量"的原则，只有当节目团队在原有线上存量收入的基础上实现增量才可获得奖励。2015年，综合各团队线上广告存量、收听率、营业总收入等指标，有四个节目团队通过业绩考核，达到奖励要求。2016年，北京人民广播电台根据节目团队运行过程中的实际情况，对考核指标进行了进一步优化和细化，上半年有四个团队超额完成存量考核指标，两个团队"总收入指标"任务过半。[1]"增收奖励"的制度将个人利益与电台利益紧密捆绑在一起，极大地激发了团队成员特别是团队负责人的工作热情与责任感，使团队成员在目标达成、价值观取向上产生共鸣，在工作中形成团队合力。北京人民广

---

[1] 王春美：《北京电台节目团队运营模式改革与创新》，《中国广播电视学刊》2016年特刊。

播电台的节目团队运行机制是"开放型"机制,在时机成熟的时候,会不断招募节目团队,不断激励节目制作人员向节目团队转型,同时电台允许节目团队在充分利用电台资源的基础上,与电台外部新媒体公司、品牌宣传公司、营销推广公司进行广泛合作,促进创新资源的互动和共享,扩大线下收益,实现共赢。

节目团队的运行给广播带来了几个重要的改变:一是改变了单兵作战的节目生产模式,通过团队化运作激发节目作为广播核心生产力的催化作用;二是节目目标从单一做好内容向品牌打造转变,品牌形象的塑造不再拘泥于系统内的单一平台,而是在保证核心品牌唯一的前提下,在多个平台播出不同的节目内容;三是在经营模式上,具备了为客户提供个性化、定制化推广方案的更多可能,通过成立团队,节目不再生长在电台的温室里面,与市场的距离越来越近;四是机制突破,克服体制阻力和惯性管理思维,通过鼓励员工创业,将个人的转型意愿与电台的转型升级有机结合,形成了内部创业的氛围和热情。

四 创新人才吸纳与培养机制

新媒体时代的媒体经营需要复合型人才,即既有广泛而又精深的传媒行业知识,又能熟知广播和互联网音频的传播规律,有较强的经营管理能力和市场拓展能力的专业人才。如何吸纳、培养这样的人才是广播经营可持续发展的关键。

在人才吸纳方面,应加大"开门办台"的力度,革新人才引进理念,通过多种渠道、多种形式,去吸纳当前发展所紧缺的技术人才、运营人才及营销人员,用新的机制来盘活产业化经营的人才资源。与网络音频平台相比,广播媒体缺少专业的产品运营人才、技术开发人才和网络营销人才。应采用市场化的方式,面向社会招聘高级传媒经营人员、职业经理人等,还可以从其他行业或其他媒体挖掘高素质经营人才。

在人才培养方面,亟待建立一套完善的培训机制,结合不同层次员工的岗位要求，提升全员的融媒体素养和经营意识。对于普通员工，可以通过考察、学习、交流等措施，促使各岗位人员在积极学习行业知识、掌握音频动向的基础上，多了解传媒经营有关的业务原理，熟悉不同业务之间的内在联系。建立跨部门的联动沟通机制，让来自内容、经营、产品、平台、技术等不同部门的人员经常一起探讨，互相学习，增强新闻以外的节目创收意识，提升业务能力。对于决策管理层，则应加强对宏观经济形势、消费市场变化、互联网前沿动态等方面的系统学习，使之具备"站在未来看现在"的能力，能够建立更为广阔的视野，洞察音频产业的历史机遇而开展更为前瞻务实的业务布局。经营管理部门的人员配备至关重要，广播电视机构应舍得把最优秀的干部放到经营岗位去锻炼和培养，打造具有良好思想作风、具备卓越市场拓展能力和客户服务能力的经营团队。

结　　语

移动互联时代的到来颠覆了传统的信息传播渠道与方式，进而改变了传媒产业的生存逻辑和运行规律。本书以"移动互联网时代中国广播经营创新"为研究对象，通过历史、现实和路径三个层面的分析，尝试探讨新环境下广播媒体在经营层面面临的问题和可供突破的方向。本书认为，广播经营是一个体系化的问题，特别是在当前媒体融合纵深推进、传播形式和营销渠道发生巨大变革的大背景下，不能就"经营"谈"经营"，商业模式的创建必须建立在主流媒体传播根基巩固的基础之上，因此对于策略的探讨从五大方面进行建构，分别是平台建设、内容运营、广告营销、产业拓展和机制创建。

一　巩固传统广播根基，大力建设互联网平台

传统媒体与新媒体之间的连接、各传统媒体机构之间的连接，形成立体式的网状架构，是媒体融合传播的基础，媒体介质连接越多，传播的地基就越稳固。[1]"平台"是互联网时代连接信息需求与供给的通道与介质，如果不能构建有影响力的传播平台，永远只能是"乙方"，占据不了传播生态链的源头和主导地位，"经营"就无从谈起，生存发展的基础就无法保障。

---

[1]　参见唐征宇《连接能力——传统媒体平台化转型的核心竞争力》，《传媒》2020年第22期。

结　语

广播无线覆盖这一形式在当前及未来很长的一段时期内依然是大众传播的重要渠道，是广播事业发展的核心资源。巩固传统广播的伴随收听优势，需要从加强技术支持、扩大覆盖、改善收听效果入手，持续推进频率建设，打造全新广播品牌。有必要对广播进行"再专业化"的改造，以不同场景下大众的文化消费需求和行为替代人口统计学指标，进行频率专业化定位的调整。各级广播机构需要整合内部资源，力争将主流频率做大做强、专业频率做专做精、对象频率做出特色，一些投入产出不匹配、影响力小的频率则需要及时撤并或转型，适应"精办简办"的政策方针。在理顺频率资源的基础上，还应积极探索传统广播深度融合转型的路径，利用广播与电视、传统广电与新技术加速融合的历史机遇，构建互联网时代适应市场和用户需求的新型广播，通过办台理念和办台方式的深刻变革带动传播力和影响力的全面提升。

在巩固传统广播根基、壮大主流传播阵地的基础上，更应集中优势力量，加强技术研发，打造移动化、社交化、智能化的新型音频平台，并积极利用社会资源，探索多元合作方式，搭建基于多平台的内容发布通道，建立适应新形势、新环境的内容生产、播出、分发的融媒体传播体系，让优质音频内容能够最大范围地实现传播。提高平台运营能力是面对激烈竞争的题中应有之义，应运用技术优化、活动策划、数据分析等多种手段，致力于平台功能的完善，通过良好的使用体验吸引用户、激活用户，为产生收益创造条件和基础。

二　立足声音需求，提高优质音频内容生产能力

高质量的内容是经营的基础，没有持续的优质内容生产能力，就不可能成为实力强大的主流媒体。建设新型广播，一个核心任务就是不断奉献优质的新型内容产品。新型内容产品要能代表新的生产能力、新的核心竞争力，它应符合市场新需求、代表主流价值观、具有成长性、具有多平台广泛传播的价值。

提升传统广播的内容品质，应充分挖掘声音的表现潜力，保持"快"的优势，体现"精"的理念，抓深度，抓品质，创新内容与形式。一是以重大报道和精品节目为抓手，充分调动资源，把握全局，着眼大事，加强对重大报道资源的统筹开发，在报道的深度和广度方面实现新的突破。二是以品牌栏目和专业制作为核心，建立能够持续开发优质内容的内容生产系统，提升孵化优质原创内容的能力，形成从创意、策划、内容到品牌的闭环，打造基于品牌节目和优势资源的IP。三是做强直播和互动，稳固车内收听，打造专业主持人，使其成为流量入口，重视资源的二次开发，创新节目传播样态。

增强为移动互联网开发内容产品的能力，分阶段、多层次打造一批具有舆论引导力、市场竞争力、用户凝聚力和品牌塑造力的内容产品，提高面向多元化场景的音频内容生产和提供能力。以多渠道传播为起点，坚持以受众需求为先导，深挖音频内容市场，生产具有用户粘性的音频内容，特别是垂直化的内容品类。直播内容与按需收听内容开发相结合，针对台、网、微、端的不同特点，增强用户互动并将其纳入生产链条。提升技术开发能力和资源运营能力，多途径聚拢优质音质内容，激活合作机构、嘉宾资源、社会大众的创造能力，使其能够共同参与到优质音频内容的生产、传播中来。进而，能够针对个性化需求提供音频内容的定制服务，将节目转化为产品，实现声音内容的增值。

三　调整广告经营策略，构筑整合营销传播体系

在扩展传播平台、重构内容生产的基础上，广播媒体需要遵循市场规律，以用户和市场为导向，进行经营模式和营销策略的调整。对外，主动研判市场，洞察行业趋势，调整客户结构，不断挖掘新兴行业的广告投放潜力，找到企业营销需求与音频用户特征的契合点；对内，打破体系内各自为政的状况，建立扁平化、混合型的全媒体整合营销中心，深化内部资源整合，挖掘各平台的传播价值。突破单一线

结　语

上硬性广告的宣传模式，不断丰富广告的品种和样式，针对不同平台不同节目的个性，设计高契合度的个性化广告产品，提高活动营销、内容营销、互动营销的水平。

继续完善广告经营机制，寻求统一经营与分散经营的动态平衡，根据自身情况，灵活选择自营与广告代理方式。既要重视搭建广告自营队伍，提升抗风险能力，也要不断强化渠道建设，激发市场活力。提高资源开发、营销策划、客户服务水平，打通资源端和客户端，建立资源与市场间的快速反应机制。

探索融媒体资源开发与经营的模式，整合传统广播、新媒体、线下活动等多种渠道，为客户提供个性化的整合营销解决方案。将营销前置，深入挖掘广播线上资源，鼓励内容生产人员参与广告产品的开发（新闻除外），将广告主的需求传达到内容策划和生产环节，做到在内容策划阶段就充分了解广告客户的想法和需求、对后续营销有设计。在积极开拓广告品种和样式，为客户提供更多选择的同时，通过流程优化再造、建立广告产品超市、开发便捷的广告平台或工具，方便客户一站式购买，探索基于用户定向的精准广告推送，推动音频广告的程序化购买进程。

四　创新产业发展模式，多渠道开拓经营

我国广播事业的基业长青建立在不断满足人民群众日益增长的精神文化需求之上，在提高舆论引导能力、传播能力的基础上，广播媒体还应增强面向市场、服务大众生活、传播中华优秀传统文化、沟通产销的能力。当前，广播与电视的机构合并已经取得了阶段性成果，各级广播电视机构有必要对系统内部的产业资源进行系统梳理，从探索社会效益与经济效益统一的原则出发，进行多元化经营业务的整合重组，提高经营效率，增强面向市场的业务开发能力。对不同来源、不同层次、不同结构、不同内容的节目资源、用户资源、广告资源、品牌资源等进行识别与选择、配置与融合、激活和优化，构筑新型的

广播电视产业体系，从传统单一的广播电视产业向新型多元的视听产业转型，立足不同场景、不同领域的用户需求、行业需求，从节目和时段经营向以市场为中心的服务产业转型，从粗放式运营向集约化、精细化运营转型，从封闭的单一业务向打造多元的产业生态圈转型，从过去以事业体制配置资源为主，转变为事业产业双轮驱动，抓住文化体制改革的机遇，盘活产业资源，壮大产业规模和实力。

可供参考的方向有四点。第一，积极探索音频内容的有偿提供和转化：面向个人用户，通过提供个性化、多元化的优质内容，探索会员制、订阅制、打赏制等多种方式的用户付费可能；面向机构用户，通过优质版权的开发、高品质内容的输出、品牌内容的创立等手段，探索音频内容的商业定制和市场分发。第二，积极开发媒体的品牌价值，打造本地化的活跃生活社区，利用广播媒体沉淀多年的音乐、交通等产业资源，开发娱乐演艺、生活服务、文化创意等市场。第三，深度挖掘垂直服务领域，探索"互联网+传统媒体+新型产业"的可开发空间，通过挖掘优势产品和服务，切入电商、财经、社交、教育等有产业前景的线下服务领域，通过"内容免费，服务收费"的方式，探索信息服务、生活服务和政务服务的增值点。第四，适当进行多层次、多元化投资，研究建立支撑主业、多元配合的产业发展体系，积极探索新的经营方向和业态，以音频战略为主，构建以用户为中心、业态完善、良性循环的视听产业生态系统。

五 创新体制机制，增强可持续发展能力

媒体经营的创新离不开体制机制的保障。广播媒体置身于更为广阔的音频产业、文化产业市场，需要处理好宣传与经营、存量与增量的关系，对内部承担不同功能的业务、平台、产品、内容有着清晰认知，在坚守舆论主阵地的基础上，使用更为灵活的手段激发自身的公共服务与产业功能。以组织结构调整为切入点，对节目资源、用户资源、广告资源、品牌公信力资源、社会网络资源等进行统合规划，创

结　语

建统一的产业运营平台，确立清晰的经营主体，构筑适应移动互联网的整合营销服务平台，持续推进非新闻类内容的制播分离、新媒体业务的企业化运作。在机制创建方面，应持续推进产业资源与事业资源的剥离，以经营产业化、产业公司化、公司现代化为目标，探索市场化的激励机制、新的内容生产机制和人才吸纳机制，实现机构管理向高效率、高活力、创新性转变，推动资产资源的优化配置、高效运营及保值增值。

值得一提的是，与其他传统媒体一样，广播媒体也面临"采编精兵易得，经营良将难求"的境况。适应新媒体时代的复合型经营人才应对音频产业发展趋势、声音传播规律有着清晰认知，具备市场开拓、创新经营的战略目光和策略智慧。面向未来，有必要把音频产业经营管理人才的吸纳和培养放到基础建设的位置，通过多种渠道、多种形式，吸纳和培养高素质的音频行业经营人才，使其成为推动广播经营转型的重要力量。

参考文献

著作类

崔保国等主编：《传媒蓝皮书：中国传媒产业发展报告（2020）》，社会科学文献出版社2020年版。

黄升民等：《广电媒介产业经营新论》，复旦大学出版社2005年版。

黄升民等：《中国广播产业经营管理研究》，中国广播电视出版社2008年版。

黄升民等：《中国品牌四十年》，社会科学文献出版社2019年版。

孟伟：《广播原理：一种融媒体传播的视角》，中国广播影视出版社2018年版。

彭兰：《新媒体用户研究：节点化、媒介化、赛博格化的人》，中国人民大学出版社2020年版。

宋建武：《媒介经济学——原理及其在中国的实践》，中国人民大学出版社2006年版。

申启武、牛存有主编：《传媒蓝皮书：中国音频传媒发展研究报告（2020）》，社会科学文献出版社2020年版。

田园：《广播新空间：从广播媒体到听觉媒体》，中国广播影视出版社2020年版。

王薇、刘珊：《中国媒体经营四十年》，社会科学文献出版社2019年版。

王求主编：《移动互联网时代的广播发展研究》，中国广播电视出版社2014年版。

谢新洲等主编：《媒介经营与管理》，北京大学出版社 2011 年版。

喻国明等编著：《传媒经济学教程》，中国人民大学出版社 2019 年版。

严三九等编著：《媒介经营与管理》，华中科技大学出版社 2012 年版。

周鸿铎：《媒介经营与管理总论》，经济管理出版社 2005 年版。

中国广播电影电视社会组织联合会编：《广播电视改革与创新（2019）》，中国广播影视出版社 2020 年版。

周伟：《广播广告的创新营销》，中国广播电视出版社 2013 年版。

赵子忠：《内容产业论：数字新媒体的核心》，中国传媒大学出版社 2005 年版。

论文类

边宇峰、李建春：《河北交通广播微信公众号运营初探》，《中国广播电视学刊》2018 年第 12 期。

卜彦芳：《2019 年广播电视产业经营回顾与前瞻》，《中国广播电视学刊》2020 年第 2 期。

陈虹、杨启飞：《重塑听觉空间：智能时代广播媒体的深度融合创新》，《编辑之友》2021 年第 8 期。

丁俊杰：《广告的产品化》，《中国广告》2018 年第 5 期。

邓良柳：《移动音频 App 中付费音频产品的运营》，《青年记者》2021 年第 3 期。

范以锦：《商业平台：构建全媒体传播体系不可忽略的力量》，《新闻与写作》2019 年第 6 期。

范以锦：《智媒时代内容生产对媒体商业模式构建研究》，《中国编辑》2020 年第 11 期。

唐征宇：《连接能力——传统媒体平台化转型的核心竞争力》，《传媒》2020 年第 22 期。

郭全中：《"To G"：传统媒体的商业模式转型》，《新闻与写作》2018 年第 4 期。

龚险峰：《智媒时代"互联网+广播"的发展路径与趋向研究》，《出版广角》2021年第7期。

杭敏、李唯嘉：《社交网络时代国外新闻媒体商业模式创新》，《中国出版》2019年第6期。

黄楚新、吴梦瑶：《主流媒体如何占领网络阵地》，《中国广播》2020年第9期。

胡旭霞：《城市广播融媒体工作室的实践与思考》，《中国广播电视学刊》2020年第4期。

陆敏华、李绮梅：《主流媒体如何转化为电商顶流》，《中国广播》2020年第11期。

刘涛、卜彦芳：《传媒生态位变迁视角下的中国广播80年经营历程》，《中国广播电视学刊》2020年第10期。

李秋红：《加快广播电视产业向大视听产业转型》，《传媒》2021年第7期。

李杉：《基于用户行为的知识付费平台运营策略研究》，《中国出版》2021年第8期。

柳帆、陈羲微：《移动音频时代播客的音频出版转型探索——以Spotify为例》，《视听界》2021年第2期。

李宇：《国际音频业的发展与广播业的转型》，《中国广播》2021年第4期。

刘涛：《变革与创新："耳朵经济"时代广播媒体的生态位选择》，《视听界》2021年第2期。

沈维梅：《从商业媒体平台之扩张谈主流媒体新型传播平台的打造》，《科技与出版》2021年第4期。

吴生华：《以产业思维推动广电媒体经营创新——论广播电视媒体经营机制改革的路径及风险防范》，《中国广播》2020年第7期。

王莹：《块茎理念下主流媒体盈利逻辑研究》，《编辑之友》2020年第6期。

王玮：《媒体融合转型的盈利模式探析》，《传媒》2019年第6期。

伍静、刘海贵：《财经新媒体基于传播力的商业模式探索——以"华尔街见闻"为例》，《当代传播》2018年第7期。

韦美膛：《直播电商背景下媒体盈利模式的创新与拓展》，《传媒》2021年第15期。

王军峰：《全媒体时代区块链革新新闻生产要素的路径与价值》，《中国编辑》2020年第4期。

王海荣：《从声音出发探寻融合创新之路——江苏广播发展"耳朵经济"实践探析》，《视听界》2021年第4期。

王小希：《探讨微博微信在广播节目中的作用》，《声屏世界》2020年第5期。

徐彬：《智媒体时代传统媒体的商业生态格局及趋势》，《传媒》2020年第1期。

谢彩雯：《地方交通广播的媒体融合发展之路》，《中国广播》2020年第8期。

杨明品：《传统主流媒体面临四大困境》，《中国广播》2020年第9期。

杨雪：《守正与创新：中央广播电视总台打造广告领域的超级品牌IP》，《电视研究》2021年第5期。

阎晓明：《新型广播的探索与实践》，《中国广播电视学刊》2020年第12期。

印永清：《中美广播比较及对国内广播发展的再认识》，《中国广播》2021年第3期。

叶蓁蓁：《超越"商业模式"，叫响"价值模式"——中国媒体发展的价值逻辑》，《新闻与写作》2017年第8期。

周知等，《"自在苏州"文创工作室——从广播出发，重塑传媒文创生态》，《中国广播》2020年第11期。

钟广生：《多为广播打拼者提供空间、舞台》，《中国广播》2020年第11期。

后　　记

　　窗外下着雨，凉风从窗户吹进来，又一个秋天到来了。时间就是这样，在我们的不经意间一天又一天地向前。

　　花了很长的时间，去进行这部书稿的数据和案例更新，一些观点也在不断地交流探讨中再次修正。尽管仍感觉有很多不完善及待提升的空间，但内心觉得是时候画一个阶段性的句号，以便开启新的思考了。

　　研究设想最初始于几年前，当时还在电台工作，鉴于广播媒体面临的竞争变局，已经出现的收入滑坡，想就广播经营如何转型创新进行对策性的研究，特别是将其放置于正如火如荼兴起的崭新的音频产业背景下。然而在论证过程中发现，如果缺乏对广播媒体既往历程的了解、缺乏对曾经经营实践的掌握，就很难真正提出建设性的策略建议，于是决定从长计议，把研究设想一分为二，先开展对于过去的溯源研究。

　　2017年，《中国广播经营变迁：起源、演进、规律与趋向》经过颇费心力的调查研究，终于完成了初稿，在不断润色、修改、准备出版的过程中，那个最初的研究设想又一遍遍在脑海中回旋：那么，如何走向未来呢？面向未来的破解难题的答案是什么呢？

　　于是开始逐渐地思考和积累，围绕"移动互联网时代中国广播经营创新"这一主题进行持续的观察追踪。如今，几年时间过去，音频传播领域的入局者越来越多，身边收听音频的人也越来越多，广播媒体迎来了一个新的声音世界，虽然有很广阔的疆域可以拓展，但也竞争激烈，不容回避。

后 记

呈现在眼前的这本《移动互联网时代中国广播经营创新研究》是对当前我国广播媒体如何挖掘自身资源、夯实生存根基的粗浅分析，它在更多意义上是对全国各地广播机构经营创新举措的理论归纳，是媒体融合进程中广播如何应对挑战的初步思考，也是笔者正在开展的国家社会科学基金项目"中国广播百年发展史研究"（项目编号：20BXW036）的阶段性成果之一。研究过程中，得到了广播业内诸多前辈、老师、朋友的鼓励、支持和帮助，他们热情地接受我的采访，毫无保留地与我分享他们的观点。而近年来参加的中国广播电视学术年会、中国高等院校影视学会广播专业委员会论坛、中国声音大会等学术会议和行业活动，每一次都深受启发。最近几年，在学校讲授"音视频节目制作""媒介经营与管理"等课程的过程中，年轻的学生们也给了我很多新的灵感，一些来自不同研究方向的同事也为我开拓思路提供了极大帮助。这本书的出版得到了北京联合大学应用文理学院科技创新服务能力建设基本科研业务费（科研类）（122139919290104076）和科研管理费（21109557199）的支持，一并致谢！

2021年的暑期，在一个微信公众号上我偶然听到了《夜幕下的哈尔滨》这部广播剧，它由中央人民广播电台录制，总政话剧团演员演播，年代久远，颇有时代感。没有想到的是，在听到第一集之后，我竟然跟随一日一更的节奏，做起了"粉丝"，每天上午准时等待公众号更新，期待接下来的剧情，就像回到了小时候守候在收音机旁等待喜爱的某个广播节目一样。有那么几天，我被剧中情境感染，一边听一边流眼泪，情不自已！而当35集节目结束，我甚至有种怅然若失的感觉，沉浸其中，回味无穷……

每至此时，我就坚定地相信声音的力量，相信广播的明天！

王春美
2021年9月6日
于北京海淀